行政調解機制之比較
——以消費爭議調解為中心

黃明陽　著

封面設計：實踐大學教務處出版組

出 版 心 語

　　近年來，全球數位出版蓄勢待發，美國從事數位出版的業者超過百家，亞洲數位出版的新勢力也正在起飛，諸如日本、中國大陸都方興未艾，而臺灣卻被視為數位出版的處女地，有極大的開發拓展空間。植基於此，本組自民國 93 年 9 月起，即醞釀規劃以數位出版模式，協助本校專任教師致力於學術出版，以激勵本校研究風氣，提昇教學品質及學術水準。

　　在規劃初期，調查得知秀威資訊科技股份有限公司是採行數位印刷模式並做數位少量隨需出版〔POD＝Print on Demand〕（含編印銷售發行）的科技公司，亦為中華民國政府出版品正式授權的 POD 數位處理中心，尤其該公司可提供「免費學術出版」形式，相當符合本組推展數位出版的立意。隨即與秀威公司密集接洽，雙方就數位出版服務要點、數位出版申請作業流程、出版發行合約書以及出版合作備忘錄等相關事宜逐一審慎研擬，歷時 9 個月，至民國 94 年 6 月始告順利簽核公布。

執行迄今逾 2 年，承蒙本校謝董事長孟雄、謝校長宗興、劉教務長麗雲、藍教授秀璋以及秀威公司宋總經理政坤等多位長官給予本組全力的支持與指導，本校諸多教師亦身體力行，主動提供學術專著委由本組協助數位出版，數量達 20 本，在此一併致上最誠摯的謝意。諸般溫馨滿溢，將是挹注本組持續推展數位出版的最大動力。

　　本出版團隊由葉立誠組長、王雯珊老師、賴怡勳老師三人為組合，以極其有限的人力，充分發揮高效能的團隊精神，合作無間，各司統籌策劃、協商研擬、視覺設計等職掌，在精益求精的前提下，至望弘揚本校實踐大學的校譽，具體落實出版機能。

實踐大學教務處出版組　謹識

2008 年 7 月

序　言

　　私權之保障，已越來越受世人所重視，與私權有關之保障程序及機制，當然更不能忽視。目前有關私權爭議之處理，主要有訴訟機制及 ADR 機制兩種，訴訟機制係指以訴訟來處理糾紛，屬於傳統類型之司法救濟制度，至於 ADR 機制則係指訴訟以外所有糾紛處理制度，主要係針對司法救濟制度之不足。二十一世紀將會有更多人利用 ADR 機制解決爭議，ADR 機制時代已然來臨並且蓬勃發展。

　　在現有眾多 ADR 機制當中，行政機關之 ADR 制度，佔有一定之比例及重要地位，尤其是行政機關 ADR 制度中之行政調解制度，由於歷史悠久，而且具有一定之績效，可以說是訴訟外糾紛處理制度中最重要之一個管道，為有效發揮其應有功能，亟需各界予以必要之關心及研究，使之更能茁壯、成長。可惜的是，行政調解制度因非屬訴訟必要程序，在我國未如訴訟制度般受人重視，導致學者對此相關論述不多，即便有之，亦多以法院調解為主，甚少及於行政調解制度，可以說是一門相當冷僻的學問。不過，有鑑於調解確實可以發揮訴訟定紛止爭之功能，乃激發筆者對於我國行政調解制度研究之興趣。

　　本書係筆者從事消費者保護法制及實務工作多年的經驗，將筆者過去的論著「我國行政機關 ADR 制度之理論探討——以行政調解制度為中心」、「消費爭議調解與其他調解在制度上之比較」、「消費爭議調解與其他調解在組織法上之比較」及「消費爭議調解與其他調解在實務運作上之比較」等四篇論文予以彙整而成，並以「消費爭議調解」為基本類型，從基本理論、制度設計、組織架構，一直到實務上之程序運作，來探討行政調解應有之方向及內容，俾提供修訂現有行政調解機制或將來新設行政調解機制之重要參考。

　　本書係針對行政調解的系列研究，主要含括下列四章，每一章均可獨立自成一個單元來研究，其要旨略次：

一、「第一章　我國行政機關 ADR 制度之理論探討（以行政調解制度為中心）」：筆者在本章論述當中，首先擬就我國行政機關之 ADR 制度予以扼要論述，然後再專就其中與行政調解有關之部分，依序分別從行政調解之定義及種類型態、行政調解機制之基本理論（行政調解有否侵害訴訟權、行政調解之級制等基本問題）、行政調解當事人間之法律基礎、行政調解組織與當事人間之法律基礎，加以分析、比較及作理論上之探討，除發掘現有體制之缺失及問題所在之外，並冀望藉此建立我國行政調解制度或行政機關 ADR 機制應有之體系及理論，使其定位明確，俾更能有效發揮等同訴訟之定紛止爭功能。

二、「第二章　行政調解在制度設計上之比較（以消費爭議調解為中心）」：筆者在本章論述當中，擬針對消費爭議調解與其他調解在制度設計（人、事、時、地、物等五個要素）上之比較予以論述。不過，因受篇幅所限，僅選擇其中比較重要的部分——行政調解之當事人（人）、行政調解之事件（事）、行政調解之時序上定位（時）、行政調解之管轄（地）、行政調解之費用（物）等內容，以消費爭議調解之制度設計為論述基礎，分別加以比較論述。

三、「第三章　行政調解在組織架構上之比較（以消費爭議調解為中心）」：筆者在本章論述當中，擬針對消費爭議調解與其他調解在組織架構上之比較予以論述。由於我國有關行政調解制度有甚多不同類型，筆者為期進一步說明行政調解組織之特色，擬以消費爭議調解之組織架構為論述基礎，分就行政調解制度中有關調解組織之定位、調解組織之成員等，與行政組織法有關的問題進行比較論述。

四、「第四章　行政調解在程序運作上之比較（以消費爭議調解為
　　中心）」：筆者在本章論述當中，擬針對消費爭議調解與其他調
　　解在程序運作上之比較予以論述。擬以消費爭議調解之程序運
　　作為論述基礎，分就行政調解在調解進行前、調解進行時、調
　　解進行後等三個程序運作上進行討論比較。

黃明陽　謹識

2008 年 5 月

目 次

第一章　我國行政機關 ADR 制度之理論探討

——以行政調解制度為中心

前　言

　　就整個人類的發展史來看，國與國間常常發生戰爭，人與人間也常常發生紛爭，即使是在古希臘哲人柏拉圖所設計的理想國，恐怕也難以避免人與人間糾紛的發生。有糾紛，就應加以處理，其處理模式常因時代而有所不同。

　　關於糾紛之處理模式，主要有私力（自力）救濟與公力（公權力）救濟兩大類型。當事人雙方意見不一致而有爭議時，如爭議內容為私人間的權利義務者，即屬所謂的「民事糾紛」；如爭議內容為犯罪行為者，即屬所謂的「刑事糾紛」。從歷史的演變觀察，在古代，不只是民事糾紛，即便是刑事糾紛，當事人向均傾向採行私力（自力）救濟手段[1]，「行俠仗義」思想風行，可為明證，主要係因為當時國家體制尚未完全建立、法律規定不周延、吏治不清或公權力不彰之故。

　　所謂私力（自力）救濟，係採取政府公權力體制外的救濟方式，通常具有暴力傾向，可能演變成弱肉強食的局面，反而容易引發更大的衝突，如果再加上代代相傳之「冤冤相報」心理，此種私力（自力）救濟

---

[1]　此之所謂私力救濟，主要係指以己力復仇而言。史尚寬，民法總論，頁 28，1970 年 11 月。古代及中世紀以私力救濟為原則，現今則以公力救濟為原則；瞿同祖，中國法律與中國社會，頁 101，1984 年。歷史上如希臘人、希伯來人、阿拉伯人、印度人，都允許復仇，摩西法和可蘭經都認為復仇是對的，古代日本人法律上許可復仇，英國在十世紀時，義大利一直到十六七世紀時還有此風，可為佐證。

方式並無了結之時,因而造成社會長年的動盪不安。及至現代,由於國家體制業已完全建立、法律規定已較為周延、吏治亦較為清明、公權力亦較為彰顯,政府機關為有效安定社會及維護公平正義,對於刑事之糾紛(部分告訴乃論之輕罪除外),一律採行公力救濟方式辦理;至於民事之糾紛,亦以採行公權力救濟為原則,除了允許極少數的合於法定條件的自助行為外[2],私力救濟原則上均予禁止。所謂公力救濟,係指透過政府機關所建立具有公信力之體制,利用公權力的執行作為解決紛爭的方式,一來因具有公信力,可以有效協助當事人定紛止爭,二來因具有公權力,在協助的過程中,可以利用法定的遊戲規則來落實維護公平、正義,不致造成社會的不安。

現代民主國家對於政府公權力之權限劃分,絕大部分均採行三權分立原則,在行政、立法及司法三權分立之政府組織權限架構下,私人間的權利義務所引發之個案爭議問題,係屬司法權的作用範圍,行政及立法機關原不得加以置喙,以免侵害司法權,俾落實司法作為保障私人權益的最後防線。惟如私人間的權義爭議,如果事事均須仰賴司法之判決,則因法院人力有限,加以訴訟程序冗長,反不易使糾紛迅速獲得有效處理,故而基於「私法自治原則」,在不侵犯司法權之前提下,以法律明文規定,容許在一定範圍下任諸當事人或一定機構協助處理,一方面不但可以有效疏減訟源,另一方面亦可使私人間權義之爭議獲得有效處理,在理論上有其依據,在實務上更大受歡迎,導致所謂訴訟外的替代性爭議解決方式(Alternative Dispute Resolution,簡稱 ADR)[3],如雨後

---

[2] 我國民法對於民事糾紛之私力救濟而可以阻卻違法之行為,僅有合於一定條件之自衛行為(正當防衛及緊急避難行為)及自助行為兩種,分別規定於民法第 149 條至第 152 條。

[3] 所謂替代性爭議解決方式(Alternative dispute Resolution,簡稱 ADR),又稱選擇性爭議解決方式,是除訴訟方式以外的其他各種解決爭議方法或技術的總稱,主要包括仲裁、調解、和解等。參見 Steven A. Meyerowitz, An Ounce of Prevention "MARKETING SALDS, ADVERTISING LAW" for NON-LAWYERS,頁 443 以下(1994),就美國 ADR 制度有關之方式、利益及相關之組織等予以詳細說明;另外,加藤一郎、中村雅人,わかりやすい製造物責任法,1995

春筍般四處成立，雖然國情不同，但是各國 ADR 有關機制在實質內容上卻是呈現出大同小異情形，主要多以訴訟外解決方式為之；尤其在具有跨國性或超國家性質之電子商務，因常涉及多數法域法律適用，即多以 ADR 機制為其重要解決方案[4]，因此 ADR 機制對於現有體制之衝擊及影響如何，值得我們加以注意。

ADR 之處理，在外觀上不是以訴訟方式為之，因而絕大部分均由法院以外機關辦理（除法院自行辦理之調解或和解外），處理結果即非由法院法官以裁判為之，故日本學者稱之為裁判外紛爭處理[5]。惟此之裁判，在解釋上應以狹義之訴訟上裁判為限，不包括調解成立之裁定在內，容易引起爭議，故筆者認為「ADR」一詞，「訴訟外紛爭處理」要比「裁判外紛爭處理」來得周延妥適。簡言之，凡是非以訴訟方式，由法院以外之機關、機構、團體或個人作為處理糾紛之機制，均屬於 ADR 之範圍。因其種類繁多，無法一一予以列舉論述。

ADR 機制，主要係針對司法救濟制度之不足，導致甚多糾紛均透過訴訟外紛爭處理方式予以解決，已是事所必然，且為今後糾紛處理之主要趨勢。此種訴訟外處理制度多為自主性解決糾紛，具有任意性、合意性及專門技術性，與訴訟具有強制性及決定性不同。在現有眾多 ADR 機制當中，行政機關之 ADR 制度，佔有一定之比例及重要地位，即令在同一件紛爭當中，亦可能就其介入之程度或處理效力之不同，設有二種以

年，特別就日本在製造物責任（PL）法施行後，成立 PL 事件專門的 ADR 機關加以說明。

[4] 就 ADR 在有關電子商務機制方面之論述，參見陳思廷，B2B 電子商務訴訟外爭議處理（ADR）機制之研究（上）、（下），載：透析資料庫法務透析，2002年 05 月 15 日、06 月 01 日。至於有關國際間著名 Online ADR（BBB Online）運作情形，參見行政院經濟建設委員會委託，戴豪君主持，網路交易消費者保護課題及法制修正之研究，頁 148 以下，2002 年 3 月 30 日。

[5] 日本甚多學者將 ADR 稱為「裁判外紛爭處理」。大村敦志，消費者法講義，頁 159，1995 年；若原紀代子，民法と消費者法の交錯，頁 196，1999 年；長尾治助編，レクチャ——消費者法，頁 214，2002 年 2 版，均將 ADR 稱為「裁判外紛爭處理」。

上不同之 ADR 制度，以消費爭議行政處理為例，我國依消費者保護法規定即設有申訴及調解二種 ADR 機制，而在日本亦有相類似之設計，作為有效處理之機制[6]。在行政機關 ADR 制度中之行政調解制度，由於歷史悠久，而且具有一定之績效，可以說是訴訟外糾紛處理制度中最重要之一個管道，為有效發揮其應有功能，亟需各界予以必要之關心及研究，使之更能茁壯、成長。

　　行政調解制度因非屬訴訟必要程序，在我國未如訴訟制度般受人重視，學者對此相關論述不多，即便有之，亦多以法院調解為主，甚少及於行政調解制度，可以說是一門相當冷僻的學問。不過，有鑑於調解確實可以發揮訴訟定紛止爭之功能，乃激發本人對於我國行政調解制度之研究，筆者在本篇論述當中，首先擬就我國行政機關之 ADR 制度予以扼要論述，然後再專就其中與行政調解有關之部分，依序分別從行政調解之定義及種類型態、行政調解機制之基本理論（行政調解有否侵害訴訟權、行政調解之級制等基本問題）、行政調解當事人間之法律基礎、行政調解組織與當事人間之法律基礎，加以分析、比較及作理論上之探討，除發掘現有體制之缺失及問題所在之外，並冀望藉此建立我國行政調解制度或行政機關 ADR 機制應有之體系及理論，使其定位明確，俾更能有效發揮等同訴訟之定紛止爭功能。

壹、我國行政機關 ADR 及行政調解機制

一、我國行政機關 ADR 概述

　　我國行政機關基於一定行政目的，並為有效疏減訟源，常在行政機關內設置 ADR 之機制，以有效處理其權限內之爭議。我國行政機關之

---

[6]　若原紀代子，同前註，頁 196 以下。有關消費爭議之處理，日本在行政機關方面，設有相談、調停及仲裁等 ADR 制度，對此論述甚詳。

ADR 制度繁多，不但其 ADR 類型不一，ADR 效果亦有所不同，依學者
意見有將之歸納為行政調解、行政調處、行政仲裁及行政規制（按此之
行政規制，應係專指具有行政罰性質之行政處分而言，與一般「行政規
制」意義不同且範圍較狹，本文從之）等四大類型[7]；惟如以該行政機關
之 ADR 行為性質作為區隔標準，事實上約可以歸納為下述「具有行政處
分性質之 ADR 機制」及「不具行政處分性質之 ADR 機制」二種。

（一）具有行政處分性質之 ADR 機制

所謂具有行政處分性質之 ADR 機制，係指就該 ADR 之決定，視為
該行政機關之行政處分，如有不服，可以對之提起行政爭訟。此種性質
上屬於私權爭執，但在主管機關決定後仍依行政爭訟程序救濟者，應適
用行政程序法之相關規定[8]，包括：

1. 爭議審議：對於私權之爭議，如係以行政機關所為之爭議審議決
   定作為處理依據者，該爭議審議決定原則上均視同行政處分。例
   如勞工保險爭議審議、全民健康保險爭議審議事項，因該兩種保
   險制度本質上係屬強制性的社會保險制度（勞工保險條例第 1
   條、全民健康保險條例第 1 條參看），並由行政主管機關（勞工保
   險監理委員會、全民健康保險爭議審議委員會）以單方行為方式
   所為之決定，對外直接發生法律上效果，符合行政程序法第 92

---

[7] 行政院研究發展考核委員會委託，黃茂榮主持，行政機關介入私權爭議之研
　究，頁 VII、129，2000 年 8 月。公力救濟途徑主要分為司法途徑與行政途徑。
　行政途徑主要又可分為行政調解、行政調處、行政仲裁及行政規制四種（筆
　者認為其中行政規制是否具有 ADR 性質，尚有爭議，詳見後述）；並認為調
　處之機能主要分成兩個階段，第一階段之機能在於協助當事人以協議的方式
　和平解決其私權爭議，該功能與調解並無大異，第二階段之機能為：就該爭
　議裁決其應有之實體關係，此為調解所無之機能。

[8] 吳庚，行政法之理論與實用，頁 546 以下，2003 年 8 月增訂 8 版。對於行政
　程序法第 3 條第 3 項第 5 款所稱「有關私權爭執之行政裁決程序」，吳庚主張
　若私權爭執經行政裁判後提起民事訴訟者，不適用行政程序法。若私權爭
　執在主管機關裁決後仍依行政爭訟程序救濟者，應適用行政程序法。

條第 1 項「行政處分」之要件；如有爭執，均應循行政爭訟程序
處理。至於行政機關就採購申訴所為之審議判斷，因可直接依政
府採購法第 83 條「審議判斷視同訴願決定」之規定辦理，故有學
者[9]逕認其程序屬行政程序法第 3 條第 3 項第 5 款「有關私權爭執
之行政裁決程序」。

另外，例如財團法人保險事業發展中心就保險爭議事項所為
之審議決定，或是銀行公會就信用卡爭議事項所為之審議決定，
除非依行政程序法規定獲有主管機關之委託或授權，否則均屬非
行政機關所為之爭議審議決定，並無行政程序法規定之適用，有
所爭執時，仍應循民事訴訟程序為之。

2. 行政調處（具行政處分性質）：私權爭議之調處，原則上具有①協
助當事人以協議的方式和平解決其私權爭議，及②就該爭議裁決
其應有之實體關係等兩種機能。行政調處主要是以第二種機能為
主，如該調處不成，通常均由主管機關逕為決定或報請上級主管
機關裁決，有學者[10]認為對該調處結果不服者，不得再提異議，
僅得請求行政救濟，故該調處之決定，實質上係行政機關依據行
政權所為之行政行為，符合行政程序法第 92 條第 1 項「行政處分」
之要件。

---

[9]　廖義男，行政法之基本建制，頁 84 以下，2003 年 6 月。對於縣（市）政府耕
地租佃委員會對耕地租佃發生爭議所為之調處、勞資爭議仲裁委員會對調整
事項之勞資爭議所為之仲裁、及採購申訴審議委員會對於爭議申訴所為之審
議判斷之行政裁決程序，廖義男認為係行政機關立於中立第三者立場為之決
定，與行政程序法在規範作成行政行為之行政機關係事件當事人，性質上有
顯著差異，故認應仿日本立法例，排除行政程序法程序規定之適用。

[10]　黃茂榮，同註 7，頁 58 以下。有關調處不成，由主管機關逕為決定，不服者
得請求行政救濟之實例，有平均地權條例第 60 條之 2、農地重劃條例第 26
條、森林法第 20 條、礦業法第 81 條、漁業法第 38 條及第 50 條、鐵路法第
17 條第 2 項、電信法第 16 條第 3 項及第 4 項；調處不成，應報請上級主管機
關裁決之，不再提異議者，有平均地權條例第 56 條、農地重劃條例第 7 條、
新市鎮開發條例第 5 條、建築法第 45 條。

　　另外，司法院大法官會議業就①政府依實施耕者有其田條例所為耕地徵收與放領，均係基於公權力查明決定之行政處分②縣（市）政府耕地租佃委員會依耕地三七五減租條例規定，對耕地租佃發生爭議所為之調處，分別解釋認係屬「行政處分」（釋 115、釋 128 參照），如有不服，應循行政爭訟程序請求救濟；更有學者[11]將耕地租佃調處之程序認係屬行政程序法第 3 條第 3 項第 5 款「有關私權爭執之行政裁決程序」。

3. 行政裁決（具行政處分性質）：原則上行政機關對私權爭議所為之行政裁決，不是以當事人之協議為基礎，而是由裁決委員會以合議方式為之，故該裁決之決定，實質上係行政機關依據行政權所為之對外直接發生法律效果之行政行為，符合行政程序法第 92 條第 1 項「行政處分」之要件，如有不服，應循行政爭訟程序處理。原則上行政機關就私權爭議並無最後決定之權限，除非法律有明文授權規定，否則即有侵害司法權之虞，故具行政處分性質之行政裁決，目前在實務上尚乏實例。

4. 行政規制：在私權爭議發生時，行政機關因當事人之檢舉加以調查確認並作成行政規制之處分，該項行政規制之處分決定，不一定可以作為當事人直接對相對人請求之依據，仍須依其他程序另為請求，該行政機關行政規制之處分決定，對檢舉人而言，僅具有一定法律事實存在或不存在之確認作用而已。例如行政院公平交易委員會對某人檢舉不實廣告之決定處分，為具有行政罰性質之行政處分，但對該不實廣告受害者而言，不得持之逕向業者要求損害賠償，仍應依民事訴訟程序規定請求；而且對於此種行政規制之結果，受規制之一方如有不服，尚可依訴願及行政訴訟之程序請求救濟，而非向一般法院尋求救濟，此種行政管理措施具有類似行政處分性質，與 ADR 機制旨在處理私權糾紛之本質、

---

[11]　廖義男，同註 9，頁 84 以下。

方式及效果等，均有不同，筆者認為似不宜將之納為一種 ADR 機制，值得另案深入探討。

（二）不具行政處分性質之 ADR 機制

所謂不具行政處分性質之 ADR 機制，係指就該 ADR 之決定或結果，因非屬該行政機關之行政處分，如有不服，僅得向司法機關提起訴訟方式為之，不得對之提起行政爭訟。此種性質上屬於私權爭執，經行政裁決後提起民事訴訟者，因最後既歸民事法院審判，不適用行政程序法之相關規定[12]，包括：

1. 陳情：依行政程序法第 168 條及第 170 條規定，人民對於行政興革之建議、行政法令之查詢、行政違失之舉發或行政上權益之維護，得向行政機關陳情；行政機關應確實處理之。即使是私權爭議之陳情，亦僅屬建議、查詢、舉發或請求性質，如其事項依法有其他正式之救濟方法者，仍應循訴願、訴訟或請求國家賠償等其他正式方法辦理。行政機關處理陳情之單方行政行為，因不具有對外直接發生法律效果，故非屬行政程序法第 92 條第 1 項之「行政處分」；但如未能適當處理，學者[13]認為將影響人民對於行政機關之信賴。

2. 申訴：此之申訴，係專指消費爭議之申訴而言，並不同於其他之申訴。消費者與企業經營者因商品或服務發生消費爭議時，消費者依消費者保護法第 43 條第 1 項規定，得向地方政府消費者服務中心或其分中心申訴（第一次申訴）；如未獲妥適處理時，依同條第 3 項規定，並得向地方政府消費者保護官申訴（第二次申訴）。無論是第一次或第二次申訴，其內容既然是消費者與企業經營者

---

[12] 吳庚，行政法之理論與實用，同註 8，頁 546。

[13] 廖義男，同註 9，頁 73 以下。行政機關對於人民陳情，如未能適當處理，將影響人民對於行政機關之信賴，從而行政機關之「處理陳情」，亦是行政機關維護人民對行政信賴之重要行政行為。

因商品或服務發生消費爭議，本質上係屬私權爭議，而行政機關對該申訴之處理行為，原則上要尊重雙方當事人之意願及意見，無法單方予以決定，且依法又無法對外直接發生法律效果，故非屬行政程序法第 92 條第 1 項之「行政處分」，如果申訴處理成立，亦僅具有民法上一般和解契約之效果而已，故筆者認為處理申訴之行政行為，至多僅屬（法制外）行政調解性質而已。如有不服，應循民事訴訟管道處理。

　　另外，非行政機關所為之申訴處理，例如消費者保護團體依照消費者保護法第 28 條第 7 款前段規定，有接受消費者申訴之權限任務，其所為之申訴處理，因非屬行政機關之 ADR 機制，即使申訴處理成立，亦僅具民法所規定一般和解契約之效力而已，如有不服，應循民事訴訟管道處理。

3. 行政調解：一般而言，對於私權爭議之處理，行政調解必須基於雙方當事人之合意始能成立；而調解成立並經法院核定者，原則上與民事確定判決有同一之效力。例如消費爭議調解委員會依消費者保護法規定，如欲進行消費爭議之調解程序時，除須先取得當事人之同意，並於調解期日到場，最後在調解書上簽名，調解始告成立，非由行政機關單方決定其結果，且非對外直接發生法律效果，非屬行政程序法第 92 條第 1 項之「行政處分」，如有不服，應循民事訴訟程序處理。惟筆者認為行政調解應屬行政指導行為，詳見後述。

　　另外，非行政機關所為之調解，例如消費者保護團體依照消費者保護法第 28 條第 7 款後段規定，有調解消費爭議之權限任務，其所為之調解，因非屬行政機關之 ADR 機制，即使調解成立，亦僅具民法所規定一般和解契約之效力而已，如有不服，應循民事訴訟管道處理。

4. 行政調處（具調解性質）：此之調處，係指以發揮協助當事人以協議的方式和平解決其私權爭議之功能為主。例如公害糾紛之調

處，依公害糾紛處理法第 30 條規定，調處成立並經法院核定者，具有與民事確定判決有同一之效力；以及同法第 27 條調處方案應得當事人同意之規定觀之，應屬行政指導行為[14]。且因須送經法定核定之程序，故調處之決定尚非最後決定，不具有對外直接發生法律效果，故非屬行政程序法第 92 條第 1 項之「行政處分」，如有爭執，應循民事訴訟程序處理。

另外，非行政機關所為之調處，例如交通部觀光局委託中華民國旅行業品質保障協會調處旅遊糾紛，該旅遊糾紛之調處，因非屬行政機關之 ADR 機制，即使調處成立，亦僅具民法所規定一般和解契約之效力而已，如有不服，應循民事訴訟管道處理。

5. 行政仲裁：仲裁之進行原因，主要有①雙方當事人之仲裁協議②法律規定得提付仲裁③法律規定應提付仲裁等三種。除第一種係屬任意仲裁性質外，其餘兩種或多或少均有強制仲裁之性質，行政仲裁即指此等仲裁，並由行政機關組織仲裁委員會予以仲裁而言。例如由主管機關依職權交付勞資爭議仲裁委員會對調整事項勞資爭議所為之仲裁，當事人不得聲明不服，但經法院裁定駁回其強制執行之聲請者，當事人得再申請仲裁（勞資爭議處理法第 29 條、第 35 條、第 39 條），顯見其非屬行政程序法第 92 條第 1 項之「行政處分」。

---

[14] 行政院研究發展考核委員會委託，劉宗德主持，公害糾紛處理政策與法制之研究，頁 195 以下，1995 年 11 月。基於公害糾紛調處、裁決二委員會性質，依公害糾紛處理法所做成之調解書或裁決書，即非行政處分，並無拘束當事人之效力，其類似一般民事調停之性質，僅為一種「調整性之行政指導」。且就公害糾紛之本質而言，公害糾紛性質上屬於民事糾紛，故公害糾紛處理制度，係所謂「民事糾紛之行政上處理制度」，公害糾紛通常並無法單純藉由污染源與被害者之私人間合意即得獲致解決，行政機關往往扮演著重要角色，因此於處理公害糾紛之際，全面排除與公害發生行為相關聯之行政機關行為有關爭執者，對於公害糾紛之處理未必妥適。

　　　　另外，非行政機關所為之仲裁，例如依仲裁法所為之一般仲裁，因非屬行政機關之 ADR 機制，其程序及效力應依仲裁法相關規定辦理。如有不服，應循民事訴訟程序處理。

6. 行政裁決（具調解性質）：行政裁決如須當事人同意始能作成裁決書，且須送經法院審核之程序者，即非屬行政程序法第 92 條第 1 項所謂之「行政處分」，而應屬行政指導性質。例如公害糾紛處理法第 39 條：「當事人於裁決書正本送達後二十日內，未就同一事件向法院提起民事訴訟或經撤回其訴者，視為雙方當事人依裁決書達成合意」之規定，未經合意前之裁決書似屬「和解方案」性質，且依同條第 2 項須送請管轄法院核定，非屬「行政處分」。另外為加強勞資爭議之處理功能，研修中之勞資爭議處理法中，亦擬增列類似功能之行政裁決制度[15]。

二、我國行政調解之定義

　　所謂調解，係指基於私法自治原則，經由雙方當事人同意，透過法院或一定機關團體居間斡旋，以非訴訟方式進行協調處理，作為解決私人間權義爭議之一種手段，故調解之性質，學者[16]多認屬非訟事件而非民事訴訟。以非訴訟方式解決私人間之權義爭議，其模式主要有和解及調解兩種。和解，包括民法上的和解（簡稱一般和解）及訴訟法上的和解（簡稱訴訟上和解），其中訴訟上和解係由法院依法為之，屬於司法裁判機制之一環，與調解確有顯著不同[17]，不另加以比較，至本文以下所稱和解，均僅指一般和解而言。

---

[15] 參見勞資爭議處理法修正草案，擬增設第 4 章裁決制度，並明定爭議當事人一方即得向「中央主管機關」申請裁決（草案第 36 條至第 46 條）。

[16] 王甲乙、楊建華、鄭健才，民事訴訟法新論，頁 527，1980 年 10 月修訂 11 版。調解程序，性質上本屬非訟事件而非民事訴訟，在性質許可範圍內，自應分別適用或準用民事訴訟法有關規定。其他民事訴訟學者亦多持相同的看法。

[17] 黃秋鴻，法院調解文書審核，載：台北市政府編印「第二次消費爭議調解業

　　一般而言，調解至少具有如下的意義：

（一）調解非和解，須有法律為其依據

　　調解係屬於一種訴訟外解決糾紛機制，因其並非司法權的作用，要成為司法裁判機制之外圍配套措施，具有司法裁判的效果，必須另有法律依據[18]，否則將僅成為民法上的和解，而非調解，故調解應有一定之法據。例如民事訴訟法、鄉鎮市調解條例、消費者保護法、耕地三七五減租條例、公害糾紛處理法等，即提供相關調解制度之法源依據，相對地亦受到相關法源的限制，該等調解即不能逾越相關法律規定的範圍。

　　民法第 736 條至第 738 條規定之和解，屬於私人間之一種「契約」性質，只要雙方當事人約定互相讓步以終止爭執，或防止爭執發生因而所訂定之契約即可，原則上無需任何司法權或行政權之介入或協助。由於和解係出於自發性及自願性，其和解人員之資格、和解程序之進行、和解之內容等，對於和解之結果影響不大，只要和解雙方當事人均無異議，即不必加以任何限制。相對的，調解是一種法定機制，具有法定之效果[19]，在司法權或行政權介入或協助時，因係涉及公權力之執行，可能對調解之結果影響甚大，故對於調解人員之資格、調解程序之進行、調

務講習手冊（2001 年 8 月）」，頁 23 以下。關於調解與訴訟上和解之區別，對此有深入之分析。

[18] 法務部法 86 律決字第 14758 號函，台北市擬單獨設置「原住民調解委員會」調解原住民間之糾紛，（因無法源依據）似與鄉鎮市調解條例規定不符。

[19] 我國的各種調解制度，對於調解成立之效力，有規定具有與民事確定判決有同一之效力，如鄉鎮市調解條例、消費者保護法等；有規定與訴訟上和解具有同一之效力，如政府採購法、訴訟上調解等；亦有規定視為當事人間之契約，如勞資爭議處理法、著作權爭議調解辦法等，規定雖有不同，惟調解成立依其法源多設有得為強制執行名義之規定，因而當然取得執行名義之法定效力（強制執行法第 4 條第 1 項第 3 款及第 6 款），則為一致。調解成立之法定效力，原則上均具有司法裁判的一定效果，與民法上之和解，依民法規定純屬當事人間契約，因非屬強制執行法第 4 條第 1 項所定執行名義範圍，尚須另外訴請法院取得執行名義之情形不同。

解之內容等等，法律上均須加以一定之規定，方足以保證其一定之品質及效力，故調解須有法定之規範。

（二）調解非訴訟，主要目的在協助解決民事糾紛，以疏減訟源

調解之範圍，原則上以民事爭議為主[20]。至於所謂民事糾紛，當然包括行政機關立於私人地位與民眾間發生之民事糾紛在內，均可依法調解[21]；不過行政機關聲請調解，仍應以個案方式，不宜以法令或契約概括規定方式為之[22]。另外，鄉鎮市調解條例、著作權爭議調解辦法及醫療糾紛處理法草案等雖然規定，可就告訴乃論之刑事事件進行調解，乃基於特定目的[23]所為之例外規定。至於其他屬於非告訴乃論之刑事糾紛或行政爭議，因係專屬公權力之運作範圍，則不允許以私人合意方式處理；但因民事賠償與該案刑事部分是否屬告訴乃論之罪無涉，實務上認為仍可就該等公訴罪案件涉及民事求償部分予以調解[24]。

調解之目的，在有效疏減訟源。因為調解設置之目的，主要在協助解決民事糾紛，避免事事均須由法院裁判解決，提供一個訴訟外之處理管道，以有效疏減訟源[25]，減輕法院及法官的負擔。而且調解之目的既然

---

[20] 基於私法自治原則，理論上應以私人可以自行處分之私人權益，才容許以雙方當事人合意方式處理，調解既然係以雙方當事人合意為處理之基礎，當然應受此原則拘束，故調解的範圍，原則上應以協助解決民事糾紛為限。

[21] 法務部法 72 律字第 2740 號函，行政機關立於私人地位與民眾間發生之民事糾紛，得依法調解。

[22] 法務部 85 法律決字第 21765 號函，政府與民間之財務爭執如屬一般民事糾紛，自得向調解委員會聲請調解，惟不宜以法令或契約方式，將縣以下各級政府與民間之財務爭執一概委由調解委員會調處解決。

[23] 鄉鎮市調解條例、著作權爭議調解辦法及醫療糾紛處理法草案等雖然規定，可就告訴乃論之刑事事件進行調解，乃基於刑事事件既然規定係告訴乃論之罪，原則上均屬「輕罪」範圍，為期家庭和諧、社區安寧等目的，因而賦與有告訴乃論權之人可以自行斟酌是否加以處理，因此特別規定納入。

[24] 法務部 91 法律字第 0910036950 號函，在鄉鎮市調解條例未修正前，依現行實務作法，仍可就「詐欺等公訴罪」案件涉及民事求償部分予以調解。

[25] 調解之進行，可以配合行政專業協助處理。除了法院調解係由法院辦理之外，

是在提供解決糾紛之管道，故在理論上，只要是發生糾紛而有調解意願之當事人，均有權提出申請。惟調解並非訴訟權。調解機制之處理結果，雖然具有與法院訴訟相同的作用[26]，不過，相較於法院之訴訟制度，調解具有程序簡易迅速、費用免費或低廉等特性，可由當事人依據其需要自行選擇採用任何一種機制。

（三）調解的性質，屬於任意調解

調解在「實質上」必須為任意調解。調解因非公權力之執行，依法不得加以強制處理，所以是一種任意調解的機制[27]。至所謂任意調解，就是指調解應該尊重當事人的意思，當事人的任何一方如果不願意接受調解，例如當事人無故於調解期日不到場，調解即無從開始或進行；而在調解程序開始後，當事人在調解進行中，無須任何理由隨時隨地可以中止或終止調解程序，或退出調解；在調解程序完成後，如果當事人不願接受調解條件，在達成協議之前，或是在達成口頭協調之後，均仍可以不必勉強在調解書上簽名蓋章表示接受[28]。另外，如果調解不成立均須檢附證明書，則形同強制調解，亦有不當[29]。

辦理行政調解之機構，原則上均由行政機關設置，其目的無非希望能利用行政公權力來協助私權之解決，行政機關並且可以針對其糾紛之特殊性，納入其行政專業或專門技術判斷方式予以彈性處理。另外，通說認為行政調解與法院訴訟不同之處，僅在於法院訴訟係由法官依據法律裁判之，法院訴訟之處理，著重在公平正義之維護；而行政調解則係由調解委員（社會一般公正人士或專業人士等）依據雙方意願協助處理之，行政調解之處理，則著重在糾紛之解決。

[26] 因為兩者皆係將當事人的爭議，訴諸客觀之第三者（法院或行政調解組織）尋求解決。同時，調解成立並經法院核定後，多數亦具備與確定判決同一之效力。

[27] 例如鄉鎮市調解條例第 10 條有關「調解事件，應得當事人之同意，始得進行調解」之規定，可為佐證。

[28] 法務部，「鄉鎮市區調解業務手冊」，頁 69，1989 年 6 月。有關鄉鎮市區調解亦屬任意調解之意見，可供參考。

[29] 法務部 82 法律字第 18810 號函，受理案件均須檢附調解不成立證明書，則形

　　不過，調解在「程序上」可為強制調解。調解之進行，基於任意調解之精神，不論在實質上或程序上，本應事事均以當事人之意願為依歸，固然符合私法自治原則，惟卻也形成常因當事人之隨意抵制[30]，反而減損了調解機制應有的解決糾紛功能。因此，為解決此種困擾，目前許多調解法律均進行研究或修正相關規定，如明定調解為訴訟之前置程序[31]、增列在一定條件下調解委員可以依職權提出解決方案[32]，或是法務部在研擬中之「鄉鎮市調解條例修正草案」，為擴大民事、刑事糾紛之解決機制，有效疏減訟源，除當事人聲請者外，增列法院及檢察署得主動移付或轉介調解之機制[33]，另外可否比照民事訴訟法第 409 條規定對不到場之當事

同強制調解，除不符合現行民事訴訟法與刑事訴訟法之相關規定外，亦與上述鄉鎮市調解制度之精神（本諸當事人之合意進行調解達成協議）有所違背。

[30] 茲以消費爭議調解為例。吳政學，各直轄市、縣（市）政府消費者保護官及消費爭護調解委員會受理申訴、調解業務情形報告，載：行政院消費者保護委員會編印，（2001 年 1 月至 12 月）消費者保護官調查報告彙編（六），頁 46 以下，2002 年。據統計在民國 89 年下半年的 286 件調解案件中，即有近達一半的 107 件調解案件，即因而調解不成立，顯見任意調解對調解功能之負面影響甚大。

[31] 例如民事訴訟法第 403 條第 1 項、三七五減租條例、勞資爭議處理法、醫療糾紛處理法草案第 5 條，均將調解列為訴訟前置程序，一定要先經過調解，不能立刻訴訟。

[32] 例如民事訴訟法第 417 條、政府採購法第 85 條之 4、公害糾紛處理法第 27 條、消費者保護法第 45 條之 2 及之 4 規定，均採調解委員會可以提出解決方案之模式來處理相關問題。

[33] 法務部 91 法律字第 0910700337 號函及附件「鄉鎮市調解條例修正草案總說明」。說明現行鄉鎮市調解條例規範調解之事件，為民事事件及告訴乃論之刑事事件，並以當事人聲請者為限。為加強推展調解業務，擴大民事、刑事糾紛之解決機制，協助訴訟當事人息紛止爭，並有效疏減訟源，減輕法院及檢察署之負擔，爰增加除當事人聲請者外，法院及檢察署得主動移付或轉介之機制，第一審法院得裁定移付調解委員會調解之屬於民事訴訟法第 403 條第 1 項規定之強制調解事件、適宜之刑事附帶民事訴訟（包括上訴審所提起者）及其他適宜調解之民事事件（草案第 13 條）；檢察官於偵查中，對告訴乃論之刑事事件，得移付調解委員會調解；對涉及民事賠償或給付事項之非告訴乃論刑事事件，得經當事人之同意，轉介調解委員會調解（草案第 14 條）。

人得處罰鍰之規定等，揆其目的，旨在使相關調解制度更能發揮功能，雖有其正面意義；惟此類規定，對於任意調解之調解本質並未有所改變，因為調解成立與否，最後仍需視調解雙方當事人之意願而定。因此，所謂「強制調解」，實質上應係「調解先行主義」[34]。

另外，調解非司法權之運作[35]，因此，在調解程序中，所有為達成調解成立之目的所為之行為，不論是調解委員所為之勸導，或是當事人所為之陳述或讓步，在調解不成立後所提起仲裁或訴訟，均不得採為判斷或裁判之基礎[36]外，同時，鄉鎮市調解條例第 19 條第 2 項並明定：「調解事件，對於當事人不得為任何處罰。」以確保調解之任意性。

（四）調解的地位，原則上並非訴訟必經的前置程序

就理論上而言，調解屬自願性，非訴訟必經程序。調解屬於一種訴訟外之處理機制，因非屬訴訟程序之一環，調解之進行及方式又與訴訟不同，加以調解屬於任意性質，調解之發動應出於當事人之自願，且調解與訴訟權不同，非屬我國憲法規定人民基本權利之一種，其目的僅在疏減訟源，並未侵害人民之訴訟權，所以調解在理論上似無成為訴訟必經程序之必要。筆者認為，如將調解一律規定為訴訟必經之前置程序，

---

[34] 行政院消費者保護委員會，消費者保護法專案研究實錄第二輯（1997 年 3 月至 1999 年 5 月），頁 54，1999 年 6 月。駱永家認為「強制調解」應該是「調解先行主義」之誤。

[35] 詹森林、馮震宇、林明珠，認識消費者保護法，頁 150，1995 年 2 月。認為，因調解委員並非法官，本身不具有司法公權力，在實務上調解委員並非皆以法律為解決當事人爭議之唯一依據，而係居間協調，且經常動之以「情」或說之以「理」，至於「法」僅作為最後不得已的手段而已，以協助當事人達成解決爭執之合意；不似司法權之運作，應以「法」為主，「情」或「理」僅作為量刑或賠償輕重之參考而已。

[36] 例如民事訴訟法第 422 條即明定：「調解程序中，調解委員或法官所為之勸導及當事人所為之陳述或讓步，於調解不成立後之本案訴訟，不得採為裁判之基礎。」

由於調解並不具有強制性質，調解程序之必須履行，只是徒然拖延爭議之處理時效，對希望儘速解決之一方當事人，似有不公。

不過，在實務上，為發揮調解之功能，有規定為訴訟前置程序之必要性。調解，除非法律有特別的規定，例如民事訴訟法第 403 條第 1 項第 2 款、第 2 項及同法第 427 條第 1 項及第 2 項，明文規定起訴前應經法院調解之程序；醫療糾紛處理法草案第 5 條，更從積極意義之立場[37]，明定應於起訴、告訴或自訴前應依該法進行調解等，否則調解仍非為訴訟之必經前置程序，當事人仍可逕行提起訴訟。

另外，基於特殊糾紛處理之專業性，為期調解能夠發揮應有迅速及專業之定紛止爭功能，俾有效疏減訟源，已成調解作為訴訟必經前置程序之主要理由。因此，基於實務上之需要，將調解規定為訴訟必經之前置程序，似有可能成為將來必然之趨勢。

三、我國行政調解之種類型態

為避免訴訟曠日廢時，而調解又能公正、迅速及有效處理私人間之爭議問題，因此甚受國人重視，且各業務主管之行政機關亦深切瞭解調解為一種訴訟外處理機制（ADR），可以迅速並有效地處理其業務範圍內之相關爭議問題，為提高其施政績效，並避免爭議發生，因而各自設置其業務所需之調解機制，導致我國各種行政調解制度林立，且其名稱又不以「調解」為限。不過各該行政調解在基本上，均屬於一種不具行政處分性質之 ADR 機制。

我國現行有關調解之制度類型，雖然種類甚多，惟依其辦理機關公權力之性質予以分類，僅有司法調解及行政調解兩種類型。其中，司法

---

[37] 醫療糾紛處理法草案第 5 條立法理由之二：從積極意義言之，如何提供人民解決紛爭之適當途徑，避免其花費勞力、時間及費用進行不必要之訴訟，亦屬國家保障人民訴訟權利之任務，此乃民事訴訟法第 403 條第 1 項第 7 款所以規定因醫療糾紛發生爭執者於起訴前應經法院調解之意旨。頗有見地，可供參考。

調解係指由法院進行之調解，簡稱「法院調解」，屬於司法公權力運作；行政調解則係由行政調解機關進行之調解，簡稱「行政調解」，屬於行政公權力運作，本文並以不具行政處分性質之行政調解作為論述要點，尚可分為一般行政調解及特別行政調解兩種。

（一）法院調解

　　法院調解，係由法院法官依據民事訴訟法第 403 條至第 426 條關於調解的規定，就民事事件辦理有關調解事宜。如果法律明文規定起訴前應經調解者，該法院的調解，即屬訴訟必經的前置程序；否則，即可由當事人自行決定要否聲請法院調解。法院調解，依民事訴訟法規定均應於起訴前為之。這是一種由司法機關自行辦理調解之機制，與一般由行政機關設置辦理的調解機制不同，通常所稱的調解，並不包括此種調解在內。

　　以法律特別規定在訴訟之前，即應先經調解程序者，此即所謂「訴訟前置程序」。法院調解亦屬調解之一種，由於調解具有任意調解之性質，如無法律強行規定，則要否進行此種程序，自應尊重當事人之意願，即令是法院調解，亦不應例外。民事訴訟法第 403 條第 1 項列舉之事件，於起訴前應經法院調解，此時調解即成為該等事件提起訴訟必經之前置程序，未經調解不成立者，不得向法院提起訴訟。此項規定，根據學者之研究結果，主要是基於維持當事人間之和諧關係、或是避免訴訟不經濟[38]、或是非訟色彩濃厚，以調解處理較為適宜者[39]。

---

[38] 例如小額訴訟即屬訴訟不經濟之具體案例。民事訴訟法第 436 條之 8 第 1 項規定，訴訟標的金額或價額在新台幣十萬元以下者，即適用小額訴訟程序；另外，92 年 5 月 26 日行政院院台聞字第 092002021 號令亦明定「依消費者保護法第 45 條之 4 第 4 項訂定小額消費爭議之額度為新台幣十萬元。」

[39] 邱聯恭、許士宦，民事訴訟法修正之走向及前導法理——以修正草案有關調解程序之變革為中心，載：法學研究，第 8 期，頁 123 以下，1994 年 9 月。認為適合於循調解程序解決紛爭，而宜列入強制調解之事件範圍，可歸納為四種情形。

　　不過，所有民事訴訟事件，在進行訴訟之前，並非一律必須先經調解之程序，基於調解係屬任意調解之原則，非有法律強制調解之規定，否則即應尊重當事人之意願。因此，訴訟事件，以無須先經調解之程序為原則，以強制應先經調解程序為例外。法院調解，原則上以任意調解為主，依民事訴訟法第 404 條第 1 項規定：「不合於前條規定之事件，當事人亦得於起訴前，聲請調解。」此種法院調解，即非訴訟之前置程序，可由當事人自行決定要否經過調解程序，法院不得加以強制。

（二）一般行政調解

　　所謂一般行政調解，係指依鄉鎮市調解條例所進行之調解，簡稱「鄉鎮市調解」，與其他行政調解相較，鄉鎮市調解在我國而言，可以說是一種屬於最基本之行政調解制度。由鄉鎮市區調解委員會依據鄉鎮市調解條例規定，就民事事件及刑事告訴乃論事件辦理有關調解事宜。這是一種由行政機關設置，利用行政權協助處理民事爭議的一種調解機制，與前述之法院調解不同。鄉鎮市調解具有如下特性：

1. 為行政協助最早的調解機制：鄉鎮市調解條例規定，由鄉鎮市公所成立鄉鎮市調解委員會辦理調解業務，係屬於一種利用行政權協助調解之機制。鄉鎮市調解條例早自民國 44 年 1 月 22 日即經總統公布施行，迄今已有 50 年，歷史相當悠久，有其一定成效，可以說是除了民國 24 年公布民事訴訟法規定的法院調解之外，最早利用行政權協助處理民事爭議的一種調解機制。

2. 為行政協助最基本的調解機制：由於鄉鎮市調解制度並未限制調解聲請類型，故可將之視為一般行政調解。所謂一般行政調解，就是最基本的行政調解，也就是對行政調解僅予以最基本規定，在聲請人之資格上、調解之範圍及程序上，均未加以任何特別限制。鄉鎮市調解條例在利用行政權協助調解之機制上，就如同民法在民事法律上之地位，具有普通法之性質，其他後續的行政調解法律機制，或多或少均以鄉鎮市調解條例作為藍本，予

以準用或加以修正規定，甚至作為解釋上之參考依據，故與鄉鎮市調解條例相較，其他行政調解均具有特別調解或專業調解之性質。

3. 為行政協助最周延的調解機制：除鄉鎮市調解條例之基本法律規定外，並由內政部、法務部及司法院等相關主管機關，分別訂定「法院適用鄉鎮市調解條例應行注意事項」、「檢察官偵查中加強運用鄉鎮市區調解功能方案」、「鄉鎮市調解績優人員獎勵要點」、「鄉鎮市調解獎勵金核發要點」及「鄉鎮市調解委員會幹事設置要點」等適用上之補充法令，遇有疑義時，並分由法務部及內政部加以解釋，可以說是目前最周延的行政調解制度。

（三）特別行政調解

政府機關基於為民服務之理念，舉凡民眾有需要政府協助之處，均在政府機關協助之範圍，民事爭議亦不例外。過去有關民事爭議，基於三權分立之權限劃分，行政機關大多以移請司法機關處理之方式辦理。惟因人與人之間關係越來越密切，相對地私人間之民事爭議亦越來越多，法院已無法迅速處理，於是行政協助處理之訴訟外機制（即特別行政調解機制）乃應運而生，並大行其道。另外，各行政機關為彰顯其業務績效，很多即在現有鄉鎮市調解機制之外，就其主管業務範圍內，另行訂定專業的、特別的行政調解機制，俾更有效處理相關民事爭議，且其名稱並不以「調解」為限，相較於鄉鎮市調解的一般行政調解而言，這就是特別行政調解。

特別行政調解既然是針對特別事件所成立之一種調解機制，因此凡是屬於特別調解事件，原則上均應優先向各該特別調解委員會聲請調解，較容易獲得調解成立。不過，由於鄉鎮市調解委員會因對調解事件之內容及屬性上，以及調解程序之進行等，並未加以任何之限制，因此，該特別調解事件，亦可向鄉鎮市調解委員會申請調解，如調解成立，均發生調解應有之效力。只是各該特別行政調解，與鄉鎮市調

解相較，均屬於一種特別公權力的調解，具有特別的法源或專業協助之性質而已，並無所謂特別調解應優先適用問題，惟如能依聲請調解案件特性予以適度分工，避免疊床架屋，當更能發揮相關調解機關應有之功能。

　　我國成立之特別行政調解機制甚多，且其辦理調解業務之機構或相關法令名稱並不以「調解」為限，尚包括「調處」或「處理」在內，只要實質上是在辦理調解業務，具有調解之功能者，即屬之。我國現有主要之特別行政調解機制，爰依其依據法律訂定之先後次序臚列如後：

1. 勞資爭議調解：勞資爭議調解委員會依據民國 19 年公布勞資爭議處理法第 11 條規定，就權利事項之勞資爭議辦理調解事宜。
2. 耕地租佃爭議調解：耕地租佃調解委員會依據民國 40 年公布耕地三七五減租條例第 26 規定，就耕地租佃爭議事件辦理調解事宜。
3. 建築爭議處理：直轄市縣市局建築業爭議事件評審委員會依據民國 60 年修正公布建築法第 103 條規定，就建築爭議事件辦理協調及審議事宜。
4. 不動產爭議調處：直轄市縣市不動產糾紛調處委員會依據民國 64 年修正公布土地法第 34 條之 1 第 6 項規定，就不動產爭議事件辦理調處事宜。
5. 著作權爭議調解：著作權審議及調解委員會依據民國 74 年修正公布著作權法第 83 條，授權訂定著作權爭議調解辦法規定，就著作權爭議事件辦理調解事宜。
6. 公害糾紛調處：公害糾紛調處委員會依據民國 81 年公布公害糾紛處理法第 4 條規定，就公害糾紛事件辦理調解事宜。
7. 消費爭議調解：消費爭議調解委員會依據民國 83 年公布消費者保護法第 44 條規定，就消費爭議事件辦理調解事宜。
8. 採購履約爭議調解：採購申訴審議委員會依據民國 87 年公布政府採購法第 85 條之 1 至之 4 及第 86 條規定，並得準用民事訴訟法相關規定，就採購履約爭議事件辦理調解事宜。

9. 積體電路電路布局權爭議調解：積體電路電路布局鑑定暨調解委員會依據民國 88 年公布積體電路電路布局保護法第 36 條第 2 項規定，就積體電路電路布局權爭議事件辦理調解事宜。

10. 九二一災區不動產爭議調處：直轄市縣市九二一震災災區不動產糾紛調處委員會依據民國 89 年公布九二一震災重建暫行條例第 9 條第 3 項規定，就九二一震災災區不動產糾紛事項辦理調處事宜。

11. 拒絕離機爭議調解：消費爭議調處委員會依據民國 91 年修正公布民用航空法第 47 條規定，授權訂定民用航空乘客與航空器運送人運送糾紛調處辦法第 9 條規定，就乘客與航空器運送人拒絕離機爭議事件辦理調處事宜。

12. 醫療糾紛調解：醫療糾紛調解委員會依據尚在立法院審議中之醫療糾紛處理法草案第 6 條規定，就醫療糾紛事項辦理調解事宜。

調解雖然種類繁多，但事實上僅係一種具有選擇性的任意調解制度，所以一個調解制度之設立，並非用以取代其他糾紛解決制度，故所有調解制度均規定「得」，而非規定「應」依本法規定行之。由於各種調解制度原則上均未強制當事人必須利用本法以解決糾紛，故當事人得自由選擇其所認為適當的合法途徑（例如民事訴訟、和解、仲裁等），以解決糾紛。

各種行政調解制度各有其不同之設立目的，對於糾紛之處理解決業已發揮相當之功能，目前在各級行政機關之重視及司法機關之推波助瀾[40]下，勢將成為今後糾紛處理之主要方向。由於行政調解制度之發達，可能抑制或縮小訴訟制度適用之機會，是否妥適，值得吾人加以深入探討。另外，對於各種行政調解制度宜作必要之分工，例如對於某些特別需要

---

[40] 司法院祕書長 93 年 9 月 6 日祕台廳民三字第 0993022439 號函，略為：司法院為推動起訴前強制調解制度，以疏減訟源，建請行政院消保會研究將有關消費爭議事件採行起訴前應向直轄市或縣（市）消費爭議調解委員會申請調解之可行性。

專業或技術性之案件[41]，宜由專業之調解委員會辦理，以免發生疊床架屋之情形，浪費政府有限之資源。

貳、我國行政調解機制基本理論之探討

我國行政調解機制需要探討之基本理論甚多，本章擬先僅就其中最常為國人所質疑之行政調解有否侵害司法權、行政調解之法律關係為何、行政調解應採何種級制等三個基本問題加以論述如後。

一、行政調解有否侵害司法權問題

西哲孟德斯鳩（C. Montesquieu）為確保自由，提出將政府權力分散成為行政、立法、司法三權分立的學說[42]，已廣為大部分民主國家所接受，並演變成國家憲政分工的基本原則，應予嚴格遵守，如有違背，即屬違憲。因此，司法權與行政權之劃分，旨在使司法獨立，以達防止專制保護自由之目的[43]。所以即使是私法自治原則，行政機關亦應避免侵害司法權或訴訟權，以免發生違憲之情形。

---

[41] 法務部法 73 律字第 110 號函，說明未訂定書面契約及申請登記之耕地租佃如生爭議，仍應由當地鄉鎮市區公所耕地租佃委員會調解，鄉鎮市區調解委員會不應受理此類爭議事件。

[42] 林紀東，中華民國憲法逐條釋義（三），頁 5，1993 年 8 月修訂 7 版。孟德斯鳩以為：有權者必然濫用權力，以致造成專制之局面，而妨礙人民之自由，故為防止專制，保護自由起見，須將國家之權力，分為立法、行政與司法三種，由不同機關行使之，立法者不能兼掌行政，行政者亦不能兼掌司法，且須彼此互相制衡，始能防止專制，保護自由。

[43] 同前註，頁 6。司法權與行政權之劃分，既由於使司法獨立，以達防止專制保護自由之目的，則於劃分之後，自宜建立各種制度，互相配合，以達此目的。

（一）司法權係以訴訟權為主

　　所謂司法權，係指以保障人民的自由及權利，維持社會秩序為目的，由司法機關代表國家依據法律，所為裁判爭訟之權力，其主要之職能，在於經由審判權之行使，以維護自由民主之憲政秩序[44]。「司法」一詞之意義，尚可分為狹義、廣義及最廣義三者而言：

1. 狹義之司法，僅指司法審判而言，即係指各級法院所為民事、刑事案件之審判，謂之司法。
2. 廣義之司法，則指民事、刑事、行政訴訟之審判，及公務員之懲戒，以及憲法之解釋與法令之統一解釋，此為「司法」一詞之一般通說，相當於我國憲法第 77 條及 78 條規定內容。
3. 最廣義之司法，則除指廣義所列之司法事項外，即有關司法行政事務之職權，亦屬於司法範圍。

　　依據我國憲法第 77 條「司法院為國家最高司法機關，掌理民事、刑事、行政訴訟之審判及公務員之懲戒。」、第 78 條「司法院解釋憲法，並有統一解釋法律及命令之權」及憲法增修條文第 13 條第 2 項「司法院大法官，除依憲法第 78 條之規定外，並組成憲法法庭審理政黨違憲之解散事項。」規定，司法院計有：①民事訴訟之審判、②刑事訴訟之審判、③行政訴訟之審判、④公務員之懲戒、⑤解釋憲法及統一解釋法令、⑥審理政黨違憲之解散等六項權限[45]，應係採最廣義之司法範圍。

　　事實上，雖然政治制度各國不同，有關司法權之內容亦不一致，然而將審判權納為司法權最重要的內容一事，則甚一致，且從未發生疑問。

---

[44] 劉宗德，憲法解釋與訴訟權之保障──以行政訴訟為中心，載：司法院大法官九十三年度學術研討會，頁 2 以下，2004 年 12 月 4 日。今日採自由民主之立憲主義（Constitutionalism，或稱憲政主義）諸國，其司法權之主要職能，即在於經由審判權之行使，以維護自由民主之憲政秩序；尤其當經由訴訟權以保障人民基本權利時，其司法權之行使，更形塑該國家邁向法治國家發展時之具體方向與面貌。

[45] 董翔飛，中國憲法與政府，頁 392，1992 年 9 月修訂 24 版。

一般所謂「司法獨立」，主要的意義就是「審判獨立」。「審判權」雖係屬司法機關之公權力，惟基於不告不理原則，法院係為分配司法之正義而行使裁判權，而非創設司法之正義而為之，故非經自訴、起訴，法院不得審理，有訴訟才有審判。因此，「審判權」相對於一般民眾而言，即為「訴訟權」，甚為重要，並已成為一種人民在憲法上應有的基本權利。

（二）訴訟權之性質及內涵

　　我國憲法第二章明定人民的權利義務，吳庚[46]並將憲法上規定的基本權利分為平等權及自由權、社會的基本權（生存權、工作權及受國民教育權）、程序的基本權（請願權、訴願權及訴訟權）、政治參與權（選舉、罷免、創制、複決及公民投票）、其他自由及權利（人格權、隱私權、環境權及婚姻自由）。其中社會的基本權及程序的基本權，一般學者均將之納為受益權之範圍[47]。

1. 訴訟權為受益權：所謂受益權，係指人民站在積極的地位，為自己之利益，而向國家要求為一定之作為，以享受其利益之權利。換言之，即人民要求國家行使其統治權，從而得享受某種利益之權利。憲法上規定之受益權，依通說約有①行政上之受益權（請願權、訴願權）、②經濟上之受益權（生存權、工作權及財產權）、③教育上之受益權（受教權）、④司法上之受益權（民事訴訟權、刑事訴訟權、行政訴訟權）等四種受益權。

　　所謂訴訟權，乃人民於其生命、自由或權利，受有不法侵害時，得依民事、刑事或行政訴訟之法定程序，向司法機關，分別提起或請求提起民事、刑事或行政訴訟，而由司法機關代表國家為一定裁判之權利[48]，惟學者對此定義並不一致[49]。為了切實保障

---

[46] 吳庚，憲法的解釋與適用，頁 71 以下，2003 年 4 月。有關憲法規定的基本權，該書在「第二篇基本權的理論體系」，有非常詳細的論述，可供參考。

[47] 林紀東，中華民國憲法釋論，頁 148，1993 年 1 月修訂出版。國內學者對此意見幾無不同，故為通說。

[48] 林紀東，中華民國憲法逐條釋義（一），頁 262，1993 年 1 月修訂 7 版。訴訟

人民權益起見，受理訴訟者須為法院，因為法院組織嚴密，且審判獨立，可以確保審判公平，人民有權不受非法審判，所以這是一種司法上的受益權。為有效保障人民此項受益權，應由司法院大法官發揮解釋功能，妥為聯結憲法與訴訟法，使訴訟法成為「具體化之憲法」，或使憲法成為「可裁判之訴訟法」[50]。

2. 訴訟權的保障範圍：筆者爰分就理論及實務見解說明如後。

(1) 理論上之見解：有關理論上訴訟權的保障範圍，由於學者間見解並不一致，除劉宗德[51]將之界定為「經由訴訟方式以實現基本權為核心價值之組織與程序保障請求權」，包括①受獨立法院審判之權利、②接近法院之權利、③受公正有效審判之權利等三方面；以及翁岳生[52]提出①無漏洞之權利保護、②具有實效之權利保護、③公平審判訴訟程序等訴訟權之三個主

權，為人民於權利受損害時，向法院提起訴訟，請求為一定裁判之權利。

49 劉宗德，憲法解釋與訴訟權之保障──以行政訴訟為中心，同註 44，頁 4。何謂訴訟權、受裁判之權利或司法請求權，因各國憲政體制之不同而有不同用語、憲法根據及內涵，國內學者對訴訟權概念之界定，亦未盡相同。

50 同前註，頁 2。大法官對人民訴訟權或其他與訴訟制度有關案件之解釋，除有直接引導我國朝法治國家發展方向之重要作用外，並扮演聯結憲法與訴訟法二者之橋樑角色，使訴訟法成為「具體化之憲法」，或使憲法成為「可裁判之訴訟法」。

51 同前註，頁 10 以下。訴訟權保障之範圍，包括①受獨立法院審判之權利（獨立的法院救濟保障）、②接近法院之權利（完整的權利救濟保障）、③受公正有效審判之權利（有效的權利救濟保障）等三方面。

52 翁岳生主編，行政訴訟法逐條釋義，頁 2 以下，2002 年。翁岳生認為憲法第 16 條訴訟基本權之內容除包含基於法治國家原則、社會國家原則等憲法基本原則對訴訟權之影響外，關於訴訟權之主觀面向包含：①無漏洞之權利保護：包括有權利必有救濟之法理、立法者關於訴訟制度形成自由之合理限制、審判權衝突所生危險不應由人民負擔等內容；②具有實效之權利保護：包括接近法院之權利、訴訟程序保護之委託、權利保護實踐之確保等內容；③公平審判訴訟程序：包括司法獨立原則、法定法官原則、法律上聽審權、武器平等原則、公平程序權等。

觀面向，可供參考外，筆者擬就吳庚[53]的見解，予以綜合整理如下：

① 有關人民權益的事項不得剝奪或限制其訴訟救濟的機會：凡憲法上所保障的權利，遭受公權力不法損害，國家均應提供訴訟救濟途徑，即所謂「有權利即有救濟」的原則（釋 187、釋 201、釋 243、釋 266、釋 295、釋 298、釋 338、釋 430、釋 462、釋 491 參照）。

② 受憲法上法官審判的權利：訴訟救濟途徑最後的審級，應為憲法上法官所組成的法院，其他機關不得作為終審。在其他國家也稱受合法的法官審理的權利（釋 220、釋 295、釋 436 參照）。

③ 訴訟程序應符合正當法律程序：訴訟程序包括刑事訴訟、行政訴訟及民事訴訟均應以法律規定（法律保留原則），且其內容也須符合法治國家的正當法律程序（釋 298、釋 384、釋 393、釋 396、釋 523 參照）。

④ 審級救濟應發揮實際效果：訴訟過程中之實際運作，無論有無成文或不成文規範之依據，都不應使審級救濟喪失功能（釋 256、釋 368 參照）。

⑤ 其他：訴訟權的保障範圍並非固定在上述四種而已，同時這四種事項，本身的涵義也具有流動性。

(2) 實務上之見解：有關實務上訴訟權的保障範圍，係由司法院大法官扮演關鍵的聯結角色，除有學者[54]曾整理大法官解釋得出

---

[53] 吳庚，憲法的解釋與適用，同註 46，頁 289 以下。吳庚提出之訴訟權的四項保障範圍如下：①有關人民權益的事項不得剝奪或限制其訴訟救濟的機會。②受憲法上法官審判的權利。③訴訟程序應符合正當法律程序。④審級救濟應發揮實際效果。

[54] 陳愛娥，「有效權利保障」與「行政決定空間」對行政訴訟制度的影響，載：行政訴訟論文彙編，頁 57 以下，司法院編印，1998 年。陳愛娥認為大法官對於憲法第 16 條所保障之訴訟權，並非單純提供形式的權利保護，而更進一步

①訴訟權為一種制度性保障、②立法機關之限制不得違反比例原則、③應提供確實的訴訟保障等三大結論，可供參考外，筆者擬再依據司法院大法官相關解釋，予以綜合整理如下：

① 訴訟權為人民司法上之受益權：按憲法第 16 條所謂人民有訴訟之權，乃人民司法上之受益權，人民於其權利受侵害時，有提起訴訟之權利，法院亦有依法審判之義務而言（釋 154、釋 160、釋 179、釋 416 解釋理由書參照），從而衍生出有權利即有救濟及不告不理之原則。

② 立法機關有權為行使此項權利之立法：此項權利應如何行使，憲法並未設有明文，自得由立法機關衡量訴訟事件之性質，為合理之規定（釋 416 解釋理由書參照）。惟此項權利依憲法第 23 條規定，為防止妨害他人自由，避免緊急危難，維持社會秩序，或增進公共利益所必要者，得以法律限制之（釋 395 孫森焱【協同意見書】參照），顯見訴訟權仍應依法行使之，有學者[55]即認此為立法者之制度形成自由，惟此一立法者之制度形成自由，除須考量比例原則而有其一定界限[56]外，仍不得侵及訴訟權之核心內容[57]。

要求提供有效的權利保護方式。換言之，大法官認為：①憲法對於人民訴訟權之保障，為一種制度性保障，關於法院組織、訴訟程序、立法機關有一定之形成空間，但仍有義務提供適當之組織、程序規定；②立法機關固得對訴訟權作合理限制，但其限制不得違反憲法比例原則之要求；③為落實憲法基本權之規定，應提供確實的訴訟保障。

[55] 有關立法者之訴訟制度形成自由之內容，陳愛娥，立法者對於訴訟制度的形成自由與訴訟權的制度保障核心，載：台灣本土法學雜誌，第 18 期，頁 147 以下，2001 年。蔡宗珍，憲法解釋與訴訟權之保障——以行政訴訟為中心，載：司法院大法官九十三年度學術研討會，頁 52；劉宗德，憲法解釋與訴訟權之保障——以行政訴訟為中心，同註 44，頁 14 以下。

[56] 陳愛娥，同前註，頁 150 以下。

[57] 劉宗德，憲法解釋與訴訟權之保障——以行政訴訟為中心，同註 44，頁 7。劉宗德認為，立法者關於訴訟制度（如審判權之劃分、訴訟類型之設計、法

③ 此項權利必須經一定之訴訟程序：憲法第 16 條規定人民有訴訟之權，旨在保障人民有依法定程序提起訴訟及受公平審判之權益（釋 256 解釋理由書參照）。不過人民之訴訟權，必須經由制度上設計之訴訟程序始獲得保障。因此，司法院大法官解釋雖已明認訴訟權為司法上的受益權，但須經一定的訴訟程序，人民權益才能獲得保障，故有學者[58]視之為程序的基本權。

④ 訴訟權之核心內容在獲得公平審判之機會：憲法第 16 條規定人民有訴訟之權，旨在確保人民有依法定程序提起訴訟及受公平審判之權益（釋 395 解釋理由書參照）。故得瞭解到訴訟權的目的所在，從而可以瞭解到「保障人民有向司法機關提訴訟，獲得公平審判之權利。」則為訴訟權之核心內容[59]，因為「訴訟權既係指人民於其權利受侵害時，有依法定程序提起訴訟及受公平審判之權，其性質自屬以確保實體上基本權為目的之程序上基本權。其內涵包括由符合憲法意旨成立之法院依法定程序為公平之審判。法院一方面不得拒絕審判各該權限內之訴訟事件，一方面非依法定程序不得審問處罰人民（憲法第 8 條第 1 項）。」可以說此為訴訟權設置之目的及真諦所在。

⑤ 一定之訴訟程序由立法機關立法設計：憲法第 16 條保障人民有訴訟之權，旨在確保人民有依法定程序提起訴訟及受公平審判之權利。至於訴訟救濟，究應循普通訴訟程序提起訴訟抑依行政訴訟程序為之，則由立法機關依職權衡酌訴訟案件之性質及既有訴訟制度之功能等而為設計之意旨，應由立法

院之審判範圍、訴訟所應遵循之程序等事項）固有第一次形成自由，惟此一立法者之形成自由，仍不得侵及訴訟權之核心內容。

[58] 吳庚，憲法的解釋與適用，同註 46，頁 285 以下。吳庚視之為程序的基本權。

[59] 大法官釋字第 395 號解釋孫森焱之協同意見書。

機關於立法時予以設計,以因應實際上之需要(釋418),顯見訴訟程序應由立法機關立法設計。

訴訟權為人民司法上的受益權,只要是人民合法的權利,均在其保障的範圍之內;如不幸遭受侵害,不論來自於公權力機關或私人,受害人民均得依據法定訴訟程序,要求國家司法機關依法給予公平審判之權利。

(三)行政調解並未侵害訴訟權(司法權)

依據我國憲法第16條「人民有請願、訴願及訴訟之權。」規定,僅列舉規定人民有請願、訴願及訴訟之權,並未列舉規定人民有調解之權,且因訴訟權並不包括調解在內,故調解並不屬人民在憲法上所規定的司法上之受益權範圍,行政調解當然更不例外。不過,調解固非人民在憲法上所明定之基本權利,但是依據我國憲法第22條「凡人民之其他自由及權利,不妨害社會秩序公共利益者,均受憲法之保障。」規定,本諸行政、立法及司法三權分立之原則,在不侵害司法權之前提下,由立法機關依據其立法權基於下列正當理由,另行創設出一個程序上的調解制度,似並無違憲之虞。不過,應予注意的是,憲法雖不禁止於訴訟之前,要求人民應先經過一定之前置程序,惟該前置程序不得事實上剝奪人民之起訴可能性或法院之審查可能性,或對人民訴訟權之行使,造成不可預期之妨礙[60]。

1. 尊重私法自治原則:訴訟權雖然是人民在憲法上的司法受益權,人民固然有權要求國家依法定程序予以保障其權利,但亦應尊重人民有無此種意願,不能強制人民為之,此即所謂訴訟權上之不告不理原則。因此,對於私權上之糾紛,國家機關在未進入司法公權力之訴訟之前,應尊重當事人有無處理意願、其處理方式與處理結果是否同意,均不得任意加以介入或干涉,此即所謂私法

---

[60] 劉宗德,憲法解釋與訴訟權之保障——以行政訴訟為中心,同註44,頁6。

自治原則，其內容詳見後述。所以有關私權糾紛之處理方式，並不以行使訴訟權為限，而應是一種多元化之處理管道，但為避免產生流弊，應有一定的程序作其遊戲規則，才能發生一定的法律效力，和解、調解及訴訟即是其中最常見的處理方式。有學者[61]認為憲法第 16 條規定，只是我國憲法有關程序基本權的基礎規定，在請願、訴願及訴訟之外，還有延伸其他程序保障的空間，可供佐證。

　　調解或行政調解雖然不是憲法上規定人民的基本權利（受益權），但却是立法機關創造出來的一個程序制度，符合不告不理之司法原則，不致侵害司法權，因為不告不理，所以訴訟權尚未啟動，採行和解或是調解管道，因均以當事人之合意為基礎，符合私法自治原則，事實上並未侵害訴訟權。

2. 基於事實上的需要：訴訟權之核心在於「保障人民有向司法機關提訴訟，獲得公平審判之權利。」已見前述，對私權的保障確已發揮相當的功能，但是我們不免懷疑，訴訟權這個制度設計是不是已能滿足人民的需要，如果屬「是」，自然不應在訴訟權之外允許其他管道的制度設計存在，如果屬「否」，政府當然要想辦法去予以必要之補充，尤其是在經濟發達以後，人與人間之交易日趨熱絡，然而司法機關之人力及素質並未能等同配合之下，確實有其改善之空間。

　　立法機關衡酌事實上的需要，基於避免①當事人兩造對立、②訴訟程序冗長、③訴訟費用昂貴、④小額訴訟不經濟、⑤欠缺專業無法有效解決、⑥欠缺專法保障、⑦多餘訴訟、⑧增加訟源等理由，本諸立法權創設了調解制度，主要也是要弭補訴訟權保障之不足，但有學者[62]反對。

---

[61] 吳庚，憲法的解釋與適用，同註 46，頁 286。憲法第 16 條是我國憲法有關程序基本權的基礎規定。所謂基礎規定就是以此為基礎，但並非以之為限，在請願、訴願及訴訟之外，還有延伸其他程序保障的空間。

[62] 姚瑞光，民事訴訟法論，頁 457，1995 年 9 月。姚瑞光認為義務調解，在法治進步國家，已認為係不合時宜之制度。德國於 1950 年已將此種強制的義務

　　在和解、調解及訴訟三者中，調解與和解，均以當事人之合意為基礎，對於是否成立較無公權力可以介入之空間，乃其相同之點，也是與訴訟最大不同之處，不過調解成立並經法院核定即具有確定判決之效力，與訴訟之結果相同，則與和解成立純屬契約性質不同，三種管道各有其特色，可以提供人民作對其自己最有利之選擇。至於行政調解，在功能上相當於訴訟法上規定之調解，同樣以雙方當事人之合意為調解之成立基礎，其與法院之調解的差異主要為調解機關不同，至其效力則無大異。

3. 行政調解並未侵害訴訟權（司法權）

　　調解或行政調解與民事訴訟同屬於「民事」範圍，但調解或行政調解因不屬於「審判」範圍，與民事訴訟並不相同。調解或行政調解與訴訟之不同，除了辦理機關不同外，尚具有①調解之程序：調解為求迅速，將通常之訴訟程序化繁為簡，故屬簡易訴訟程序，有些法定訴訟程序對調解而言，例如證據保全程序、保全強制執行程序、其他附隨程序等並無必要。②調解之目的：旨在疏減訟源，弭平糾紛，只要雙方當事人同意即可，並不在追求真正的公平正義等兩種特性。

　　調解或行政調解為訴訟體制外之解決紛爭機制，非司法公權力運作範圍，亦因調解屬任意調解性質，行政公權力亦難介入，故調解原則上甚少公權力運作其內，事實上公權力似亦無必要強予介入，至多僅可為行政指導，否則即有可能侵害司法訴訟權。原則上調解或行政調解並未侵害訴訟權（司法權），其主要理由如下：

(1) 介入之法源方面（原則上應有法律授權）：調解或行政調解雖然不是憲法上明文列舉規定的人民之基本權利，但是如果立法機

的調解制度廢止。日本簡易裁判所之簡易程序所定起訴前之申請和解以及其民事調停所規定之調停，均非起訴前強制必經的程序，且均係收取費用的而非義務的。

關本諸其立法權，予以創設一個程序制度，形式上已符合憲法第 22 條「凡人民之其他自由及權利，不妨害社會秩序公共利益者，均受憲法之保障。」因為立法機關在立法過程當中，應已注意有否違憲問題，所以無論是調解或行政調解，只要有法律之授權規定，原則上均無違憲之虞。換言之，立法者之立法應已符合憲法上容許行政介入之前提要件[63]，經過法律授權之調解或行政調解，即無侵害訴訟權（司法權）。但如果調解或行政調解並未具有法律授權規定時，即不應發生調解或行政調解之法定效力，至多僅能發生和解之效果而已。

(2) 介入之時機方面（原則上限於起訴前）：原則上，當事人發生私權爭議後至起訴前，尚未尋求司法救濟這段期間，才有行政機關介入之空間。而且行政機關之介入，仍須符合①須依法律規定及②須當事人請求或依職權為之之要件。如果毫無任何限制或要件，可能發生剝奪人民訴訟權，故限制行政權介入之時機，有其必要性。因為訴訟為司法權之一種，屬於司法機關之權限，行政機關依三權分立之設計，不得加以侵犯。所以即使是法院調解，民事訴訟法規定原則上亦限制在起訴前。因此有學者[64]認為：調解或行政調解，如與民事訴訟程序競合時，無論是否採取行政介入前置主義，其介入機會原則上亦僅保留至第一審法院言詞辯論終結前，以免侵害訴訟權。

---

[63] 此即為立法者之制度形成自由，劉宗德，憲法解釋與訴訟權之保障——以行政訴訟為中心，同註 44，頁 14 以下；陳愛娥，立法者對於訴訟制度的形成自由與訴訟權的制度保障核心，同註 55，頁 147 以下；蔡宗珍，同註 55，頁 52 以下參照。

[64] 黃茂榮主持，同註 7，頁 49。行政調解或調處如與民事訴訟程序競合，除非採前置主義，在司法審理之前有行政介入之保留，否則，在民事訴訟程序開始後不得再申請調處、再調處或裁決。另即便採行政介入前置主義，其介入機會亦僅保留至第一審法院言詞辯論終結前。

　　不過，筆者則有不同的看法，因為立法機關有關調解制度之設計目的，既在疏減訟源，補充訴訟制度之不足，自無須加以嚴格限制，故即使是在訴訟進行當中，並非不可調解，只是在調解成立時，應由當事人撤回或由法院裁定予以駁回而已。所以民事訴訟法例外規定訴訟在進行中，法院仍可進行和解或調解之程序，可為例證。

(3) 介入之方式及內容方面（原則上方式自由，但應限於民事範圍）：行政介入的方式主要有調解、調處、裁決、仲裁等四種，其與起訴間之關係，學者[65]有依行政介入的目的不同，予以歸納為下述二種規範型態：①前置關係：這是一種強制主義。立法者認有公共利益（社會安全、程序、經濟等）之需要而介入，多傾向於採前置關係，其介入強度較高；②擇一關係：這是一種任意主義。立法者認有協助弱勢一方行使權利之需要者，多傾向於採擇一關係，其介入強度則較低。

　　調解或行政調解之主要理論基礎為私法自治原則，除非法律有特別授權之規定，如告訴乃論之罪亦可在調解之列，否則在調解或行政調解時，其內容均應以私權為限，乃是當然之理，因為只有私人的權益才容許私人自行處理。

(4) 介入之結果方面（原則上應接受司法審查）：依據行政、立法、司法三權分立之權限，行政機關原則上並不享有確定當事人間爭議之法律關係，或命一方對於他方為給付之效力，因為這是屬於司法權之範圍。所以即使是行政院公平交易委員會對於私權爭議，依公平交易法規定所為之行政規制行為，具有行政處分之拘束力，並非行政調解行為，但其意義主要在於直接由行政機關對於事業之競爭行為進行行政規制，而不在於替代司法機關直接解決私權爭議。故在所有行政 ADR 機制決定中之事實的認定或法律意見，原則上對法院並無拘束力。

---

[65] 同前註，頁 123。

　　總之，無論行政機關 ADR 機制（包括行政調解機制）介入方式為何，對於行政 ADR 介入之結果，仍應接受司法審查，亦即必須要讓法院有審查的機會，此種行政 ADR 介入才不致侵害訴訟權。至於對於行政調解機制介入之結果，司法審查之方式主要有下列三種情形：

① 成立之審核：行政調解成立，必須經過送請法院核定之程序，才具有與確定判決同一之效力，否則僅具有民法上和解契約之效力而已。

② 執行之審核：法院審查依行政途徑所作關於私權爭議之決定的機會，主要在於：該等決定不論是行政調解、行政調處或行政仲裁，須先聲請法院為准予執行裁定後，始得為強制執行。

③ 救濟之審核：對行政調解有不服者，應向普通法院尋求救濟。

　　行政調解雖然不是憲法上規定人民的基本權（憲法上之受益權），但卻是立法機關創造出來的一個程序制度，符合憲法第 22 條規定之權利，人民仍能依法主張其權利。人民於其權利受到侵害時，訴訟權原則上提供人民「最後」得透過司法途徑尋求救濟的機會，而不是在權利爭議「發生之初」，即可主張有權利用法院救濟途徑[66]，事實上，在爭議發生與利用訴訟權間尚可有行政調解介入之空間。不過，為避免在調解處理過程中可能造成對某一方當事人不公之情事，因此必須以法院之裁判作其最後之處理依據，才不致侵害其訴訟權。因此，行政調解並未侵害訴訟權。

---

[66] 同前註，頁 16。憲法訴訟權之保障的意旨是在於：提供人民最後有得據以請求保護其權利的司法救濟途徑。然其保障的重點在於強調人民於其權利受到侵害時，最後得透過司法途徑尋求救濟的機會，並不在於享有訴訟權之保障者，於權利爭議發生之初即可主張有權利用法院救濟途徑。

二、行政調解法律關係之探討

關於調解之法律關係為何，向來眾說紛紜，莫衷一是，筆者擬先以法院調解之法律關係作為論述基礎，再來進一步探討行政調解法律關係。

（一）法院調解之法律關係學說

目前民事訴訟法學者對法院調解法律關係之論述意見，約可歸納為下列三說：

1. 一面關係說（私法行為說）：認為民事訴訟法之法律關係，只存在於當事人相互間之關係，至當事人與法院之間，則並無何等法律關係存在。此說乃對民事訟訟制度持私法觀學者[67]所主張。例如學者陳計男認為調解程序雖規定於民事訴訟法，但在性質上仍屬非訟事件之性質。調解成立仍較偏重於認為這是一個單純的私法契約，當事人在調解程序之合意行為，應屬私法上之和解行為；學者史錫恩亦贊同其主張。

2. 二面關係說（訴訟行為說）：認為原告因對法院請求保護私權而起訴，則原告與法院間即發生一種訴訟法律關係——法院對原告之訴負審判之義務。又該訴狀送達於被告後，被告亦與法院間發生一種訴訟法律關係——被告有到場辯論之義務。但原告與被告間並無直接法律關係存在，此說乃對民事訴訟制度持公法觀學者[68]所主張。例如學者陳榮宗認為調解原屬一個私法行為，惟一旦經過訴訟之過程即會變質，因而改變成為訴訟行為之可能性很大。經法院處理過之調解行為，如硬將之當成一個私法契約，則程序法上所規定之條文，在調解程序上都將變成是多餘的；學者范光

---

[67] 陳計男等，民事調解之效力——民訴法研究會第三十五次研討紀錄，載：法學叢刊，第 139 期，頁 118、133，1990 年 7 月。

[68] 同前註，頁 128、131、134 及 139。

羣認為調解本身並不單純是私法上的和解契約，而也具有訴訟行為的性質；學者陳石獅認為調解除了私法行為上的任意性之外，還有程序上一定效果存在，調解成立本身，也是給予法院有參與權力與審查權限。

3. 三面關係說（特別私法說）：除認為原告、被告各與法院發生一定之法律關係外，並認原告與被告間，於訴訟法上亦有法律關係存在，此為多數學者[69]所主張，現為通說。例如學者楊建華認為調解之法律關係，依法律的特別規定而可以生訴訟法上特別效果的私法行為；學者王甲乙認為調解之法律關係，具有私法行為和訴訟行為兩性質的行為。

筆者認為法院調解之法律關係，因係經由法院依民事訴訟法規定予以處理，屬於司法公權力之行使，且係以訴訟必經之前置程序方式規定，有其強制力，故以三面關係說為宜。

（二）行政調解之法律關係學說

以上三說，主要係針對法院調解所為之論述，原則上並不及於行政調解之法律關係。有關行政調解之法律關係，筆者則認為：行政調解之法律關係，因係經由行政調解機關依據調解法律規定為之，與民事訴訟無關，且非屬訴訟必經之前置程序，故不宜與法院調解等同視之；惟因行政調解本質上應屬行政指導行為（詳見後述），可因其調整性行政指導強制力之強弱，亦可比照前述而發生下列三種學說：

1. 一面關係說：如認行政調解屬於任意調解之性質，行政調解機關對於調解之兩造並無強制力，其法律關係只存在於當事人相互間之關係，至當事人與行政調解機關之間，則並無何等法律關係存在，即成立一面關係說。

---

[69]　同前註，頁 129、141。

2. 二面關係說：申請人因對行政調解機關請求解決私權紛爭而申請調解，則申請人與行政調解機關間即發生一種調解法律關係——行政調解機關對申請人之申請負調解之義務。又該調解申請書送達於對造後，對造亦與行政調解機關間發生一種調解法律關係——對造有到場調解之義務。但申請人與對造間並無直接法律關係存在。雖然一般行政調解係屬任意調解性質，惟因調整性行政指導如有一定之強制力，仍有可能造成對造在心理上或實際上強制到場調解之義務，即成立二面關係說。

3. 三面關係說：如調整性行政指導具有一定之強制力時，除可認為申請人、對造各與行政調解機關發生一定之法律關係外，並可認原告與被告間，於調解法令上亦有法律關係存在。此時，行政調解具有私法行為和訴訟（調解）行為兩性質的行為，並依法律的特別規定而可以發生訴訟法上特別效果的私法行為，即成立三面關係說。

三、行政調解級制之探討

有關民事爭議事件，我國在訴訟上係採三級三審制度，俾期有效處理；調解屬於一種訴訟外處理民事爭議之機制，雖然有學者認為調解本質為非訟事件，不屬於訴訟程序之範圍，無第一審、第二審、第三審之可言[70]，但在理論上並非不可以有級制之設計，且在實務上亦有採行二級制或多級制之行政處理制度，將行政調解作為第一級之行政處理方式，如果不能解決，即進入第二級之行政處理方式（多為具行政處分性質之行政調處或行政仲裁），如果仍不能解決，更有所謂第三級之行政處理方式（例如行政裁決），惟無論如何規定，均甚少採行再調解方式。

---

[70] 姚瑞光，同註 62，頁 457。調解，係起訴前所經之手續，其本質為非訟事件程序，不屬於訴訟程序之範圍，無第一審、第二審、第三審之可言。

　　行政調解採取級制之設計，就狹義調解之實質意義而言，可能與調解屬任意調解之本質不符，而且有關級制之內容，除了調解以外之其他行政處理方式均非行政調解，故嚴格言之，行政調解應無級制之可言，有的只是行政處理之級制，一個與調解有關之級制而已。

　　我國各種調解制度採取與調解有關之級制，尚可區分為：

（一）一級制

　　由於調解具有任意調解之特性，所以調解委員會所進行之調解，一般所採取之原則，對於當事人要不要進行調解、調解能不能進行下去、或是調解能不能成立等，幾乎是完全視當事人是否同意而定，調解委員會均僅站在公正中立之立場，從旁協助而已，可以說行政公權力根本不介入或其介入之程度甚少。因此，一般調解之方式，均以「調解」名之，以彰顯其任意調解之本質；如果調解因當事人不能合意而不能調解成立，則應由當事人儘速另循司法訴訟途逕解決，這就是調解絕大部分採一級制之主要原因與理由。

　　我國對於調解制度採一級制者，除了民事訴訟法規定之法院調解，如果調解成立者，發生與民事確定判決有同一之效力；調解不成立者，應循訴訟程序予以處理。另外，利用行政協助處理採一級制之調解制度，包括：

1. 鄉鎮市調解：調解成立經法院核定者，與確定判決有同一之效力。
2. 消費爭議調解：調解成立經法院核定者，與確定判決有同一之效力。
3. 著作權爭議調解：調解成立時，視同爭議當事人間之契約。
4. 採購履約爭議調解：調解成立經法院核定者，與確定判決有同一之效力。

（二）二級制

　　我國有些調解制度，為期對某些特定爭議事件希望能夠利用行政公權力協助處理，並希望能夠發揮較為迅速及有效處理之績效，避免進入

司法訴訟程序，除了調解之外特別增加其他行政處理之級制，不過第一級均以「調解」或「調處」為之，仍具有相當任意調解之性質；第二級則以「仲裁」、「調處」或「裁決」為之，則具有相當濃厚之行政公權力或司法公權力之介入，與調解之本質已有所不同。我國採行與調解有關之二級制者，包括：

1. 耕地租佃爭議：採調解、調處二級制度，並明定非經調解、調處，不得起訴；調解或調處成立者，可作為強制執行名義。
2. 勞資爭議處理：採調解、仲裁二級制度，調解成立時，視同爭議當事人間之契約；對於仲裁，不得聲明不服，並視同爭議當事人間之契約。
3. 醫療糾紛調解：採調解、仲裁二級制度，並明定非經調解，不得起訴；調解成立經法院核定者，與確定判決有同一之效力。
4. 公害糾紛處理：採調處、裁決二級制度，調處、裁決經法院核定後，與民事確定判決有同一之效力。

（三）多級制

所謂多級制，係指三級以上而言。我國訴訟外處理機制中，雖有甚多採行申訴、異議、與調解等並存之綜合行政協助處理之多級制，惟純就調解採行多級制者，則並不多見。

1. 行政協助多級制：消費者保護法第四十三條及第四十四條就消費爭議事件設有申訴、再申訴、調解之規定，希望藉助所有行政公權力來協助處理爭議，可為例證。因絕大部分為行政公權力之介入處理，與任意調解已大異其趣，不在本文討論範圍之內。
2. 調解多級制：調解多級制，如果均採任意調解方式辦理，則徒然拖延爭議之處理時效，對另一方當事人不但並無實益，反而有害；如果採行政公權力強力介入，已失調解之本質，則可能侵害司法裁判公權力之執行。因此，調解多級制在實務上並不多見，可見一斑。公害糾紛處理法第 32 條就公害糾紛事件原設有再調處之規

定，亦即公害糾紛之調解原採調處、再調處、裁決三級制，後因調解程序三級制過於冗長，乃於民國 89 年予以修正刪除該再調處規定之程序，成為今日調處及裁決二級制。

行政調解與訴願類似，亦應屬一種行政司法，同時調解也是一種事後救濟之程序，並且也訂有專法作為依據。以事前程序為主之行政程序法，與事後救濟程序之調解程序，作法上應有不同，故應另定專法依據。調解程序之基本性質，自屬權利利益保護程序，不過，關於權利利益保護之程度，在調解專法之立法政策上，究應以簡易迅速為重，抑或以接近司法程序為重，則有選擇之空間[71]。筆者見解認為，調解目的既在疏減訟源，且為避免訴訟程序冗長及繁複，自應以簡易迅速為重。因此，調解之程序越簡單越好，調解亦不宜有級制之設計，以免拖延時日。

參、我國行政調解當事人間理論之探討

任何制度均有其理論基礎，行政調解亦不能例外。行政調解之理論基礎為何，因為行政調解之本質為具有司法效果（調解成立與法院判決有同一之效力）之行政行為（行政機關之行為），如同「訴願」，在實質上是司法行為，但形式上因法律規定其管轄在行政機關，故一般人均將之歸類為「行政司法（Verwaltungsjustiz）」行為[72]，仍屬行政機關之行政

---

[71] 蔡秀卿，修正後訴願法適用上之課題，載：訴願程序與行政程序相關專論暨法令選輯，頁 35 以下，2000 年 7 月增訂版，台北市政府訴願委員會編印。蔡秀卿認為：以事前程序為主之行政程序法，與事後救濟程序之訴願程序及行政訴訟程序不同。訴願程序之基本性質，自為權利利益保護程序，不過，關於權利利益保護之程度，在訴願法之立法政策上，究應以簡易迅速為重，抑或以接近司法程序為重，則有選擇之空間。

[72] 城仲模，行政法之基礎理論，頁 504，1980 年 9 月。訴願，實質上是司法行

行為，其中無論是行政調解之組織及成員、機關及權限、管轄及程序等等，均涉及行政權之組織及作用，僅其效果依法具有司法權認定之私法上效果而已，與「司法行政行為」係屬司法機關所為行政行為不同。因此行政調解之理論基礎，應分就兩方面予以討論，在調解雙方當事人間，因係涉及給付方面問題，屬於私法（民事法）範圍，筆者認為主要為私法自治原則；而在行政調解機關與調解當事人間，因係涉及權益保障方面問題，雖與公法（行政法）範圍有關，惟依其非屬行政公權力行為性質，筆者認為主要似為行政指導原則。本章謹先就調解雙方當事人間法律關係之理論基礎加以論述。

一、私法自治原則

所謂私法自治原則（principle of private autonomy），係源於羅馬法，現已為現代各國民法之基本原則[73]。就字面上而言，係指私人之間的法律問題，因為私法具有任意法之性質，有關私權之形成、變更或消滅，完全委諸個人的自由意思，由私人自行處理，法律即承認其效力，國家或他人不得任意加以介入或干涉之謂。綜而言之，私法自治原則適用之條件，包括下列主體、客體及法律行為三方面：

（一）主體

私法自治原則之主體方面，限為私法上之當事人。因均係立於「私法」上之地位，屬於私法規範之範圍，始得適用「私法」自治原則。

為，但形式上因訴願法規定其管轄在行政機關，故吾人稱其為行政司法（Verwaltungsjustiz）。

[73] 詹森林，私法自治原則之理論與實務，載：詹森林，民事法理與判決研究，頁 35，2001 年 8 月（三刷）。現代各國民法，皆植基於私法自治原則，並藉意思表示與法律行為制度，以貫徹私法自治之理念。

（二）客體

私法自治原則之客體方面，限為私法上之權利。屬於私法規範之範圍，其可以適用「私法」自治原則之理由無他，主要係屬無關公益與尊重私權而已。

（三）法律行為

私法自治原則之法律行為方面，限為私法上之法律行為。對於有關私法上之權益，國家或法律同意由當事人以「自治」方式處理，該自治法律行為模式略有：一方行為（單獨行為[74]）、雙方行為（契約行為[75]）及多方行為，其中要以契約行為最為普遍且屬最重要之法律行為。

行政調解，在雙方當事人間，係由申請調解人及對造擔任當事人，內容又均以解決私法上之權益為其客體範圍，行政機關並非當事人，僅立於協助之立場，調解是否成立端視雙方是否同意而定，原則上並無公權力之運作，因而成立調解之法律行為，就成立契約之雙方而言，本質上亦仍屬私法上之法律行為，符合私法自治原則適用之三個要件，故行政調解之基本理論，在雙方當事人間為私法自治原則。

二、契約自由原則

（一）契約自由是私法自治原則最重要的內容

私法自治原則為行政調解之基本理論架構，已見前述。私人之間的私人權益問題，依據私法自治，國家或法律不予以積極介入或干涉，原

---

[74] 史尚寬，同註 1，頁 28。

[75] 黃立，民法債篇總論，頁 27 以下，1996 年 10 月。契約雙方當事人皆具有拘束力，亦即契約創制了相互關係的規範 lew contractus。以契約創制的規範，原則上僅適用於契約雙方當事人，與一般法律規範可適用於不特定多數人的情況不同。

則上放任私人自行加以處理，私人間之「契約」乃應運而生，取代「法律」之地位，一躍而為處理私人權益問題最重要之遊戲規則。

「契約」取代「法律」成為處理私人權益之遊戲規則，亦即「契約」具有類似法律規範，成為當事人間最高規範之效力，國家基於私法自治原則，應加以承認其具有一定的規範效力，因而當事人間一定要嚴格遵守[76]。隨著自由經濟社會的發展，「契約」的地位愈形重要，逐漸成為現代生活的樞紐與重心，因此，通說均認為契約自由是私法自治最重要之內容[77]，更有學者[78]認為私法自治原則係由契約自由原則發展而來。

所謂契約自由，係指只要是出於當事人之自由意思，經過當事人合意之結果，契約即已成立並發生效力。契約自由，根據多數學者[79]意見認為包含①要否締約自由、②契約相對人選擇自由、③契約內容決定自由、④契約內容變更或廢棄自由、⑤契約方式自由等五種自由。

（二）調解契約之性質

行政調解之基本理論既為私法自治原則，調解具有申請人及對造雙方當事人，為解決雙方當事人私權上的爭議，基於雙方自由意志，所為調解成立之法律行為，雖有行政公權力之協助，但對私權應無積極性之負面影響，且調解係涉及雙方當事人權益問題，必須雙方當事人合意始能調解成立，與契約行為類似，理論上應有契約自由原則之適用。

---

[76] 林誠二，民法理論與問題研究，頁 157 以下，1991 年 7 月。債權契約自由就法律秩序言，具有①應為最高規範、②應予嚴格遵守之雙重意義。

[77] 王澤鑑，民法債篇總論第一卷，頁 69 以下，1988 年 1 月。王澤鑑認為契約自由係私法自治最重要之內容，為私法（尤其是債法）之基本原則，受到憲法的承認與保護。國內學者對此意見幾無不同，故為通說。

[78] 劉春堂，民法債篇通則（一）契約法總論，頁 30 以下，2001 年 9 月。所謂契約自由原則，係指每一個人均得以獨立而自由之人格者身分，在社會生活中，基於其意思自由的締結契約，以處理自己之私生活關係。此一原則遂發展為「私法自治」原則。

[79] 王澤鑑，同註 77，頁 69 以下。此為通說，可以王澤鑑為其代表。

不過調解並非一方當事人對他方提出可承諾之具體要約，而是雙方當事人共同協商作成契約條文，並由雙方簽名表示其同意，因此，任一當事人均同時是要約人也同時是承諾人[80]。只是藉助行政調解當事人所簽訂之調解書（契約）在民法上究竟屬於何種契約，主要有和解契約、居間契約及無名契約等三種可能之選擇，惟筆者認為應以無名契約為宜：

1. 和解契約：民法第 736 條規定之和解契約，固然可以解釋雙方當事人為解決爭執而簽訂契約之特質，但却無法解釋行政機關在其間之地位及其行為之特質，而且行政調解成立所作成之調解書具有法院確定判決效力，亦與民法上和解契約之效力不同，故以民法上之和解契約，固然可以作為一般非行政機關 ADR 機制所簽訂契約之依據，但對行政機關 ADR 機制而言，則尚非妥適。

2. 居間契約：雖然行政調解契約具有類似民法第 565 條規定居間之性質，亦即行政調解成立時簽訂之調解書，係由行政調解機關居中調解所簽訂之契約，且有些行政調解機制亦規定須繳交費用，與居間行為雖有類似。惟因行政調解之實施本質上屬於一種行政行為的實施，且因之所繳費用純屬規費，故不宜將之視為純粹民法上之居間契約；如因該行政調解（居間）行為而受有損害，原則上應循國家賠償途徑求償。

3. 無名契約：行政調解契約事實上具有以行政機關介入方式，由當事人約定，互相讓步，以終止爭執或防止爭執發生，因而簽訂之具有與法院確定判決同一效力之一種契約。該契約因具有①行政機關之介入（居間）②雙方和解③具法院確定判決同一效力等三個要素，就締約之雙方當事人而言，應屬一種無名契約。

---

[80] 黃立，同註 75，頁 28。如果並非一方當事人對他方提出可承諾之具體要約，而是雙方當事人共同協商作成契約條文，並由雙方簽名表示其同意時，則要約與承諾之區分即無意義。於此情形，任一當事人均同時是要約人也同時是承諾人。

三、公權力介入之必要性

（一）契約自由之流弊

　　雖然契約自由原則帶動了經濟社會的快速發展，但是也同時帶來了新的社會問題。依傳統的理論，個人固然是自己權益的最佳保護者，但是因為契約自由的實現，必須雙方均立於自由及平等的地位，契約自由才具有合理性，才符合契約正義的要求。

　　由於資本集中，大型企業或是連鎖企業興起，造成獨占或寡占局面，尤其在定型化契約廣受利用及氾濫情況下[81]，導致契約自由的流弊叢生，強者常假藉契約自由的名義來侵害弱者的權益，這時候所簽訂的契約，雖然形式上符合契約自由的假象，但是實質上因契約內容不具有合理性，並不符合契約正義的要求。茲就前述契約五大自由逐項說明如後：

1. 要否締約自由方面：以手術麻醉為例，病人在手術麻醉前須先簽訂同意書，該同意書內容係以定型化契約條款方式規定，條款內容旨在刻意保障院方之權益，相對於病人而言，即屬不公平或不合理，加以所有醫院均採用此種規定，在此情形下，雖然形式上病人仍享有要否締約之自由，但是締約對消費者不利，不締約對消費者更不利，此時，消費者在實質上已喪失其要否締約之自由。

2. 契約相對人選擇自由方面：在一個公開競爭市場中，固然享有與何人簽約之相對人選擇自由，但是在一個獨占或寡占市場之中，如大眾運輸系統或是第四台等，因各該業者常利用聯合行為規定其條件，或是用定型化契約來保障其權益，並無其他對象可供選擇，且如不與其簽約，即無法滿足生活上需要，有時連基本需求

---

[81] 詹森林，定型化契約之基本問題——以信用卡為例，載：詹森林，民事法理與判決研究（三）……消費者保護法專論，頁 3 以下，2003 年 8 月。關於定型化契約之問題，基本上包括定型化契約條款之認定、定型化契約條款成為契約之內容、定型化契約條款之解釋、定型化契約條款之效力等五大基本問題。

都有問題，此時，消費者在契約相對人選擇自由方面，已因無從選擇而失其意義。

3. 契約內容決定自由方面：所謂定型化契約條款，係指企業經營者為與不特定多數消費者訂立同類契約之用，所提出預先擬定之契約條款。例如消費者要搭乘台北市公共汽車，依據業者「上車投現，恕不找零」定型化契約條款規定，消費者與業者簽訂契約時，就該定型化契約條款並無任何修改之權利，不能要求契約內容改為付現找零，剝奪了簽約人對契約內容決定之自由。契約相對人在此情形下，對契約自由而言，至多僅剩下要否締約之自由而已。

4. 契約內容變更或廢棄自由方面：定型化契約既已剝奪了相對人契約內容決定之自由，則與契約內容有密切關係的內容變更或廢棄之自由，當然也隨同受到影響。因為在最重要的契約內容方面，連最基本契約內容決定之自由都沒有，何來契約內容變更或廢棄之自由。

5. 契約方式自由方面：契約簽訂之方式，相對人是否享有自由，端視定型化契約條款對此有無特別規定而定。原則上契約之方式，對契約之內容影響較小，定型化契約條款對此較少規定，不過如有需要，仍會受到定型化契約條款的影響。例如很多定型化契約條款常以契約外之條款出現，甚至刻意予以隱藏，不讓相對人事先有瞭解之機會，等到發生問題時再拿出據以引用，常讓相對人措手不及，此種契約方式自係由業者事先自行決定，對相對人非常不利。

（二）契約正義應有之內容

在契約自由原則下，基於個人是自己權益最佳的保護者之理念，由當事人自由意思所訂立之契約，理論上乍看似無太大問題，不過在實際運作之後，契約自由之流弊確是不斷發生。其主要原因在於，契約之概

念只有在自由及平等兩個基礎上方能建立起來[82]，也才能符合契約正義之
要求。因此，契約正義之內容，至少包括：

1. 地位平等：在產業大革命以後，經濟上的強者經常假藉契約自由
   原則名義，以定型化契約款排除法律的任意規定，或訂定其他有
   利於自己的條款，使契約雙方當事人因為根本無法立於平等的地
   位從事締約行為，雖然符合契約自由的形式，但是在締約前相對
   人的契約自由已實質上受到限制，而居於不利的締約地位，因而
   所簽訂的內容，造成契約相對人不公平或不合理的結果，與契約
   旨在追求實質內容的公平合理之契約正義殊有違背，這是契約自
   由原則最大的流弊，如何加以導正與規範，使契約上雙方的負擔
   及危險能夠予以合理分配，實現契約正義，確實值得我們加以重
   視及檢討。

   「契約自由」必須在雙方當事人立於真正「平等」的地位，
   才能發揮其正面的功能，才有其存在的意義，否則「契約自由」
   反而流於「強凌弱、眾暴寡」的一個合法藉口而已。

2. 契約自由：光只雙方當事人均立於平等的地位所簽訂的契約，尚
   不足保證該契約符合契約正義，另外尚須締約雙方當事人力量均
   等，充分發揮契約自由的功能，才能保證該契約實質的公平合理，
   也才符合契約自由原則的真義[83]。

   因此，除了要讓雙方當事人的締約地位平等外，如何在契約
   自由原則，讓當事人締約時具有真正的自由表現空間，亦值重視。

---

[82] 王澤鑑，同註77，頁69以下。依傳統之理論，個人是自己利益最佳的維護者，
契約既然係因當事人自由意思之合致而訂立，其內容之妥當性亦可因此而獲
得保障。問題在於「自由」事實上是否存在，當事人是否確能立於「平等」
地位從事締約行為。契約之概念只有在自由及平等二個基礎上方能建立起來。

[83] 黃立，同註75，頁27以下。契約自由的合理性，主要是由於其程序的正確性，
而不是基於內容的正確性。因為契約的利益均衡絕不能擔保內容的正確性。
因為契約須有正確的內容，一方面有賴雙方當人間力量的均衡，他方面也受
到當事人間的知識是否有武器的均衡而定。只有在此條件下，契約的締結才
能被認與民主方法相符合。

（三）公權力應介入以實現契約正義

配合法律社會化（法律由保護個人私益，轉而注重社會公益；由以個人為中心，轉而以社會公共利益為中心）思潮之興起，契約自由之具體實現，必須以人人經濟立於平等地位為基礎，否則法律即應加以限制或禁止之。事實上，契約自由與契約正義係契約法之基本原則，必須互相補充，彼此協力，始能實踐契約法之機能[84]。因此，國家或法律在契約自由方面，不應停留於中立的旁觀者角色，而是必須扮演一個積極之角色，好好地運用公權力，否定、擴張、限制或變更契約之效力或內容，以確保實質的契約自由及公平，實現真正的契約正義，這是現階段應重視的重要課題。

為使契約自由及契約正義，能夠落實及獲得最大的實現，配合多元化的社會，亟需公權力在下列不同管道予以積極性的介入：

1. 立法介入：在法律上設有契約自由之限制規定，以確保契約正義。例如違背公序良俗行為無效（民法第 72 條）、暴利行為可減輕給付（民法第 74 條）、定型化契約條款有疑義應為有利於消費者之解釋（消費者保護法第 11 條第 2 項）、違反誠信原則對消費者顯失公平之定型化契約條款無效（消費者保護法第 12 條）等，均可為例證。

2. 司法介入：在司法實務上對於訴訟個案，法院經常運用公序良俗、權利濫用禁止、誠信原則、情事變更原則等法律規定，在個案審查時，對契約自由原則予以實質上之限制，以確保契約正義。

3. 行政介入：在行政上對於行業應加強管理措施，以確保契約正義。例如依照消費者保護法有關定型化契約之規定，行政主管機

---

[84] 王澤鑑，同註 77，頁 69 以下。契約自由與契約正義係契約法之基本原則，必須互相補充，彼此協力，始能實踐契約法之機能。因此國家不再是中立的旁觀者，必須扮演積極之角色，透過立法及法院之解釋適用，使契約自由及契約正義二項原則之調和，獲得最大的實現。

關可以派員查核使用定型化契約之企業經營者；也可以依法公告該行業定型化契約應記載及不得記載事項（消費者保護法第17條參照）；當然也可以利用研訂契約範本實施之行政指導[85]；俾有效避免定型化契約條款所可能帶來的不公平不合理的負面效果。

　　行政調解既以私法自治原則為其基本理論基礎，對於私法自治原則中最重要的契約自由原則，當然無法避免。行政調解屬於行政公權力介入之一種方式，為避免在調解時，受到契約自由原則流弊之影響，行政機關公權力的適度介入，應有其必要性。惟此種行政公權力的介入，仍應受到調解本質之限制，因調解非為判決，且屬任意調解性質，因此在行政調解時，行政機關應力保其地位之中立性，在調解進行中，對於有違反契約自由原則之情形，僅能消極性的介入（強調或建議），至多僅能使其調解不成立，並不能對雙方當事人予以積極性的介入（限制或強制），因為對於調解結果是否成立，仍應尊重雙方當事人之意願而定。

肆、我國行政調解機關與當事人間理論之探討

　　行政調解當事人間之理論基礎主要為私法自治行為，已見前述，其次再探討行政調解機關與當事人間法律關係之理論基礎。

---

[85] 行政院消費者保護委員會為加強定型化契約條款之行政規制工作，已會同各中央目的事業主管機關研訂定型化契約範本，提供業者及消費者作為締約時之重要參考，迄至93年底為止，計已完成契約範本57種，這是具體行政指導的表現；另外，計審查通過並公告之定型化契約應記載及不得記載事項計17種，該等範本及公告之內容可上該會網址 www.cpc.gov.tw 查閱。

一、行政調解在定位上之探討

（一）調解非屬訴訟程序

訴訟程序屬於司法權之範圍，所有調解（包括行政調解在內）均非屬訴訟程序，爰分述如後。

1. 法院調解屬非訟程序：民國 19 年公布之民事訴訟法，並未將調解制度納入，而係另行頒布民事調解法作為依據；民國 24 年修正民事訴訟法時，係將調解制度規定於簡易訴訟程序；民國 57 年修正民事訴訟法時，則將調解程序獨立設一章；民國 79 年 8 月 20 日再次修正調解程序之規定，共修正 10 條。民國 88 年 2 月 3 日進行通盤檢討調解制度，共修正 21 條。從整個民事訴訟法制訂修正的過程當中，可以深切的瞭解到調解與民事訴訟係屬不同的制度，雖然都跟民事有關，但是一屬訴訟程序，一屬非訟程序，本質上完全不同，二者之所以會規定在一起，應僅為法制上之便宜行事而已。

2. 行政調解屬行政程序：行政調解，並非由司法機關之法院而是由隸屬於行政機關之行政調解機關所辦理，故非屬司法程序而應適用行政程序，即使在同種法律中對於訴訟與行政調解予以同時規定時，亦應加以區別，否則將無法進行後續處理，因為行政法具有公法之性質，而民事法則屬私法性質，彼此所適用之程序並不相同。例如在消費者保護法所規定之消費爭議的處理程序，事實上包括屬於行政程序性質的申訴與調解，與屬於特別民事訴訟程序性質的消費訴訟兩種程序，必須分別適用相關程序規定，才是正確的[86]。

---

[86] 消費者保護法第五章消費爭議處理之規定，內容上包括屬於行政程序性質之申訴與調解（第 43 條至第 46 條），以及特別民事訴訟程序之消費訴訟（第 47 條至第 55 條）。朱柏松，消費者保護法論，頁 36，1998 年 12 月，亦持同樣見解。

（二）行政調解屬於一種行政行為

所謂行政行為，係指行政機關依照行政程序所為之行為。為確保程序上的基本權，政府並已制定公布行政程序法以資依據。依照行政程序法第 2 條下列相關規定，行政調解應屬行政行為。

1. 行政程序法所稱之行政程序，係指行政機關作成行政處分、締結行政契約、訂定法規命令與行政規則、確定行政計畫、實施行政指導及處理陳情等特定型態公權力行為[87]之程序。行政調解因係行政機關所為之行為，且具有行政指導性質（詳見後述），故應屬行政行為。

2. 行政程序法第 2 條第 2 項所稱之行政機關，係指代表國家、地方自治團體或其他行政主體表示意思，從事公共事務，具有單獨法定地位之組織——亦即行政機關須具有「單獨之組織法規」、「獨立之預算及編制」、「獨立之印信對外行文」等三個構成要件，缺一不可[88]。

行政調解係由行政調解機關所為，如該行政調解機關本身即為以委員會形式成立之行政機關，則應屬合議制行政機關，只是在實務上並不存在，實務上存在之行政調解機關，原則上多以任務編組方式成立，並不符合行政程序法第 2 條所定之行政機關要件，但不妨將之視為該行政機關之內部單位，其所為之行政調解行為，即視同該行政機關之行為；如認為該行政調解機關不屬該機關之內部單位，則應以該行政機關委託其行使權限行為視之，事實上即有學者認為上揭行政機關之概念有必要

---

[87] 廖義男，同註 9，頁 74。行政程序法適用於特定形態之公權力行為，不限於行政機關行政公權力而直接對外發生法律效果（即直接對人民權利義務產生影響）之行為，並包括對機關內部及公務員下達而間接對人民行為產生影響之行政規則，以及實施行政指導及處理陳情等事實行為在內。

[88] 參見行政程序法第 2 條立法理由、吳庚，行政法之理論與實用，同註 8，頁 183、最高行政法院 91 年度字第 462 號裁定及法務部法 90 律字第 009007 號函，均持相同之見解。

放寬至實際從事指導者，而不必嚴格限定，因而可擴大對行政指導之統制[89]。

　　總而言之，即使行政調解機關不具有形式上行政機關之要件，但是至少具有實質行政機關之性質，故其所為之行政調解，屬於一種行政行為。

（三）行政調解是否係屬有關私權爭執之行政裁決程序問題

　　行政調解既然是行政行為，則下列與行政程序法規定有關問題，即不能不加以注意及討論。

1. 行政程序法適用之原則：除法律有特別規定外，只要是行政機關之行政行為，原則上均應有行政程序法規定之適用。其理由是行政程序法係規範行政機關行政行為應遵守之一定程序，為貫徹依法行政原則，在法政策上應使行政程序法適用於所有行政機關之行政行為[90]，儘量不要有所例外才是。行政程序法在實務上適用之方式，不外有下列兩種。

(1) 普通法性質：行政機關為行政行為時，除法律另有規定外，應依行政程序法規定為之。此之所謂「法律」，係包括經法律授權而其授權內容具體明確之法規在內[91]。換言之，行政程序法屬於有關行政程序規定的普通法，凡是行政機關作成行政行為時，除非其他法律有特別的完全的程序規定，始可依特別法優

---

[89] 蔡茂寅、李建良、林明鏘、周志宏，行政程序法實用，頁 322 以下，2001 年第二版。肯定行政指導之功能，並且考量其非權力行使之特色，則上揭行政機關之概念即有必要放寬至實際從事指導者，而不必嚴格限定。

[90] 廖義男，同註 9，頁 79。在法政策上，除非基於特定行政事務特性之考量，有以特別程序處理之必要，而以專業法規規定其程序，並依特別法優先適用之原則，可排除行政程序法之適用外，應盡量使行政程序法一體適用於所有行政機關之行政行為。

[91] 法務部 91 法律字第 0090048828 號函，略以：行政程序法第 3 條第 1 項規定所稱「法律」，依行政院台 89 法字第 06991 號函釋，係包括經法律授權而其授權內容具體明確之法規命令在內。

先適用原則，排除行政程序法之適用[92]，否則即應適用該法的
程序規定，因為行政程序法所規定的程序，應是正當行政程序
最基本的要求[93]。

(2) 補充法性質：在其他特別法律有特別的完全的程序規定，依特
別法優先適用原則，雖可排除行政程序法之適用，例如行政調
解與訴願均屬行政司法行為，雖然一般人均稱該等程序為準司
法程序，稱行政調解機關或訴願會為準司法機關，但是事實上
既然是由行政機關負責辦理，所以在基本上它仍然是一個行政
程序，由於行政調解特別法令及訴願法，與行政程序法間即具
有特別法跟普通法的關係，原可排除行政程序法規定之適用，
但在相關特別法令沒有規定時，就應該準用行政程序法相關
規定[94]，或將行政程序法視為行政法之一般法理予以補充解釋
適用[95]。

---

[92] 廖義男，同註9，頁75以下。行政程序法僅居於普通法及補充法地位，因專
業法規常有其特別程序之規定、其他法律有關程序事項之規定，須為「完全
規定」，始可排除行政程序法之適用（特別法優先適用原則）、行政程序法之
規定，可視為行政法之一般法理，於其他法律規定不明或不足時作為補充解
釋原則。

[93] 湯德宗，評訴願之正當程序，載：訴願程序與行政程序相關專論暨法令選輯，
頁56以下，2000年7月增訂版，台北市政府訴願委員會編印。認為行政程序
法乃行政程序的基本法，凡是行政機關作成行政行為時，原則上即應適用該
法的程序規定。所謂基本法，主要是指行政程序法所規定的程序，乃是正當
行政程序最起碼的要求（minimum requirements）。

[94] 吳庚，行政程序與訴願程序的關係，載：訴願程序與行政程序相關專論暨法
令選輯，頁6以下，2000年7月增訂版，台北市政府訴願委員會編印。認為
訴願基本上是一個行政程序，訴願法沒有規定的，就應該準用行政程序法，
訴願法跟行政程序法是特別法跟普通法的關係。即行政程序法分成兩大部
分，一部分是實體法，一部分是程序法，實體法就等於行政法的總則，行政
程序與訴願程序有替代的關係。

[95] 廖義男，同註9，頁75以下。

2. 行政程序法適用之例外：我國行政程序法參考日本行政手續法第
3 條規定，亦明定可以不適用行政程序法程序規定之行為，計有
下列兩大類：

(1) 非行政性質機關之行政行為：依行政程序法第 3 條第 2 項規定，
僅指各級民意機關、司法機關及監察機關等非行政性質機關之
行政行為，不適用行政程序法之程序規定，並不包括考試機關
在內。

(2) 行政性質機關就特別事項之行為：依行政程序法第 3 條第 3 項
規定，計列①有關外交行為、軍事行為或國家安全保障事項之
行為、②外國人出、入境、難民認定及國籍變更之行為、③刑
事案件犯罪偵查程序、④犯罪矯正機關或其他收容處所為達成
收容目的所為之行為、⑤有關私權爭執之行政裁決程序、⑥學
校或其他教育機構為達成教育目的之內部程序、⑦對公務員所
為之人事行政行為、⑧考試院有關考選命題及評分之行為等八
大事項，不適用行政程序法之程序規定。

　　依行政程序法第 3 條規定，可以不適用行政程序法之程序
規定者，至少有三種：①法律另有規定（第 1 項）、②非行政
性質機關之行政行為（第 2 項）、③行政性質機關就特殊事項
之行為（第 3 項），範圍似嫌過大，而且有關事項之內涵在尚
未能獲得一致共識之情形下，例如第 3 項第 7 款有關對公務員
所為之所有人事行為均不適用行政程序法之程序規定，大法官
會議即有不同意見（釋 491），極有可能形成所謂的「正當法律
程序」的規範漏洞[96]，該等除外規定或有其特殊必要性，但在
實務上適用時，除應採從嚴解釋外，並應適時予以檢討改進
為宜。

---

[96] 李震山，行政法導論，頁 249 以下，2003 年 10 月修訂五版一刷。認為行政程
序法第 3 條「事項排除」之規定，可能形成許多「正當法律程序」的規範
漏洞。

3. 有關私權爭執之行政裁決程序不適用行政程序法之探討

　　行政程序法第 3 條第 3 項第 5 款特別列舉「有關私權爭執之行政裁決程序」，不適用該法之程序規定，其立法理由略為，因其性質上乃準司法權之行使，與一般行政程序有相當差異，不宜一體適用行政程序法[97]。但對何為準司法權並未加以明確定義，且對不適用之處理情形，亦未加以進一步說明。因此導致對該款規定，學者[98]一般以有關私權爭執之行政裁決程序中，行政機關乃立於中立第三人的地位，對兩造之私權爭執加以判斷，與一般行政處分不同，不生「球員兼裁判」的問題，故可排除行政程序法之適用。亦有學者[99]則以裁決後依民事法院審判或依行政爭訟程序救濟之不同，作為區別是否適用行政程序法規範之標準，因為後者在法制上仍屬「形式的行政事件」，不可排除行政程序法之規範，但有學者[100]反對。

　　對於上述學者之一般見解，筆者基於①何謂行政裁決程序，尚乏明確定義，容易引起爭議、②在私權爭執之行政裁決程序中，其行政裁決因常涉及人民之權利義務，原則上均另訂有其一定之程序，可逕以該特別法定程序排除行政程序法之程序適用、③行政機關在行政裁決程序中，固係居於中立第三人的地位，然

---

[97] 湯德宗，行政程序法論，頁 139 以下，2001 年 3 月初版第 3 刷。按審查會時之立法說明，「有關私權爭執之行政裁決，性質上乃準司法權之行使，與一般行政程序有相當差異，不宜一體適用本法」，故予排除。

[98] 湯德宗，同前註；廖義男，同註 9，頁 84 以下，均持類似見解。

[99] 吳庚，行政法之理論與實用，同註 8，頁 546、547。

[100] 陳敏，行政法總論，頁 748，2004 年 11 月四版。行政機關就私權爭執為行政裁決時，不論當事人後續之法律救濟應循民事訴訟或行政爭議途徑為之，該行為之性質仍為行政權之行使，對其適用行政程序法規定，原無特別困難，似無排除適用之必要。葉俊榮，面對行政程序法──轉型臺灣的程序建制，頁 88，2003 年 3 月。葉俊榮亦認為，無論事後救濟程序為何，對於行政機關於此時居於中立第三人的立場做成決定並無影響，因此殊無以區分事後救濟的方式決定是否適用行政程序法。另外，湯德宗，同註 97，頁 139 以下，亦提出類似見解。

在程序進行當中，行政機關為期裁決能夠順利圓滿進行，通常都會運用行政指導之手段、④行政機關之行政裁決，仍為行政機關之行政行為，原則上可以對外直接發生法律效果，僅有民事救濟及行政救濟途徑不同而已、⑤如該行政裁決法定程序規定不足，是否仍然不得適用行政程序法之程序規定，又如何加以補救等等問題，因而認為該款規定在適用上，應以具有完全程序規定之行政裁決程序為限，並不得限制行政程序法程序規定之補充適用，以資補救。

4. 行政調解是否屬於行政程序法第 3 條第 3 項第 5 款範圍之探討

行政調解是否屬於行政程序法第 3 條第 3 項第 5 款所定「有關私權爭執之行政裁決程序」範圍，在理論上可以有下列三種不同見解。

(1) 肯定說：此為認行政調解為準司法權之學者所主張[101]，並為多數說。認為行政調解具司法行為性質，故屬行政程序法第 3 條第 3 項第 5 款「有關私權爭執之行政裁決程序」規定之範圍，因此，應完全排除行政程序法程序規定之適用，即使其專業法令之程序規定不足時，仍應以民事訴訟法或非訟事件法等規定作為補充適用。

(2) 否定說：認行政調解為純粹行政權，除非法律明文規定可以適用，否則我國行政法院對於在行政法內類推適用私法規定，態度向來保守[102]，可為否定說之代表。行政調解雖為行政行為，

---

[101] 廖義男，同註 9，頁 84 以下。

[102] 陳敏，同註 100，頁 46。我國行政法院對於在行政法內類推適用私法規定，態度向來偏向保守，李震山（同註 96）並揭示甚多行政法院反對類推適用私法規定之判決案例，可供參考。另外，法務部，行政程序法草案各方意見及處理情形一覽表，頁 6 以下，1994 年 4 月。法務部曾就蔡志方對行政程序法草案第 4 條「行政機關行使公權力以外之行為，以法規有特別規定者為限，有本法之適用」，所提「本條之規定於調解與仲裁程序有無適用？是否就強制性與任意性，而為區別？」意見，答覆以「本法為補充法，如法律無特別規定者，即適用本法。」法務部似亦採反對說。

且其程序並非行政裁決程序，故非屬行政程序法第 3 條第 3
項第 5 款「有關私權爭執之行政裁決程序」規定之範圍，因
此，僅在其專業法律規定有完全程序者，始可以排除行政程
序法規定之適用（特別法優先適用原則）；如其專業法令未
規定之部分，則仍有行政程序法相關規定之補充適用；另
外，因主張其為行政行為，故即使在行政調解法令或行政程
序法規定不足時，仍不得補充適用民事訴訟法或非訟事件法
等規定。

(3) 折衷說：此為認行政調解為兼具行政權及司法權性質之學者所
主張[103]，認為行政調解係行政上之司法行為，在其效力及救濟
方面因與司法權有關，為準司法權之作用，故屬行政程序法第
3 條第 3 項第 5 款「有關私權爭執之行政裁決程序」規定之範
圍；至於在組織及程序進行方面則與行政權有關，因非以裁決
程序為之，並不在行政程序法第 3 條第 3 項第 5 款規定之範圍
內。因此，行政調解之程序在行政調解法令規定不足部分，仍
有行政程序法及民事訴訟法等程序規定之補充適用，不過在適
用順序上要以行政程序法之適用為優先。

以上三說，基於行政調解為一種行政司法行為之本質，為期
符合依法行政、程序順利進行及有效保障當事人權益，似應以折
衷說為當。故行政調解在適用該款不適用規定時，即應注意下列
事項，俾期妥適。

---

[103] 陳敏，同註 100，頁 47。陳敏對於相鄰地關係，私法有細緻之規範，而公法
則僅有粗略之規定。對二相鄰地，配合適用有關之公、私法規定，較能合理
解決法律關係。認同公法與私法之協力，似採折衷說。另外，朱柏松，同註
86，頁 36。朱柏松認為消費者保護法第五章消費爭議處理之規定，內容上包
括屬於行政程序性質之申訴與調解（第 43 條至第 46 條），以及特別民事訴訟
程序之消費訴訟（第 47 條至第 55 條）。除申訴部分外，消費者保護法第五章
消費爭議之處理係該法之程序法規範，而遜以之為民事訴訟法之特別規定，
故於該章規定有所不足時，即應適用民事訴訟之規定，似亦採折衷說。

(1) 行政裁決程序之範圍宜儘量縮小，以免形成漏洞：

① 不適用之範圍應作狹義之解釋：為避免不適用而造成「正當法律程序」之漏洞。行政程序法第 3 條第 3 項各款所規定之行為，在適用時應作狹義之解釋為宜[104]。有學者認為行政程序法第 3 條第 3 項第 5 款所稱有關私權爭執之行政裁決程序，應以經行政裁判後提起民事訴訟者為限[105]。

② 行政調解並非裁決程序：行政程序法之規範範圍，係以行政機關行使公權力之行為為限，而政府採購法則係以私經濟行政為適用範圍，有關此等採購事項，似不生行政程序法之適用範圍不適用行政程序法[106]。另外，行政院消費者保護委員會曾就消費爭議調解予以解釋，亦採相同之見解[107]。

上述見解，筆者認為並不妥適。首先，實際上行政程序法規定並不以行政機關行使公權力之行為為限，尚包括行政契約或行政指導等非公權力行使之行政行為在內；其次，採購行為之所以屬於私經濟行政，乃因行政機關在進行採購時，係居於

---

[104] 法務部法 89 律字第 037139 號函，略以：行政程序法第 3 條第 3 項第 1 款所稱之「外交行為」，學者（吳庚、湯德宗）認為應以涉及高度政治性、機密性的國家利益者始足當之，故適用時應作狹義之解釋，即應限於對外交涉事項，而非泛指外交行政之一切事項而言。

[105] 吳庚，行政法之理論與實用，同註 8，頁 546、547。

[106] 法務部法 90 律字第 044456 號函，略以：按「行政程序法」之規範範圍，係以行政機關行使公權力之行為為限，而「政府採購法」則係以政府機關、公立學校、公營事業辦理工程之定作、財物之買受、定製、承租及勞務之委任或僱傭等私經濟行政為適用範圍，有關此等採購事項，應依政府採購法及其子法之規定判斷之，似不生行政程序法之適用問題。

[107] 行政院消費者保護委員會，（民國 88 年 6 月至 90 年 12 月）消費者保護法專案研究實錄第三輯，頁 140，2002 年。有關消費爭議之申訴、調解程序，依行政程序法第 3 條第 3 項第 5 款屬有關私權爭執之行政裁決程序，故無適用行政程序法有關處理期間之規定（第 51 條第 2 項）。另外，蔡茂寅等，同註 89，頁 325。蔡茂寅等認為消費爭議之調解（消費者保護法第 44 條參照），法律既有明文規定，似非屬此處之行政指導（調整性指導），從而亦非本法適用之對象（本法第 3 條第 3 項第 5 款參照）。

　　一方當事人之地位，與一般私經濟行為固無不同，惟在發生爭議向行政機關申訴或申請調解時，受理之行政機關已非居於原該一方之當事人地位，而是具有對該案件進行申訴審議或調解權限之行政機關，其所為之申訴審議行為或調解行為，均非屬私經濟行政，其中對於申訴之審議行為，行政機關對該申訴案件本有最後之決定權，且所為之決定具有行政處分之性質，因而法條即直接將之視同訴願決定，不服者應循行政爭訟程序辦理，故將之歸為裁決程序，原則上似可接受；但是對於履約爭議之調解行為，行政機關對該調解案件並無最後之決定權，除須經雙方當事人之同意調解始能成立，不得逕由行政調解機關自行判斷並以裁決方式為之，並須經法院核定之程序，非屬行政程序法第 3 條第 3 項第 5 款規定之裁決程序，而係行政機關為達一定行政目的（解決履約爭議）所為之行政行為（行政指導），因此該行政調解行為，應仍有行政程序法規定之適用為宜。

(2) 不適用時，應有必要之處理措施，以資因應：

　　① 不適用之內容：我國的行政程序法之規範內容，包括實體規定及程序規定，並不是只有程序規定而已，例如該法有關總則之規定及第 174 條之 1（有關法律保留原則）之規定，即均屬實體規定[108]。因此所謂不適用者，僅指該條項所列事項不適用行政程序法之程序規定，惟行政程序法之實體規定仍有其適用。例如採購申訴審議委員會之審議程序不適用行政程序法之程序規定，惟審議程序以外之實體事項仍有該法之適用[109]。

---

[108] 法務部 91 法律字第 0910010998 號函，略以：按行政程序法第 3 條第 3 項第 1 款、第 151 條第 1 項本文規定意旨，僅指該條項所列事項不適用本法之程序規定，惟本法之實體規定仍有其適用。

[109] 法務部 91 法律字第 0090046666 號函，略以：採購申訴審議委員會之審議程序不適用行政程序法之程序規定，惟審議程序以外之實體事項仍有該法之適用。

② 不適用之處理：該條項所列事項不適用行政程序法之程序規定，在該等事項已就相關行政程序妥為周詳明確規定時，固無適用上之問題，但是如果該等事項發生相關程序均無規定可資依據時，此時似可類推適用或改以法理方式適用行政程序法之程序規定予以處理[110]。

二、行政調解在定性上之探討

行政調解為行政行為之一種，已見前述。由於行政行為之形式甚多，行政調解究應歸類於何種行政行為類型，亦即行政調解之本質為何，這是本節所要探討之重點。

（一）行政調解屬於非權力行為

行政行為之行為形式多樣化，已成為現代行政之一種特徵。在多樣化之行為形式中，最被一般人所重視的是，該行政行為是否由行政主體居於優越公權力主體所為，即所謂公權力行為與非公權力行為之問題。

1. 公權力行為：指行政主體居於優越公權力主體所為之具有強制性質之行政行為，例如行政命令、行政處分、行政罰等，凡是由行政機關所為片面的但却具有強制效果的行為，均屬之。

2. 非公權力行為：指行政主體並未居於優越公權力主體所為之未具有強制性質之行政行為，例如行政契約、行政指導等，凡是行政機關所為並未片面地具有強制效果的行為，均屬之。

---

[110] 吳庚，行政程序與訴願程序的關係，同註 94，頁 10。認為行政程序法第 3 條雖將外交、國防、人事行政、考試等事項予以排除，然在此種排除條款事項中，行政程序法不只實體規定可以用，程序規定部分縱然已經排除在外，有時還是可以加以適用。

行政指導依行政程序法第 165 條規定，係指行政機關在其職權或所掌事務範圍內，為實現一定之行政目的，以輔導、協助、勸告、建議或其他不具法律上強制力之方法，促請特定人為一定作為或不作為之行為。由於行政指導係參考日本立法例所制定，故日本有關行政指導之定義、規定及實務運作情形[111]，均可供進一步研究之探討。

行政指導之本質，為行政機關為補充法律所規定行政手段之不足，且為靈活處理行政事務所採非正式手段，乃任意性之事實行為，而非行政處分或其他公權力措施。同樣地，行政調解並非由行政調解機關片面地即可為調解成立之決定，在整個調解程序之進行當中，基於任意調解之特性，必須要得到雙方當事人之同意，調解程序才得進行下去，進而達成調解成立，行政公權力在調解當中，僅扮演仲介之促進角色，甚少行政公權力可以著力之空間，故行政調解屬於行政行為中之非權力行為，應無疑義。不過，行政指導因具實際上對人民常有事實上拘束力，對人民仍有相當影響之作用，故與行政處分之最明顯的區別，在於拘束力之來源不同而已[112]。

（二）行政調解為行政指導

除了前述將行政調解排除行政程序法適用規定之學者外，有些學者[113]明認調解爭議屬於一種行政指導。凡是行政機關為實現一定之行政

---

[111] 山內一夫，行政指導の理論と實際，頁 4，1984 年；千葉勇夫，行政指導の研究，頁 5 以下，1987 年。有關日本行政指導之定義及運作情形，可供參考。

[112] 廖義男，同註 9，頁 164。行政指導雖不生法律上拘束力，但實際上對人民常有事實上拘束力，對人民之行為具有相當影響之作用。由於行政指導亦有此拘束力之作用，故其與行政處分之區別，即在於其拘束力係源自於事實上或法律上之不同。

[113] 劉宗德主持，公害糾紛處理政策與法制之研究，同註 14，頁 195 以下，說明裁決及調處委員會依公害糾紛處理法所作成之裁決書或調處書，即非行政處分，並無拘束當事人之效力，其類似一般民事調停之性質，僅為一種「調整性之行政指導」；李震山，行政法導論，頁 201，1997 年 9 月，曾明文指出：「4.行政指導性質：例如調解爭議、公害防制之輔導等。」惟於 2003 年 10

目的，就其所掌事務，以非公權力任意手段，於特定個人或公私法人團體同意或協助之下，要求其為一定作為或不作為之行政作用[114]，即屬行政指導。故行政指導本質上為非權力行為，無法之拘束力，其乃用於彌補法定行政手段之不足，所採取之非正式手段[115]，但行政指導措施仍應受權限規定、法律行為規定及法理拘束等之限制[116]。筆者基於行政調解符合行政指導之要件及與行政指導同屬行政機關之事實行為之特性，亦持相同主張：將行政調解視為行政指導，將行政調解納入行政程序法之規範，使行政調解雙方當事人之權益能夠受到更大的保障。

1. 行政調解符合行政指導之要件：行政指導依行政程序法之定義規定，至少包括下列五項要件，經與行政調解予以逐項核對，並無不符。

   (1) 須為行政機關之行為：行政調解機關為該行政機關為行使行政調解職權所設置，即使是以任務編組方式為之，亦係屬於該行政機關之內部單位或受該行政機關所委託而為行政行為，應無疑義。

   (2) 須在該行政機關職權或所掌事務範圍內：原則上行政機關在其組織或相關法令上須有明文法律規定行政調解權限，俾避免侵害司法權，故因之而設置之行政調解機關，即負有行使該行政機關法律規定行政調解之職權。

月修訂五版之內容，不知何故將其中之「調解爭議」文字予以刪除。李震山，同註 96，頁 193 以下。

[114] 劉宗德，試論日本之行政指導，載：劉宗德，行政法基本原理，頁 184，1998 年。

[115] 法務部法 89 律字第 041289 號函，略以：查行政指導本為行政機關為補充法律所規定行政手段之不足，且為靈活處理行政事務所採非正式手段，乃任意性之事實行為，而非行政處分或其他公權力措施。

[116] 南博方等，行政法(1)……行政法總論，頁 221 以下，1986 年。行政指導措施應受「逾越權限行為的禁止」、「違反法律行為的禁止」及「法理的拘束」等三方面之限制。

(3) 須為實現一定之行政目的：行政機關設置行政調解機關辦理行政調解業務，通常均具有一定之行政目的，旨在解決雙方當事人私權糾紛，達到促進勞資和諧或維持公共秩序等之行政目的。

(4) 須以不具法律上強制力之方法為之：行政調解之進行及成立，均需得到當事人之同意，不得強制為之，且不得作為將來裁判之依據，故行政調解具有任意調解之性質。

(5) 須對特定人為之：行政調解係以特定之當事人兩造為調解對象，進行行政調解程序。

2. 行政調解為具行政指導性質之事實行為：所謂事實行為，其行為之主要特徵在於：產生事實上結果，且非以直接發生法律效果為目的，因而與非權力行為有密切關係，但兩者仍有其區別。事實行為至少包括行政指導性質之事實行為及單純事實行為兩種。

(1) 行政指導不是單純事實行為：行政指導不是單純事實行為之理由，主要為①態樣不同：單純事實行為依學者[117]研究，依其態樣可歸類為內部行為、認知行為、實施行為及強制措施等四種，均與行政指導之行為態樣不同；②目的不同：行政指導不僅為一種實現行政目的之行政手段，且為行政機關在公法上所採取之行政手段，行政指導之方法並無種類之限制[118]。不過「不具

---

[117] 吳庚，行政法之理論與實用，同註8，頁448以下。行政上之事實行為態樣略可歸類為內部行為（行政機關內部間之行為）、認知表示（通知行為）、實施行為（實施行政處分或行政計畫之行為）、強制措施（運用物理的強制力實現行政處分或法令之行為）等四種。

[118] 陳敏，同註100，頁630。行政指導不僅為一種實現行政目的之行政手段，且為行政機關在公法上所採取之行政手段。學者有參照日本文獻，依功能而區分為「規制」、「助成」與「調整」之行政指導三者。吾人如將所謂之「功能」理解為一項手段所欲達成之作用，則此等行政指導之目的，即分別在於「規制」相對人行為、輔導相對人調適改善生活或產業環境、「調處」相對人之私人紛爭。惟應注意者，行政指導之本質為不具強制力之行政行為，以規制相對人行為為目的之行政指導，係指其目的在於促使相對人，自行節制或停止特定之作為或不作為，而非指該行政指導本身具有規制之法律拘束力。

有法律上的拘束力」則為其本質所在，此點則與單純事實行為類似。因此，行政指導為事實行為，並無法律上拘束力，如欲達到法律上之拘束力，應以發布法規命令、締結行政契約、作成行政處分等行政法律行為為之[119]。惟行政指導行為縱不以直接發生法律效果為目的，但因係行政機關所為之行政行為，多半會有優越性、誘導性存在[120]，對相對人權益仍有可能發生影響[121]。理論上如發生指導錯誤而符合國家賠償要件者，國家即應依法負賠償責任，自不待言。

　　行政指導之事實行為與單純事實行為，兩者雖同屬不生法律上拘束力之事實行為，惟行政指導屬於行政機關行政行為類型之一種（事實行為），該事實行為必須有一定行政目的（出於行政機關之意思）為其必要構成要件，並作為彌補法定行政手段之不足，僅因其以非權力行為方式為之而已；與無須具有一定行政目的（並非出於行政機關之意思）為必要，純屬偶發性之單純事實行為不同。

(2) 行政調解為行政指導性質之事實行為：行政調解行為亦係行政機關所為之一種事實行為，因其具有一定之行政目的，例如疏減訟源或促進和諧等，與偶發性且無一定目的之事實行為不同，故非屬單純事實行為。

　　另外，行政機關所為之調解行為，屬於非強制手段，並無法律上拘束力，僅於調解成立時依法律規定具有一定之法律效果，符合行政指導要件，其與一般行政指導不同之處，僅其係以調解

---

[119] 高雄高等行政法院 92 年 4 月 29 日判決。

[120] 蔡達智，論行政指導——以日本法制為中心，載：法學叢刊，162 期，頁 109，1997 年 4 月。行政指導有實現一定行政目的，行使行政指導者便有相當程度的責任義務存在，而且行政指導由於行政目的的引導，多半會有優位性、誘導性存在。

[121] 李震山，同註 96，頁 231 以下。

作為行政指導方法,再加上行政調解必須要有法令為其依據始得
為之,以免侵害司法權,與一般行政指導原則上無須法源依據稍
有不同,但行政調解屬於行政指導行為之本質,並未有所改變。

(三)行政調解屬於調整性之行政指導

行政指導之類型不一,有依機能分類[122],亦有依領域分類[123],本文
僅就機能分類予以論述如後。

1. 規制性行政指導:行政機關對於危害公益或妨礙秩序之行為,所
為規制、預防或抑制之行政指導,以達成其一定行政目的者,屬
之。規制性行政指導通常均作為行政處分之前置要件,此種行政
指導在性質上係居於權力行政與非權力行政之中間地帶,由於行
政機關具有公權力背景之優勢,即使指導時要以對方任意之同意
或協助為前提,亦常因其優勢使對方心生畏懼,而容易達到限制
人民權利或自由之效果。尚可細分為①以確保私人行為之適法性
為目的之事前指導、②以矯正私人行為之違法性為目的之行政指
導、③為達成獨自規制目的所為之指導等三種指導類型[124]。

2. 調整性行政指導:行政機關對於相對立當事人間之利害關係,所
為調整之行政指導,以達成其一定目的者,屬之。此種行政指導,
除了行政機關在法律上對當事人之一方握有一定權限外,並且在
事實上行政機關通常都會另外施加壓力,以保證達成其一定行政

---

[122] 劉宗德,試論日本之行政指導,同註114,頁190以下。劉宗德將行政指導依
機能之差異,分為(一)規制性、抑制性之行政指導、(二)調整性之行政指
導、(三)促進性、助成性之行政指導等三類。塩野宏,行政法 I,頁166以
下,1994年第2版,分為規制之行政指導、助成之行政指導、調整之行政指
導;杉村敏正,行政法概說(總論),頁142,1972年,分為規制、調整及促
進的行政指導。

[123] 千葉勇夫,行政指導の研究,同註111,頁8以下。將行政指導依行政領域區
分為:警察規制上之行政指導、環境行政上之行政指導、公共衛生上之行政
指導、社會福祉及安全上之行政指導、企業活動及經濟秩序上之行政指導等。

[124] 蔡茂寅等,同註89,頁325。

目的之實效性，故與在法律上或事實上均以雙方當事人之任意性
為前提之斡旋或調停，有所不同。

3. 助成性行政指導：行政機關對於特定之當事人，所為幫助、促進、
保護對方利益之行政指導，以達成其一定目的者，屬之。此種行
政指導，行政機關通常會附隨補助金或獎勵金之交付、或融資等
利益。因其未具有「帶有事實上之強制力」，無法確保其實效性，
故有學者認此種「助成性之行政指導」，不應納入行政指導之分
類[125]。

　　行政調解雖為行政指導，但因並非行政調解機關針對危害公
益或妨礙秩序行為所為之規制性行政指導，亦非以幫助、促進、
保護特定當事人利益所為之助成性行政指導，而係以調解（屬於
調整之方法）雙方當事人之糾紛（即利害關係）所為之行政指導，
故筆者認為應屬為調整相對立當事人間利害關係所為之調整性
行政指導，應納入行政程序法規範，但有反對說[126]。茲再依據
學者劉宗德見解，綜合說明該行政調解之行政指導並具有下列
特色[127]，以強化筆者之見解：

(1) 行政指導之優越性：行政調解機關在資訊、知識、經驗等方面
均優於一般人民，故能有助於行政調解目的之達成。

(2) 行政指導之社會性：行政調解之行政指導，係行政調解機關對
人民（包括個人及公私法人團體）所為之行為，非屬行政機關
間內部之行為。

---

[125] 山內一夫，行政指導の理論と實際，同註 111，頁 4 以下，第 3 章之分類。

[126] 認為消費爭議之調解（消費者保護法第 44 條參照），法律既有明文規定，似
非屬此處之行政指導，從而亦非本法適用之對象（行政程序法第 3 條第 3 項
第 5 款參照）。蔡茂寅等，同註 89，頁 325。另消費者保護法專案研究實錄第
三輯，同註 107，頁 140，亦有學者採類似見解。

[127] 筆者係參考劉宗德〈試論日本之行政指導〉（同前註 114）所提見解，依據行
政調解之特性予以綜合論述。

(3) 行政指導之溫情性：行政調解之內容不受法規拘束，且能考量雙方之立場，在雙方同意或協力之下進行，故為柔軟之行政手段。

(4) 行政指導之穩當性：行政調解係以雙方當事人任意同意為前提，一旦調解成立，即具有法院判決之拘束力，無需再為涉訟。

(5) 行政指導之隱密性：行政調解之行政指導行為，除多採調解不公開原則外，法令並明定相關人員具有保密義務。

(6) 行政指導之實效性：行政調解機關對於不配合之業者，在行政調解進行中，可以公布已為行政指導之事實；或於行政調解不成立時，公布不服從行政指導之事實，以保證其實效性。

（四）行政調解有行政程序法規定之適用

行政機關為行政指導之際，除對於一併注意下列行政程序法第 166 條及第 167 條之規定外，並應受平等原則、比例原則、誠實信用原則及信賴保護原則等行政行為原則之拘束。行政調解既屬行政指導，當然不能例外。

1. 行政指導之限制（行政程序法第 166 條參照）：行政指導時，必須遵守①行政調解機關為行政指導時，應注意有關法規規定之目的，不得濫用。及②相對人明確拒絕指導時，行政調解機關應即停止，並不得據此對相對人為不利之處置。等二個要件，以免侵害民眾（包括調解雙方當事人）權益。

2. 行政指導之內容方式（行政程序法第 167 條參照）：行政指導時，必須注意①行政調解機關對相對人為行政指導時，應明示行政指導之目的、內容、及負責指導者等事項。及②前項明示，得以書面、言詞或其他方式為之。相對人請求交付文書時，除行政上有特別困難外，應以書面為之。等二個事項，以免侵害民眾（包括調解雙方當事人）權益。

三、行政調解在法律適用（定向）上之探討

有關行政調解在法律適用上之探討，筆者擬基於依法行政原則，分別就行政調解法令、行政程序法、民法及民事訴訟法等在法律適用上之相關問題，依適用上之順序予以說明如後。

（一）行政調解之行政指導應有法令為其依據

依法行政原則，乃支配法治國家立法權與行政權關係之基本原則，亦為一切行政行為必須遵循之首要原則，該原則最簡單之解釋，即行政程序法第 4 條所稱：「行政行為應受法律及一般法律原則之拘束。」行政調解此種行政指導之行使，因係屬調整性之行政指導，對其對象可能涉及生命、身體以外之其他自由權利的限制事項，依司法院大法官釋字第 443 號解釋理由書建立之層級化規範體系之相對法律保留事項[128]，應由法律直接規範或由有法律明確依據之授權命令加以規範，始符依法行政原則。

行政調解雖屬於行政指導性質，但因與行政指導之一般態樣不同，再加以行政調解之行政指導原則上均須有法令依據，以免侵害訴訟權，又與一般行政指導原則上無須法令依據即可實施不同；另外，行政調解之結果基於該法令依據規定具有一定之法律拘束力，與行政指導雖可能產生事實上拘束力，但不具有法律上拘束力不同[129]。因此，行政調解之行政指導可以說是一種特殊型的行政指導。

---

[128] 法務部法 90 律字第 042093 號函，略以：按憲法所定人民之自由及權利範圍甚廣，依司法院大法官釋字第 443 號解釋理由書所建立之層級化規範體系，其結構如下：①憲法保留：憲法第 8 條關於人民身體自由之部分內容；②絕對法律保留：即必須由法律自行規定，諸如剝奪人民生命或限制人民身體自由之事項；③相對法律保留：由法律直接規範或由有法律明確依據之行政命令加以規範，其對象包括關係生命、身體以外之其他自由權利的限制，以及給付行政措施涉及公共利益之重大事項；④非屬法律保留範圍：屬於執行法律之細節性、技術性次要事項，則不在法律保留之列。

[129] 陳敏，同註 100，頁 634。行政機關在實施行政指導中，與相對人作成非正式

（二）行政程序法在行政調解上僅立於補充法之地位

行政調解是否屬於行政程序法第 3 條第 3 項 5 款「有關私權爭執之行政裁決程序」規定之範圍，在理論應有肯定說、否定說、折衷說等三種不同之見解，惟為期符合依法行政、程序順利進行及有效保障當事人權益，似應以折衷說為當，已見前述。

由於行政調解之行政指導均有法令為其依據，否則即違反依法行政原則，已見上述，且該等所謂之「法令」，均係屬於經法律授權而其授權內容具體明確之法規性質，與行政程序法相較，均具有特別法之地位[130]。因此，行政程序法對於行政調解之行政指導，僅能在該等特別法令未規定或規定不足時，始有其補充適用。

（三）民法規定之適用探討

民法為私權關係之實體法，能否適用於具有公法性質之行政法關係，向來學說見解不一，約有下列三說，過去以肯定說為多數說[131]，但在行政程序法制定施行後，基於建立行政法之自主體系及自有法理[132]，折衷說逐漸成為多數說。

1. 否定說：基於公私法間不具類似共通性，因而否定民法規定可以適用於行政法關係，目前雖已無學者支持此種見解，但筆者認為將來在行政法建立自主體系後，此說將再興起[133]。

約定時，雖可能產生事實上拘束力，但不具有法律上拘束力。
[130] 廖義男，同註 9，頁 75 以下。
[131] 林紀東，行政法，頁 32 以下，1994 年 11 月再修訂再版。否定說、肯定說及折衷說等三說，以肯定說為多數說，然依吾人所見，似乎以折衷說為可採。
[132] 李震山，同註 96，頁 35。民法之發展比行政法較早，理論亦較之完備，行政法在發展過程中，借用民法理論解決處理行政法關係，實可以理解，但基於建立行政法之自主體系，於適用民法之規定時，應有所節制，若能考慮行政法之特性，而將民法理論轉換為行政法理論最為理想，易言之，建立行政法自有之法理，而其目的，不外是追求公平正義，完整保障人民權利。
[133] 吳庚，行政法之理論與實用，同註 8，頁 35。晚近情勢改變，行政法發展迅速，法典化亦有初步成果出現，不願意視私法為規範之保存庫，遂倡言行政

2. 肯定說：在公法規定不完備時，私法規定（尤其是民法總則之規定），亦可被援引為處理行政法關係之依據，並將私法之規定或制度，直接作為公法而為適用[134]。其適用方式尚可分為下列兩種。

　(1) 直接適用：所謂直接適用，即係以私法規定直接予以補充適用。在行政法內可以補充適用私法規定之事項，主要為涉及公法之給付關係。例如民法上誠實信用原則、公序良俗原則等私法上所規定之一般法理，原則上可以直接適用於公法關係。

　(2) 類推適用：有學者[135]認為特定行政事項在行政法內並無規定依據，且又無公法規定填補時，即可類推適用相似之私法規定，但所類推者為「法律效果」，而非「法律原因」。例如私法上有關期日、期間及行為能力等規定，在行政程序法未制定施行之前，除法律特別規定不得適用外，原則上均可類推適用於公法關係。

3. 折衷說：由於公私法之各有特殊性及共通性，故於公法可否適用民法規定問題，宜個案予以分別論斷，原則上僅在不妨礙行政法特殊性之範圍內，始可適用民法之規定。

法從私法思維中解放，並主張以變換原則代替類推適用，變換不同於類推，因為並非以民法條文為依據，祇是在基本結構或思考方法上有共同之處，變換尤其能注意行政法之特殊性。

[134] 陳敏，同註 100，頁 44 以下。行政法為特別適用於行政之法。行政所適用之法律，原則上自係行政法。惟行政立於公法層面，適用行政法時，亦有援用私法規定，以補充行政法不足之情形。此際，行政係將私法之規定或制度，作為公法而適用。

[135] 同前註，頁 46。對特定事項，行政法內並無可資依據之規定，而又無法以公法規定填補其缺漏時，則可比照適用法律評價上相似之私法規定，亦即類推適用私法之規定。於類推適用私法規定時，必須注意有關之「行政法法律關係」究竟能否接受相當之「私法制度」，能接受至何種程度？在類推適用私法時，所類推者為「法律效果」而非「法律原因」。

　　雖然行政程序法已經制定施行，行政法關係本應從該法中予以探求適用，惟因行政法關係相關法制尚未完整建立，就行政程序法規定不足或未規定部分，筆者基於行政調解之行政指導行為，係屬有關財產之行政法關係，其公權力之色彩甚為薄弱，與民法關係之類似性亦屬最大，故除性質上不容適用民法規定者外，固不妨予以直接適用或類推適用。

（四）民事訴訟法規定之適用探討

　　民事訴訟法屬於私權關係之程序法，能否適用於具有公法性質之行政法關係，向來學說甚少討論及之，也許在其他行政行為甚為少見，但是在行政調解上則大有討論之必要，因此，筆者願意在理論上比照民法適用情形，亦將之歸納為否定說、肯定說及折衷說等三說，其理由因與民法適用情形並無太大不同，故不另贅述。

　　以上三說，國內行政法學者對民事訴訟法可否適用於行政法關係，多持反對意見，因此應以否定說為多數說；即認為，行政程序行政法學者基於建立行政法自主體系之立場，認為民事訴訟法屬於私法程序與行政程序法之公法程序不同，多持行政行為原則上應無民事訴訟法規定適用之餘地。惟因行政法關係相關法制尚未完整建立，就行政程序法規定不足或未規定部分，筆者基於行政調解之行政指導行為，係屬有關財產之行政法關係，其公權力之色彩甚為薄弱，與民事訴訟法關係之類似性亦屬最大，故除性質上不容適用民事訴訟法規定者外，固不妨予以類推適用或改以法理方式適用，故亦寧採折衷說為宜。

伍、結論

　　最後，筆者謹就行政調解制度之理論架構及其未來發展趨勢說明如後。

一、行政調解機制是我國目前最普遍之 ADR 機制

　　有關私權爭議之處理，主要有訴訟機制及 ADR 機制兩種，訴訟機制屬於司法權之範圍，ADR 機制則係指訴訟以外所有糾紛處理制度。在這兩種機制中，對於 ADR 如何予以合理定位，向來見解不一，有認為應以裁判為中心，訴訟外糾紛處理制度僅屬輔助性質；有認為二者並無主從之分，應為相輔相成[136]。以上二說固各有其見解，惟基於 ADR 機制之目的主要既在疏減訟源，自應以後說為宜。

　　ADR 機制繁多，可依其主辦單位為標準，分為公力 ADR 機制及私力 ADR 機制，其中公力 ADR 機制，因係以公權力為其後盾，較具有公信力，因而較易為一般民眾所接受，其重要性與日俱增，尤其是占有絕大比例之行政機關 ADR 機制，尚可依其處理方式之不同，再區分為行政調解、行政調處、行政仲裁及行政裁決機制，各有其設立之目的。在所有 ADR 機制中，目前要以行政機關 ADR 機制較為健全及歷史悠久，從前述一般行政調解及特別行政調解機制之設立及運作情形，可為明證。而在行政機關 ADR 機制中，從鄉鎮市、縣市、直轄市到中央政府的部會，目前主要均以設立行政調解機制為主，例如鄉鎮市調解、勞資爭議調解、耕地租佃爭議調解、著作權爭議調解、消費爭議調解、採購履約爭議調解、積體電路電路布局權爭議調解、拒絕離機爭議調解、醫療糾紛調解等均屬之，可知行政調解機制係屬我國目前最為普遍之 ADR 機制，其重要性自然不言可喻。

---

[136] 劉宗德主持，公害糾紛處理政策與法制之研究，同註 14，頁 176 以下。司法救濟制度相對於裁判外糾紛處理制度，其應如何予以定位，一般而言，主要可區分為①強調判決為最終且最權威之法律基準設定功能，主張以裁判為中心，以裁判外糾紛處理制度為輔助之見解；②主張各種糾紛處理程序之共通任務，在於提供理性之對話場所，以導引出紛爭主體之解決能力並自主自律解決糾紛，而認為裁判與裁判外糾紛處理制度二者為相互滲透之多重構造之見解。

二、我國行政調解機制與訴訟機制相輔相成

　　行政調解雖然不是憲法上規定人民的基本權利（憲法上之受益權），但却是由立法機關創造出來的一個程序制度，符合憲法第 22 條規定之權利，除了人民仍能依法主張其權利外，行政機關辦理行政調解之行為，亦不致違背憲法上行政、立法及司法三權分立之本旨。

　　訴訟機制與 ADR 機制是相輔相成的。人民於其權利受到侵害時，訴訟權提供人民「最後」得透過司法途徑尋求救濟的機會，而不是在權利爭議「發生之初」，即可主張有權利用法院救濟途徑，事實上，在爭議發生與利用訴訟權間尚可有行政介入之空間，甚至於在訴訟中，可以提供人民選擇對其更有利機制之機會。惟行政機關在落實調解制度之時，仍應注意不要侵害訴訟權。行政調解對於一個糾紛之處理，通常不只是當事人雙方之自主意願而已，其間尚需要行政調解組織採取必要之措施（例如以行政規制或行政指導等作為後盾）予以配合，才能獲得有效之處理，故在調解處理過程中可能造成對某一方當事人不公之情事，因此必須以法院之裁判作其最後之處理依據，才不致侵害其訴訟權。

　　行政調解，主要係由行政調解機關居間發揮協調功能角色，使雙方當事人在調解書上簽名同意成立調解，其間包括行政調解機關與申請調解之當事人間、調解對造間，以及雙方當事人間，各有其不同之法律關係，故行政調解之法律關係應以三面關係為宜。

　　調解目的既在疏減訟源，且為避免訴訟程序冗長及繁複，自應以簡易迅速為重。因此，調解之程序越簡單越好，調解亦不宜有級制之設計，以免拖延時日，故調解原則上應無級制。

三、我國行政調解當事人間以契約自由為其理論基礎

　　行政調解具有任意調解原則之特質，在雙方當事人間，係由申請調解人及對造擔任當事人，內容又均以解決私法上之權益為其客體範圍，行政機關並非當事人，僅立於協助之立場，調解是否成立端視雙方是否

同意而定，原則上並無公權力之運作，因而成立調解之法律行為，就成立契約之雙方而言，本質上亦仍屬私法上之法律行為，符合私法自治原則適用之三個要件，故行政調解之基本理論，在雙方當事人間為私法自治原則。

調解係涉及雙方當事人權益問題，必須雙方當事人合意始能成立調解，與契約行為類似，理論上應有契約自由原則之適用。至於因行政調解成立所簽訂之調解書，就其內容雖與民法「和解」有關，而行政機關所實施之行政調解行為又與「居間」類似，再加上具有與法院確定判決有同一效力之特性，實非民法現有有名契約所能涵蓋，故應屬民法上一種無名契約。

行政調解屬於行政公權力介入之一種方式，為避免在調解時，受到契約自由原則流弊之影響，行政機關公權力的適度介入，應有其必要性。惟此種行政公權力的介入，仍應受到調解本質之限制，因調解非為判決，且屬任意調解性質，因此在行政調解時，行政機關應力保其地位之中立性，在調解進行中，對於有違反契約自由原則之情形，僅能消極性的介入（建議），至多僅能使其調解不成立，並不能對雙方當事人予以積極性的介入（限制或強制），因為對於調解結果是否成立，仍應尊重雙方當事人之意願而定。

四、我國行政調解之本質為行政指導

行政調解之主要目的雖然是在協助處理有關私權爭議，但既然是行政機關所為之行為，本質上應屬行政行為，且因屬私權爭議，原則上必須尊重雙方當事人意願，非由行政機關可以「行政裁決」方式為之，否則即已超出行政調解機制之範圍。故為期妥適實施，筆者原則上認其非屬行政程序法第 3 條第 3 項第 5 款「有關私權爭議之行政裁決程序」所定之範圍，從而在適用規範時，除了行政調解本身之特別法令外，如有不足，仍應有行政程序法補充適用之餘地。

　　本文係以不具行政處分性質之行政調解機制作為論述重點，並以純粹「行政調解機關」為主要對象。此種行政調解之特性，除了旨在解決雙方之爭議外，原則上必須取得雙方當事人之合意，調解始能成立，行政公權力並無介入之太大空間，行政調解機關所為之行政行為，僅處在協助調解之成立而已，故應屬行政指導行為，而調解在雙方當事人間，則應屬契約行為。行政指導雖係屬行政機關非權力行為，但因必須具有一定之行政目的，故與無一定行政目的之單純事實行為不同；另外，行政調解固然屬於非權力行為，亦因其必須具有一定法令依據始可為之，且成立調解具有一定法效，與一般行政指導無須法令依據即可為之、不具有法定拘束力有異，故應屬特別行政指導行為。

　　另外，行政調解本質上係屬行政指導，此種行政指導類如我國之情理法處理（先動之以情、再說之以理、最後律之以法）模式，雖非以「法」為主，但因其實際上具有事實上之拘束力，故在進行時，應注意其合目的性，並應受相關之法律限制。如當事人因不法或不當行政指導而受害，理論上應可請求國家賠償，惟因行政程序法對此並未明文規定，允宜加以檢討增列。

五、我國行政調解未來之發展趨勢

　　由於現有傳統之行政調解機制，已逐漸無法跟上時代進步之腳步，我國現有行政調解機制似有就下列普遍化、專業化、有效化及周延化等四化情事檢討改進之必要，俾作為因應未來趨勢發展之需要。

（一）行政調解機制之普遍化

　　1. 增設行政調解機制：為因應日漸增多且日趨多元之有關私權爭議問題，行政主管機關應體察社會需要，適時增設相關行政調解機制，俾有效處理，例如在醫療糾紛處理法完成立法程序後，將來

即將增設醫療糾紛調解委員會、醫療糾紛仲裁委員會等，可為
例證。

2. 擴大行政調解機制：為避免增設行政調解機制緩不濟急，可以將
現有行政調解機制之調解範圍適度地加以擴大，以因應實際需
要。例如內政部及法務部研擬之「鄉鎮市調解條例修正草案」（為
擴大鄉鎮市調解案件受理來源），以及司法院推動起訴前強制調解
制度（為有效疏減訟源）等，均可為明證。

3. 委託行政調解機制：如因受限於行政人力之不足或行政權限之不
足，行政機關事實上應研究委託民間辦理 ADR 之可行性，例如
委託消費者保護團體辦理消費爭議之調解事宜、委託旅行業品質
保障協會辦理旅行爭議之調解事宜、委託國際性組織辦理網路交
易糾紛問題等，均不失為良策。

（二）行政調解機制之專業化

1. 專業程序：行政調解原則上必須有其專屬並且周延之規定，作為
處理爭議之一定程序，該專業程序應為行政程序法之特別法。

2. 專業人員：各個行政調解制度均有其設定之專業目的，一般公正
人士已無法符合專業需要，故必須容納專業委員提供專業見解。
另外在承辦人員或負責人員方面，如能由專業人士出任，效果更
佳。例如在消費爭議之調解方面，我國消費者保護法特別引進瑞
典消費者保護官制度，並以之作為推動消費爭議調解之主要角
色，日本對此亦有專案研究[137]，我國其他特別行政調解有無比照
辦理之必要，亦值得進一步研究。

3. 統一之專業主管機關：各個行政調解制度係由各個目的事業主管
機關所設置，雖有其權限專業上之考量，但均屬行政調解之本質

---

[137] 園部逸夫，オンブズマン法，1992 年，增補補正版。有關保護官制度之論述，
可供參考。

則並無不同，需要一個統一之專業主管機關提供法務或法制上見解，以免造成多頭馬車現象，有無比照行政程序法由法務部擔任主管機關方式辦理之必要，亦值探討。

（三）行政調解機制之有效化

1. 現有行政調解機制之加強：為有效發揮行政調解機制之功能，對於現有行政調解機制均加以檢討並儘量予以強制化，其強制化方向約有①強制程序：將調解定為訴訟前置程序②強制到場：對於未到場當事人罰鍰或研提和解方案成立調解③強制內容：對未能一致之調解案件研提和解方案成立調解④強制結果：對調解事件由行政機關逕行行政裁決成立。

2. 現有行政調解本質之檢討：依現有行政調解之任意調解本質，較難發揮調解爭議之功能，如能改為具有行政處分性質之行政調處，則該行政調處可能比較有效，亦可與法院調解及民間調解有著較大之區隔。

3. 現有行政調解級制之檢討：如行政調解未能改為行政調處，但又要提高績效時，何妨導入行政仲裁為其第二級行政處理級制，並參採勞資爭議處理法規定之要件及程序，建立所謂行政仲裁制度作為調解不成立之第二級處理方式，才能達成更有效發揮調解疏減訟源之目的。另外，研修中之勞資爭議處理法修正草案，擬再增列「裁決」之規範，已可見增列處理級制問題已成為將來趨勢。

（四）行政調解機制之周延化

1. 行政調解行為之定位：為避免眾說紛紜，造成對行政調解機制之傷害，行政機關所辦理之行政調解行為，亟需予以明確定位，並建議統一定位為行政指導性質之行政行為。

2. 行政調解法令之周延：除鄉鎮市調解條例、公害糾紛處理法、勞資爭議處理法外，目前行政調解相關法令均甚為簡略，實有加以檢討充實規定之必要。

3. 其他相關法令之周延：行政調解屬於行政指導，行政程序法有關行政指導規定亦甚為簡略，允宜配合修正[138]。

---

[138] 陳春生，我國行政程序法實施週年之現狀與未來，載：當代公法新論（中）……翁岳生教授七秩誕辰祝壽論文集，頁 461，2002 年 7 月。陳春生建議行政程序法第 165 條增列第 2 項「相對人對行政機關所為之行政指導，依客觀情況判斷已別無選擇之餘地，並因此受有損害時，行政機關之行為，視為公權力之行使。」、第 3 項「行政機關對不特定人提供資訊或發布訊息，因故意過失造成人民權益受損者，視為公權力之行使。」

第二章　行政調解在制度設計上之比較

——以消費爭議調解為中心[*]

前　言

　　調解為解決爭端，避免訴訟的方法，本質上係屬於訴訟外的解決爭議的一種處理機制，對於紛爭之處理有其一定的功效，目前在我國社會上所存在的各種調解委員會，或多或少均已發揮其應有的功能。消費爭議調解亦屬於行政調解之一種，筆者擬以消費者保護法所規定之消費爭議調解制度為主要論述說明，並持與其他各式各樣的行政調解及法院調解，就各種調解在制度上之設計，加以比較、分析及探討。

　　消費者保護問題在產業革命發生後，即逐漸萌芽，並不是現在才有的問題，只是不為當時所重視而已。直至 1962 年美國總統甘迺迪致國會特別咨文中，明白揭示消費者四大權利：求安全的權利、明瞭事實真相的權利、自由選擇的權利及意見受尊重的權利後，始蔚為世界潮流。另外，為解決消費者受害求償無門的困境，美國尼克森總統並於 1969 年提出消費者有求償的權利，以落實保障消費者的權益。由於消費爭議事件係屬私權糾紛性質，過去發生消費爭議時，受害的消費者不是向法院起訴，就是向鄉鎮市調解委員會聲請調解。惟根據學者研究結果[1]，認為在

---

[*]　本文原為〈消費爭議調解與其他調解在制度上之比較〉，刊載於消費者保護研究第十輯，民國 93 年 12 月，頁 1 至頁 72，行政院消費者保護委員會編印。

[1]　詹森林、馮震宇、林明珠合著《認識消費者保護法》，行政院消費者保護委員會印行，中華民國 84 年 2 月出版，頁 143 及 144。認為當時現存的救濟管道不足之理由，主要係因為消費者申訴時，企業經營者常以卸責之詞推諉，導致爭議無法獲得妥適解決；而消費者如逕向法院提起訴訟，常又因訴訟程序冗長、費用不貲，且結果又難以預期，致令消費者常望而卻步；加以消費者

消費者保護法施行前，消費者因消費而受害，經過消費者據理力爭，並因而獲得合理賠償者，並不多見。究其根本原因，乃在於消費者苦無迅速有效之救濟管道。

因此，民國 83 年 1 月 11 日公布施行的消費者保護法（以下簡稱消保法），為落實消費爭議之處理，亦另外規定特別創設了消費爭議調解制度，希望從訴訟外建立一種處理機制，俾有效保障消費者權益。消保法部分條文業經總統於 92 年 1 月 22 日修正公布，本次局部修正之重點，除檢討修正現行不合時宜之規定外，係以提升消費爭議案件之調解功能，作為修正之主軸。就整個架構分析，消費爭議調解制度有三大支柱，缺一不可；其中「消費者保護法」提供調解制度之主要法源依據、「直轄市縣（市）消費爭議調解委員會設置要點」提供調解組織運作之依據、「消費爭議調解辦法」則提供調解進行程序之依據，構成了一個完整的消費爭議調解制度。

本文擬針對消費爭議調解與其他調解在制度上之比較予以論述。一般而言，一個制度之設計，基本上一定離不開人、事、時、地、物等五個要素，行政調解制度當然亦不能例外。不過，因受篇幅所限，僅選擇其中比較重要的部分——行政調解之當事人（人）、行政調解之事件（事）、行政調解之時序上定位（時）、行政調解之管轄（地）、行政調解之費用（物）等內容，分別加以論述。

壹、行政調解在當事人方面之比較

人類所有的制度，可以說都是為了人類自己的需要所設計，因此絕對離不開「人」的要素，而且具有舉足輕重的地位。在調解制度當中，調解的法律關係是以「當事人」為其主體，而且是只有在確定當事人之

不願增添麻煩，多以所受實質損害微薄，求償多無實益，因此消費者常會自甘損失。

意義及其範圍下，始能有效運用程序法之相關規定，當然具有舉足輕重之地位。

　　行政調解程序既然是屬於行政程序之一種，則行政調解之當事人，既然是屬於行政機關之行為，原則上應從行政調解之特別法令或行政程序法規定作為解釋上之依據，惟在該等法令未有規定時，引用民事訴訟法有關法院調解規定或實務經驗及學者見解，作為類推適用或援為法理予以解釋，俾期行政調解之圓滿運作，因本質上均屬於調解性質，在理論上或實務運作上似亦應無不可。

　　行政調解在當事人方面，本節擬分就行政調解之當事人、當事人能力、當事人適格及當事人調解能力等予以討論如後。

一、行政調解當事人之比較

　　當事人，有最狹義、狹義與廣義之分。最狹義的當事人，僅指該法律關係之主體而言；狹義的當事人，尚包括具有利害關係之「參加人」在內，一般以「參與人」稱之[2]；廣義的當事人，則更擴大包括具有協助性質之「代理人」及「輔佐人」在內。本文所謂的當事人，如無特別說明，原則上係僅指最狹義的當事人而言。所謂調解之當事人，係指作為特定調解關係之主體，以自己之名義，請求法院或行政調解機關保護其權益之人及其相對人。因其係以自己之名義為之，故調解結果之效力，即應歸於自己去承受，不應及於他人。調解之當事人，原則上應為對立之兩造。無論是民事訴訟、刑事訴訟、行政訴訟或是行政程序，原則上

---

[2]　蔡茂寅、李建良、林明鏘、周志宏合著《行政程序法實用》，2001年第二版，學林文化事業有限公司出版，頁52。行政程序上之當事人原則上係指狹義人民一方之「當事人」與「參加人」二種，學說上常以「參與人」（Beteiligte）以說明當事人之意涵。另外，吳庚著《行政法之理論與實用》，民國90年8月增訂七版，三民書局總經銷，頁519，當事人及相關之當事人能力、行政程序行為能力皆是來自訴訟法上之概念，有其相當嚴格之涵義，故立法例上有放棄當事人一辭，另創參與人者，亦有以法條區分為當事人及參與人者。

均應有兩造當事人（原告及被告、行政機關及人民）存在，且亦應以有爭訟性為前提要件，如兩造並無爭議，即無提起之必要性，行政調解亦不例外。因此，行政調解應具有兩造而對立之當事人。

　　調解之法律關係為何，雖然眾說紛紜[3]，惟無論其持何種學說，也無論其為法院調解或其他行政調解，因為法院或行政調解機關在該調解法律關係中，就其調解主體而言，固與當事人同，惟因係保護私權之司法機關或協助保護私權之行政機關，而非要求保護之人或其相對人，故應非當事人[4]，則尚無不同看法。至所謂調解當事人為調解之主體者，非指其為調解標的之主體，而係指其為調解程序之主體。當事人既屬調解程序之主體，亦即為民事訴訟法或其他行政調解特別法上調解法律關係之主體，故民事訴訟法或其他行政調解特別法上之調解法律關係，自應以當事人為準[5]。

（一）行政調解之當事人

　　有關行政調解當事人之問題，其處理依據及順序如下：
　　1. 首先適用行政調解特別法令規定

---

[3]　陳計男著《民事訴訟法論（上）》，三民書局發行，民國83年9月初版，頁79。訴訟繫屬後，當事人及法院相互間，在訴訟法上形成一種權利義務關係──訴訟法律關係，此種訴訟法律關係存在於法院與原告、法院與被告及原告與被告之間，屬三面的法律關係，而當事人即其主體中之一。（訴訟法律關係說又分為一面法律關係說、二面法律關係說及三面法律關係說，通說採三面法律關係說）。

[4]　王甲乙、楊建華、鄭健才著《民事訴訟法新論》，民國69年10月修訂11版，三民書局總經銷，頁45。法院在其為訴訟主體言，固與當事人同，但為保護私權之機關，而非要求保護之人或其相對人，此則與當事人有異。又從參加人、證人、鑑定人等雖參與訴訟程序，然非要求保護自己私權之人或其相對人，故亦非當事人。

[5]　同前註，頁46。所謂當事人為訴訟之主體者，非指其為訴訟標的之主體，而指其訴訟程序之主體也。當事人既屬訴訟程序之主體，亦即為訴訟法上法律關係之主體，故訴訟法上之法律關係自應以當事人為準。

　　一般而言，行政調解特別法令均會就該行政調解之當事人予以明定，自應逕依該規定辦理。例如鄉鎮市調解、建築爭議處理、不動產爭議調處、著作權爭議調解、公害糾紛調處、九二一災區不動產爭議調處、拒絕離機爭議調解、積體電路電路布局權爭議、勞資爭議調解、耕地租佃爭議調解、消費爭議調解、採購履約爭議調解、醫療糾紛調解等對立之兩造當事人，在各該行政調解法令上均有明定。

2. 其次補充適用行政程序法規定

　　如果行政調解特別法令未規定時，則應依行政程序法規定予以補充適用。行政程序法第 20 條規定所稱之當事人，包括：

(1) 申請人及申請之相對人：係指權利或利益受申請事項影響之人，包括申請人及其相對人等，均使其具有當事人之地位。

(2) 行政機關所為行政處分之相對人。

(3) 與行政機關締結行政契約之相對人。

(4) 行政機關實施行政指導之相對人。

(5) 其他依行政程序法規定參加行政程序之人：只要參加行政程序，權益即有可能受到影響，故使其具有當事人之地位。此之當事人係採狹義的當事人，包括參與人在內。

　　行政調解之當事人，由於行政調解特別法令已有明定，故而甚少有行政程序法規定補充適用之餘地。尤其是行政程序法第 20 條所規定之當事人，其對立之兩造，主要係指該行政機關與其相對人（行政公權力行使之對象），與行政調解之當事人，該對立之兩造純屬一般人，並不包括行政調解機關在內不同，在補充適用時應特別注意。

　　另外，雖然行政程序法所規定之當事人，較多偏僅指人民一方之當事人，惟並未否認另一方當事人（相對人）之存在[6]。不過，

6　同註2。認為行政程序法所規定之當事人較多偏指人民一造之當事人。

從行政程序法第 20 條所規定對當事人之定義，其範圍似應以「人」為限，無論是申請人、相對人或是參加人，均為「人」。問題在於這個「人」，到底有無特別之意義或限制。筆者以為這個「人」，應該是指在法律上能為行為之「人」，無論是實體法上之行為或程序法上之行為，均屬之，與一般所謂法律上之「人格」，係僅指實體法上權利義務之主體（自然人及法人），仍有不同。

3. 最後類推適用或改以法理方式適用民事訴訟法規定

在法院調解方面，調解規定既經納入民事訴訟法予以規定，自屬民事訴訟法之一部分，由於民事訴訟法中有關調解規定之條文，仍沿用「當事人」一詞，並未加以任何特別的定義，在解釋上應與民事訴訟之當事人同義，因此其對立之兩造當事人，包括原告（聲請人）及被告（相對人）。

行政調解之當事人，除了行政調解特別法令已有明定外，行政程序法亦予相當的補充規定，故而甚少有民事訴訟法規定類推適用之餘地。另外，有關聲請事件，因非屬嚴格意義之民事訴訟事件，不以有對立之當事人存在為必要，故有時未有對造[7]，但調解之「聲請」，旨在疏減「訟」源，該事件實與訴訟事件相當，仍應有對立之當事人存在，故雖以「聲請」方式為之，實與一般聲請事件不同，換句話說，調解不宜使用「聲請」一詞，併此敘明。

（二）行政調解當事人之比較

行政調解制度，通常均隨行政主管機關之權限及行政特別目的而有其一定之特殊性，除鄉鎮市調解制度係屬於一般綜合性之行政調解制度外，其餘行政調解制度均屬特別之行政調解制度，其當事人即受其特別

---

[7] 同註 2，頁 80。聲請事件，非嚴格意義之民事訴訟事件，不以有對立之當事人存在為必要，故有時未有對造。

行政調解法令之規定而有一定之限制。消費爭議調解制度亦屬特別行政調解之一種。

1. 消費爭議調解亦有對立之兩造當事人

消費爭議調解制度，旨在調解消費爭議事件。所謂消費爭議，依消保法第 2 條第 4 款規定，係指消費者與企業經營者間因商品或服務所生之爭議。因此，消費者對其向企業經營者所購買的商品或服務，在契約方面例如因為品質不佳、價錢太高、服務不好等，而與企業經營者有所爭執；或是在使用方面例如產品或服務有瑕疵，造成消費者受害等，而與企業經營者有所爭執，以上這些爭議，就是消保法所謂的消費爭議。消費爭議調解因受消保法規定以消費者與企業經營者等二個主體間之爭議為限，其對立之兩造當事人有消費者與企業經營者身分之限制，故二方如均為消費者或企業經營者，即不得聲請消費爭議調解。

2. 非具有特別身分不得作為消費爭議調解之當事人

消費爭議調解之當事人兩造，一定要分別具有「消費者」與「企業經營者」的身分，與鄉鎮市調解之當事人，無須具有一定的身分不同，凡此係因爭議之事件是否必須具有一定的身分所致，尚可分類如下。如應具有一定身分而未具有者，則可能造成後述之當事人不適格問題。

(1) 兩造當事人，無須具有一定的身分之行政調解：一般行政調解，其當事人以無需具有一定身分為原則。例如鄉鎮市調解（聲請人與相對人）、建築爭議處理（聲請人與相對人）、不動產爭議調處（聲請人與相對人）、著作權爭議調解（著作權人與侵害人）、公害糾紛調處（受害人與加害人）、九二一災區不動產爭議調處（聲請人與相對人）、拒絕離機爭議調解（乘客與航空器運送人）、積體電路電路布局權爭議（電路布局權人與侵害人）等，屬之。

(2) 兩造當事人，必須具有一定的身分之行政調解：特別爭議事件之行政調解，兩造當事人在該特別事件中必須具有一定的身

分，例如勞資爭議調解（勞工或勞工團體與雇主或雇主團體）、耕地租佃爭議調解（耕地之承租人與出租人）、消費爭議調解（消費者與企業經營者）、採購履約爭議調解（廠商與機關）、醫療糾紛調解（病人與醫事人員或醫療機構）等，屬之。

二、行政調解當事人能力之比較

所謂當事人能力，係指得作為程序法律關係主體的法律上資格[8]，即對於各該程序法上之各種效果，作為享受權利負擔義務主體之資格，故當事人能力原則上應以權利能力為其基礎。若當事人不具備當事人能力時，即不得作為民事訴訟、行政程序或調解程序之主體。事實上，當事人能力為一抽象之能力，與具體訴訟事件或具體調解事件之內容無關。故決定當事人能力之有無，並非實體法上問題，而是訴訟法等程序法上之問題。

關於當事人能力之類型，一般均分為下列二種：

1. 實質的當事人能力：有實體法上之人格（即權利能力）者，有訴訟法上之當事人能力，當然也有調解之當事人能力。
2. 形式的當事人能力：雖無實體法上之人格（即權利能力）者，但依程序法之規定，認其有當事人資格者。此係基於實務上之需要，所賦予之當事人能力，多係基於程序法律之特別授與規定發生。

（一）行政調解之當事人能力

有關行政調解當事人能力之問題，其處理依據及順序如下：

---

[8] 同註 2，《行政程序法實用》，頁 53 及 54。所謂當事人能力，係指得作為程序法律關係主體的法律上資格而言，此種法律上之資格原則上以具有「權利能力」為要件，但包含「部分權利能力人」在內（例如：獨資營利事業，合夥營利事業等）。

1. 首先適用行政調解特別法令規定

　　一般而言，行政調解特別法令雖均會就該行政調解之當事人予以明定，但關於當事人能力方面，不管是一般的鄉鎮市調解，或是其他的特別行政調解，包括勞資爭議調解、耕地租佃爭議調解、建築爭議處理、不動產爭議調處、著作權爭議調解、公害糾紛調處、消費爭議調解、採購履約爭議調解、積體電路電路布局權爭議、九二一災區不動產爭議調處、拒絕離機爭議調解、醫療糾紛調解等，均未予以明文規定，原則上不予規定，而係採準用或補充適用或類推適用之方式辦理。

2. 其次補充適用行政程序法規定

　　依行政程序法第 21 條規定觀之，行政程序法之所稱具有行政程序之當事人能力，包括：

(1) 自然人：依民法第 6 條「人之權利能力，始於出生，終於死亡」規定，只要是自然人，在生存期間，均因具有權利能力，當然也具有當事人能力，皆享有行政程序當事人之主體適格。所謂「死亡」，解釋上當然包括「死亡宣告」在內。至所謂「自然人」，原則上不分「本國人」或「外國人」，只要是生存之個人均屬之。

(2) 法人：民法第 6 條「人之權利能力，始於出生，終於死亡」所規定之「人」，事實上包括「自然人」及「法人」在內。因此只要是在法人存續期間，均因具有權利能力，當然也具有當事人能力，皆享有行政程序當事人之主體適格。所謂「法人」，亦不分「本國法人」或「外國法人」，只要是獲得我國合法登記而存續之法人，均屬之。

　　另外，法人亦可因其成立之法律依據為「公法」或「私法」之不同，而有所謂「公法人」及「私法人」之別。私法人之權利能力悉依民法相關規定，公法人之權利能力則依成立公法依據之規定，只要是具有「法人」之資格，依照行政程序法第 21 條第 2 款規定，即可享有行政程序上之當事人能力，惟為避免

與本條第 4 款「行政機關」規定重疊，該行政機關應以未具有
公法人資格為限。

(3) 非法人之團體設有代表人或管理人者：未取得法人資格之團
體，即屬非法人之團體。非法人之團體雖無權利能力，然日常
用其團體之名義為交易者比比皆是，民事訴訟法第 40 條第 3
項為應此實際上之需要，特規定此等團體設有代表人或管理人
者，有當事人能力（50 台上 2719）。行政程序法亦以「非法人
團體以該團體名義參與行政程序者，亦所常見，為符實際需要，
宜使該團體得以其名義為行政程序之當事人」為理由，於行政
程序法第 21 條第 3 款予以明定。

(4) 行政機關：行政機關依行政程序法第 2 條第 2 項規定，包括下
列三種從事公共事務，具有單獨法定地位之組織。且此之所謂
「行政機關」，在實務上，通常係以是否具有獨立之組織法令依
據及獨立之預算作為判斷標準[9]，否則即屬行政單位，不具有行
政機關之資格。

① 代表國家表示意思之行政機關：即中央行政機關。

② 代表地方自治團體表示意思之行政機關：即地方行政機關。

③ 代表其他行政主體表示意思之行政機關：即除前兩款以外之
其他行政機關，此為概括條款性質，以免掛一漏萬，惟事實
上甚為罕見。

(5) 其他依法律規定得為權利義務之主體者：為符合目前時代進步
及社會多權樣化之需求，避免過度僵化，故在前四款列舉之外，
再為此概括條款之規定，以免掛一漏萬。惟當事人能力必須法
律規定才能享有之原則，則絲毫未變。

---

[9]　同註 2，吳庚著《行政法之理論與實用》，頁 168，提出建構行政機關判斷之
三項標準為（一）有無單獨之組織法規、（二）有無獨立之編制及預算、（三）
有無印信；另外，《行政程序法實用》，頁 55 及 56，亦說明在實務上判斷是否
具有「單獨法令地位」，常以是否具有獨立預算（含獨立分預算在內）、獨立
組織法令與機關大印為基礎。

3. 最後類推適用或改以法理方式適用民事訴訟法規定

　　事實上，在行政程序法未公布施行之前，所有行政調解有關當事人能力問題，向均類推適用民事訴訟法相關規定或法院實務或學者見解予以處理，茲因行政程序法業已公布施行，行政調解既屬行政行為，自應先以行政程序法規定補充適用，有不足時，再類推適用民事訴訟法規定為宜。

(1) 自然人方面

　① 外國人之當事人能力問題：基於國家政策上之需要，世界各國通常均對外國人在國內之權利能力加以法令上之限制，已成通例。外國人在法令限制內有權利能力時，當然有當事人能力，但是外國人在法令限制外所引發之紛爭，有無當事人能力？學者間即有爭議，有認無當事人能力者、有認僅有被告當事人能力者、有認有當事人能力者，僅生實體上之請求有無理由問題，難謂該外國人無當事人能力，而不得為訴訟之主體[10]，筆者認為外國人為「自然人」，依行政程序法第21條第1款規定，原則上即應享有當事人能力，至於法令就其權利能力予以限制部分，僅生當事人是否適格問題，故應以第三說為當。

　② 胎兒之當事人能力問題：胎兒因尚未出生，所以不屬於民法第6條規定「人」之範圍，雖然民法第7條特別規定「胎兒以將來非死產者為限，關於其個人利益之保護，視為既已出生」，但終究與「人」有所不同，無法等同視之。為避免爭議，民事訴訟法第40條第2項即明文規定胎兒具有訴訟當事人能力，但是行政程序法並未作類似特別規定，即成問題[11]。事

---

[10] 同註3，頁85。外國人就法令限制外之紛爭，有無當事人能力？學者有認無當事人能力者。……陳計男教授認為，僅生實體上之請求有無理由問題，難謂該外國人無當事人能力，而不得為訴訟之主體。

[11] 同註2，《行政程序法實用》，頁54。有關「胎兒」是否亦享有「當事人能力」即有疑問，因為法律係以「自然人」而非「權利能力」為規範文字，亦與

實上雖然在一般行政行為很少涉及胎兒之權益問題，但是作為疏減訟源之調解，尤其是行政調解，實在無法避免面對此項問題，筆者以為由於相關行政法令並未有所規定，此時無妨準用或類推適用民事訴訟法有關調解之相關規定，賦予胎兒亦有當事人能力，以謀補救為宜[12]。

(2) 法人方面：在此需要討論的是，外國法人如同外國人，世界各國通常均對其在國內之權利能力加以法令上之限制，已成通例。外國法人在法令限制內有權利能力時，當然有當事人能力，但是外國法人在法令限制外所引發之紛爭，有無當事人能力？學者間亦有爭議，有認無當事人能力者、有認僅有被告當事人能力者、有認有當事人能力者，僅生實體上之請求有無理由問題，難謂該外國法人無當事人能力，而不得為訴訟之主體[13]，筆者認為外國法人為「法人」，依行政程序法第 21 條第 2 款規定，原則上即應享有當事人能力，至於法令就其權利能力予以限制部分，僅生當事人是否適格問題，故應以第三說為當。

(3) 非法人團體方面：由於非法人团体一詞並非行政程序法所創，故在適用時宜參採民事訴訟法相關之解釋或判例。因此，所謂非法人之團體而有代表人或管理人者，必須有一定之名稱及事務所或管理所，並有一定之目的及獨立之財產者，始足當之（64台上 2461）。即使是未經認許其成立之外國法人，雖不能認其為法人，然仍不失為非法人之團體。惟此乃程序法對非法人團體認其有形式上之當事人能力，尚不能因之而謂非法人團體有實體上之權利能力（67 台上 865）。分公司：係總公司分設之獨立機構，就其業務範圍內之事項涉訟時，自有當事人能力（40

民事訴訟法第 40 條第 2 項規定「胎兒，關於其可享受之利益，有當事人能力。」不同，是否可以「類推適用」民法或民訴之相關規定，不無爭議。

[12]　同前註，陳清秀教授認為得類推適用民法規定。

[13]　同註 11。

台上 105），惟不得執此而謂關於分公司業務範圍內之事項，不得以總公司名義起訴（66 台上 3470）。

（二）行政調解當事人能力之比較

由於消費爭議調解之特別法令與其他行政調解之特別法令一樣，對於有關調解當事人能力並未加以明文規定，只存在補充適用順序之問題，在理論及實務上並無太大之不同，故並無加以特別比較之必要，爰予從略。

三、行政調解當事人適格之比較

當事人能力係屬對一般事件享有當事人抽象資格而已，在個別事件中仍應探討其是否為享有真正的當事人能力，此即所謂當事人適格問題。對於這個問題，首先要確定誰要作為當事人，即當事人之確定，其次才來探討其是否為真正的當事人，即當事人適格問題。原則上，當個別事件繫屬於某一法院或行政機關時，該兩造當事人即可確定，如果發生有任何一造當事人無法確定時，基於事件須有兩造爭議性原則，該事件即無提起之必要。

關於當事人之確定，因係由原告或聲請人提起，故在原告或聲請人之當事人方面，原則上應已確定，所成問題者即為其相對人之當事人為誰？事實上此一問題，在行政程序上要比訴訟程序來得單純，因為只要是由某一具體行政行為之相對人提起者，原則上為該行政行為之行政機關即為該事件之相對人；惟在行政調解事件上，則因行政機關尚未為此行政行為，且因行政調解機關非為此一事件之當事人，加以行政調解事件本質上類似訴訟事件，聲請人只是在要求行政調解機關就當事人兩造之爭議進行行政調解，並非就某一當事人加以具體之行政處分，故會發生如同訴訟事件相對當事人難以認定之問題，如何處理，亦值重視。

（一）行政調解之當事人適格

有關行政調解當事人適格之問題，其處理依據及順序如下：

1. 首先適用行政調解特別法令規定

經查各種行政調解法令雖對此均未明文規定，但就各個行政調解事件之特性而言，事實上均存在當事人適格問題，除了一般行政調解之當事人，必須具有一定之利害關係，始為適格外，在雙方當事人均須具有一定之身分者，例如耕地租佃爭議調解，雙方當事人就必須具有佃農（耕地承租人）與地主（耕地出租人）之身分時，更是特別明顯，惟均只能以個案方式探討該當事人是否適格。醫療糾紛處理法草案第3條明定其雙方當事人如下：

(1) 病人方面之當事人適格範圍：病人及病中死亡時之配偶、直系血親或3等親內旁系親屬。

(2) 醫事人員方面之當事人適格範圍：以依法領有專門職業證書之醫事人員為限，故不包括密醫在內。

另外，法務部在研擬中之「鄉鎮市調解條例修正草案」，為擴大民事、刑事糾紛之解決機制，有效疏減訟源，除當事人聲請者外，增列法院及檢察署得主動移付或轉介調解之機制[14]，減輕法院及檢察署之負擔。

2. 其次補充適用行政程序法規定

---

[14] 法務部91年7月8日法律字第0910700337號函及附件「鄉鎮市調解條例修正草案總說明」。說明現行鄉鎮市調解條例規範調解之事件，為民事事件及告訴乃論之刑事事件，並以當事人聲請者為限。為加強推展調解業務，擴大民事、刑事糾紛之解決機制，協助訴訟當事人息紛止爭，並有效疏減訟源，減輕法院及檢察署之負擔，爰增而除當事人聲請者外，法院及檢察署得主動移付或轉介之機制，第一審法院得裁定移付調解委員會調解之屬於民事訴訟法第403條第1項規定之強制調解事件、適宜之刑事附帶民事訴訟（包括上訴審所提起者）及其他適宜調解之民事事件（草案第13條）；檢察官於偵查中，對告訴乃論之刑事事件，得移付調解委員會調解；對涉及民事賠償或給付事項之非告訴乃論刑事事件，得經當事人之同意，轉介調解委員會調解（草案第14條）。

行政程序法第 20 條所規定之當事人，亦屬當事人適格之規定，應予個案探討，不另贅述。

3. 最後類推適用或改以法理方式適用民事訴訟法規定

民事訴訟事件，在當事人確定後，關於訴訟標的之權利或法律關係之存否，在何人（原告）與何人（被告）間予以解決，始為適當且有意義問題，即為當事人適格問題。可知當事人適格，係指於具體的訴訟，得以自己之名義為原告或被告之資格，因而得受本案之判決而言。就具體訴訟有當事人適格者，亦稱之為真正當事人。包括①適格的原告（具備該具體訴訟原告資格者，又稱積極的當事人適格）及②適格的被告（具備該具體訴訟被告資格者，又稱消極的當事人適格）二者。至如何決定一具體訴訟其當事人是否適格？民事訴訟法未有明文規定。在行政調解事件，亦存在此一問題，雖然行政程序法草案曾就此加以規定，後遭刪除[15]，現行之行政程序法對此並未明文規定。有關當事人之適格與否，仍應按實體法及程序法之種種規定決之[16]。

事實上，當事人能力係僅就一般訴訟事件或一般行政調解事件，抽象地有無為當事人（原告或被告、聲請人或相對人）資格之決定，有當事人能力人，於各個具體程序中，可否為正當之當事人而受本案之判決或行政調解成立，仍應由其是否為適格之當事人來決定。在行政調解之特別法令中，通常均具有特別之行政目的或因受到特別行政權限所致，對行政調解雙方當事人之資格常加以特別之限制，以避免侵害其他行政機關之權限。例如消費者保護法第 44 條規定，消費者就消費申訴案件得聲請消費爭議

---

[15] 法務部印行「行政程序法草案各方意見及處理情形一覽表」，民國 83 年 4 月，頁 39。行政程序法草案第 17 條：「本法所稱之當事人如左：一、申請人與相對人。二、行政機關所為或將為行政處分之相對人。三、行政機關已與或將與其締結行政契約之相對人。四、行政機關實施行政指導之相對人。五、對行政機關陳情之人。六、依法參加行政程序之人。」

[16] 同註 4，頁 52。當事人適格與否，應按實體法及訴訟法之種種規定決之。

調解，即應依該規定決定聲請人是否具有消費者身分，否則即屬
聲請之當事人不適格；如果被聲請之相對人不具有企業經營者身
分時，依消費關係之定義，即不具有被聲請相對人之適格。

　　因此，行政調解事件應比照民事訴訟事件模式，不問行政調
解程度如何，行政調解機關於行政調解中應隨時依職權調查，如
發現有當事人不適格之情形，無庸命補正，即得以行政調解之聲
請欠缺調解要件而予駁回[17]。由於行政調解特別法令及行政程序
法均未規定，筆者爰參考在民事訴訟上既有之學說內容，加以整
理修正為下列三說：

(1) 意思說：以民事訴訟起訴時或行政調解事件調解聲請時，當事
　　人之意思為認定標準，認應以訴訟原告或調解聲請人所希望作
　　為相對人之人為當事人。

(2) 行動說：以民事訴訟時或行政調解時，實際為訴訟行為或行政
　　調解之人為認定標準，認應以訴訟上實際為訴訟行為或調解行
　　為之相對人為當事人。

(3) 表示說：以訴訟起訴時或行政調解聲請時，當事人在訴狀或行
　　政調解聲請書上之表示之人為認定標準，認應以訴訟之訴狀或
　　行政調解書上所表示之相對人為當事人。

　　對於以上三說，在民事訴訟之通說及實務上，原則上係採表示說，筆
者基於訴訟之訴狀或行政調解之文書，均係屬確定之訴訟或調解文書，有
其法定之拘束力，其重要內容原則上不應由受理之法院或行政調解機關任
意加以更易，如有必要，仍應由當事人以修正文書方式為之，亦贊同行政
調解事件亦應採此通說，惟學者間另有折衷說[18]，可供實務上參考。

---

[17]　同註 3，頁 99。不問訴訟程度如何，法院於訴訟中應隨時依職權調查，如發
　　現有當事人不適格之情形，無庸命補正，即得以原告之訴欠缺訴訟要件而予
　　駁回。

[18]　同註 3，頁 82。陳計男教授則以為應就具體個案由訴訟經濟之觀點分別檢討，
　　不可拘泥於某一學說。同註 4，頁 47。王甲乙等學者提出日本學說原則上採

（二）行政調解當事人適格之比較

1. 消費爭議調解之當事人，必須具有一定之身分始為適格

一般的行政調解，例如鄉鎮市調解，只要對於紛爭有調解意願之兩造，均為當事人，原則上均無當事人身分上之限制。但是消費爭議調解之當事人，依照消保法規定必須要有身分上之限制。由於消費爭議係存在於消費者與企業經營者之間，故消費爭議調解之兩造當事人，均須分別具有「消費者」或「企業經營者」之身分，如果兩造當事人是「消費者」與「消費者」，或是兩造當事人是「企業經營者」與「企業經營者」，則因非屬消費爭議，自然不得聲請消費爭議之調解。如果勉強聲請消費爭議之調解，則屬當事人不適格，應予不受理或駁回。

與消費爭議調解有類似身分限制之行政調解，例如勞資爭議調解（勞工或勞工團體與雇主或雇主團體）、耕地租佃爭議調解（佃農與地主）、消費爭議調解（消費者與企業經營者）、採購履約爭議調解（廠商與機關）、醫療糾紛調解（病人與醫事人員或醫療機構）等，亦均有此問題。之所以如此規定，其目的似在保護較為弱勢之一方當事人。

2. 消費爭議調解聲請之當事人，以消費者為限

一般的行政調解本於調解旨在解決紛爭，故只要是紛爭之一方當事人有調解意願，即可聲請調解，原則上並不加以任何限制。但是消費爭議調解聲請之當事人，依照消保法規定以消費者為限。

消費關係之主體，雖然含括消費者及企業經營者，但消保法有關消費爭議之處理規定，主要在照顧居於弱勢的消費者，為落實保障其應有的權益，除了就其當事人身分加以一定之限制外，更進一步規定，無論是申訴或調解，均以消費者作為特別照護規

表示說，例外冒用他人姓名為訴訟時，始採行動說。

定之權利主體，企業經營者及消費者保護團體均不得為之。如果是非消費者申請消費爭議調解者，消費爭議調解委員會依法可以當事人不適格之理由不予受理。另外，依消保法第 7 條第 3 項規定受害之第三人，雖亦得請求損害賠償，但因受限於消保法第 44 條僅「消費者」可以申請消費爭議調解之規定，因第三人並非消費者，故而不得以第三人名義自行申請消費爭議調解；惟可以具有利害關係之名義參加消費爭議調解，亦可利用鄉鎮市調解以爭取權益。另外，作為消費爭議調解另一造當事人之企業經營者，同樣尚有循鄉鎮市調解途徑可供利用，但有異說[19]。雖然該等人員之調解權益並未因之受到太大的限制，惟是否與調解之本質及目的相符，均有待進一步研究。

迄至目前為止，筆者尚未查出與消費爭議調解有類似限制規定之行政調解。茲需進一步探討者，乃此種法律規定有無違憲問題。行政調解並未侵害司法權，由於牽涉範圍太廣，筆者將另文加以討論。在此要特別討論的是有無侵害平等權問題。

我國憲法第 7 條規定：「中華民國人民，無分男女、宗教、種族、階級、黨派，在法律上一律平等。」旨在保障人民在法律上地位之實質平等，並不限制法律授權主管機關，斟酌具體案件事實上之差異及立法之目的，而為合理之不同處置（釋 211）。另行政程序法第 6 條：「行政行為，非有正當理由，不得為差別待遇。」旨在促使行政權之行使，不論在實體或程序上，均應避免不當之差別待遇。簡言之，只要有正當理由，且為合理之不同處置設計，即既不違憲亦不違法。筆者認為：消費爭議調解屬於一種行政調解權，屬於我國憲法第 22 條規定：「凡人民之其他自由及權利，不妨害社會秩序公共利益者，均受憲法之保障。」之權利，在消保法上加以此種限制規定，旨在提昇消費者之地位，進而促進雙方當事人之實質地位平等，符合憲法第 7 條規定之精神；具有保障弱勢消

---

[19] 廖義男教授認為企業經營者亦可以聲請消費爭議事件之調解。

費者權益特定行政目的之正當理由，雖對企業經營者給予特別限制之差別待遇，但因另有管道提供企業經營者使用，且行政調解之結果仍需受法院審核，亦符合行政程序法第 6 條規定之要求，屬於為維持社會秩序或增進公共利益必要之法律規定，亦符合憲法第 23 條之規定要件，故並不違憲。

四、行政調解當事人調解能力之比較

　　民事訴訟事件在當事人適格後，即應進一步討論該適格當事人有否訴訟能力，才能使該訴訟順利進行下去。所謂訴訟能力，係訴訟法上之行為能力，即當事人有效得為或得受訴訟行為之能力。依民事訴訟法第 45 條規定，只要能獨立以法律行為負義務者，該人即有訴訟能力。訴訟能力規定之目的，旨在確保訴訟當事人所為法律行為之效力。

　　同樣地，行政調解事件在當事人適格後，亦應進一步討論該適格當事人有否調解能力，才能使該行政調解順利進行下去。因此，所謂行政調解之調解能力，即當事人有效得為或得受行政調解行為之能力。調解能力之規定目的，旨在確保行政調解當事人所為法律行為之效力。

（一）行政調解之當事人調解能力

　　有關行政調解當事人調解能力之問題，其處理依據及順序如下：

1. 首先適用行政調解特別法令規定

　　　　經查現有行政調解特別法令，對於調解能力之有關問題，除消費爭議調解辦法有所規定（詳見後述）外，餘均未明定，應有行政程序法相關規定之補充適用。

2. 其次補充適用行政程序法規定：

　　　　所謂行政程序法上之行為能力，參考民事訴訟法第 45 條規定，係指在行政程序上當事人獨立有效得為意思表示、得受意思表示、或得為其他法律行為之能力，有學者稱之為「動態性」

之程序能力[20]。為確保行政程序當事人所為之法律行為效力，行政程序法已針對行政程序當事人之行為能力加以明文規定，以免爭議。

為解決行政程序上當事人之行為能力問題，行政程序法第 22 條即就此加以規定，並於第 1 項明文規定有行政程序之行為能力者如下：

(1) 依民法規定，有行為能力之自然人，包括：

① 成年人：滿 20 歲為成年（民法第 12 條），成年人未受禁治產宣告者，均有完全的行為能力，因此應有行政程序上當事人之行為能力，當然也有行政調解當事人之調解能力。

② 未成年人已結婚者：未成年人已結婚者，有行為能力（民法第 13 條），惟此之未成年人仍應受民法第 980 條（男未滿十八歲、女未滿十六歲不得結婚）規定之限制，但已懷胎者不得請求撤銷（民法第 989 條）。

依民法規定非為有行為能力人，依行政程序法第 22 條第 1 項規定之反面解釋，即屬無行政程序上當事人之行為能力，包括：無行為能力人（滿七歲之未成年人及禁治產人，民法第 13 條及第 15 條），及限制行為能力人（滿七歲以上之未成年人，民法第 13 條），其所為之行政程序行為或行政調解行為，應屬無效[21]。不過，程序法上之無效行為，僅指其行為效果，將被排除或基於該行為之裁判將被廢棄之意[22]；與實體法上之無效

---

[20] 同註 2，《行政程序法實用》，頁 56。行政程序法上之行為能力，係指在行政程序上得有效為意思表示或接受意思表示或為其他法律行為（例如：為觀念通知）之能力，屬於「動態性」之程序能力。

[21] 同註 4，頁 62。訴訟行為係公法上行為，且其效果有時可及於當事人以外之第三人，為免因撤銷訴訟行為而生訴訟上不安定之情形，訴訟法上不承認訴訟行為撤銷之制度。

[22] 同註 3，頁 104。所謂訴訟行為之無效，僅指其行為效果，將被排除或基於該行為之裁判將被廢棄之意。

行為，係屬自始的、確定的、當然的、絕對的無效之情形不同，對於此等之人，行政程序法亦參考民事訴訟法第 47 條規定，於行政程序法第 22 條第 2 項明文規定，應由其法定代理人代為行政程序行為，以為解決。至於訴訟之法定代理及為訴訟所必要之允許，應依民法及其他法令之規定。

至於外國之自然人，在我國是否有訴訟能力、行政程序能力或行政調解能力？原則上均採肯定說，因為只要是自然人，原則上均應有此行為能力，惟因國情不同，其認定標準亦不一致。為避免引起爭議，民事訴訟法第 46 條：「外國人依其本國法律無訴訟能力，依中華民國法律有訴訟能力者，視為有訴訟能力」、行政程序法第 22 條第 3 項：「外國人依其本國法律無行政程序之行為能力，而依中華民國法律有行政程序之行為能力者，視為有行政程序之行為能力。」均予明文規定，以資作為解決之依據。

(2) 法人：關於法人有無訴訟上之行為能力問題，由於民事訴訟法並未明定法人有訴訟上之行為能力，導致學者間常因主張的學說[23]不同，而異其效果。實務上學者多主張「法人擬制說」，認為法人因非自然人，並無行為能力，自無訴訟能力，應由其董事基於代理關係，為法人為訴訟行為，此說可以司法院院字第 2936 號解釋為代表；至於實體法學者則多採「法人實在說」，認為法人本身即有行為能力，故亦有訴訟能力，由法人之機關董事代表法人為訴訟行為。行政程序法為解決此項問題，特別在第 22 條第 1 項第 2 款明定法人有行政程序上之行為能力，當然也有行政調解上之行為能力，不致再有爭議發生。此之法人，依照民法規定包括財團法人與社團法人在內。

---

[23] 同註 3，頁 103。略以：法人之行為能力，有法人擬制說及法人實在說兩種。實體法學者之通說，採法人實在說。至日本民事訴訟法第 58 條規定採法人實在說至為明顯。

(3) 非法人之團體由其代表人或管理人為行政程序行為者：關於非法人團體有無訴訟上之行為能力問題，由於民事訴訟法並未明定非法人團體有訴訟上之行為能力，導致學者認為非法人之團體，因在實體法上並無行為能力，自亦無訴訟能力[24]，應由其代表人或管理人基於法定代理關係代理其訴訟行為。此問題亦存在於行政程序行為上，為免爭議，行政程序法第 22 條第 1 項第 3 款明定，非法人之團體由有權代表之自然人為行政行為者，即有行政程序之行為能力，當然也有行政調解之行為能力。

(4) 行政機關由首長或其代理人、授權之人為行政程序行為者：行政機關為行政程序上之主體，在行政程序上常為相對之當事人，為期行政程序之順利運作，行政程序法第 22 條第 1 項第 4 款明定，行政機關由有權代表之人為行政程序行為者，即有行政程序之行為能力，當然也有行政調解之行為能力。

(5) 依其他法律規定者：如其他法律規定有行政程序之行為能力者，依特別法優先適用之原則，自亦應賦予其行為能力，為免爭議，行政程序法第 22 條第 1 項第 5 款明定，依其他法律規定者，即有行政程序之行為能力，從而亦有行政調解之行為能力。惟在此亟需加以說明者，本款屬概括條款性質，以避免掛一漏萬，另並補充說明實體法上及程序法上之行為能力，必須要有法律依據才能享有，不得由當事人自行創設。

3. 最後類推適用或改以法理方式適用民事訴訟法規定

　　由於行政程序法已就行政程序當事人之行為能力已予明定，自應先依該等規定補充適用，在民事訴訟方面可加以類推補充適用的部分，僅在於依民法規定，有行為能力之自然人方面，爰說明如後。

---

[24] 同註 4，頁 62。非法人之團體，實體法上並無行為能力，自亦無訴訟能力。

(1) 成年人方面：原則上成年人應有完全的行為能力，茲有問題者為該成年人因為老化或其他因素，影響及其行為能力，却又未達禁治產程度時，應如何加以保護？有無比照日本在民法上增列成年監護之保障規定，在老人社會即將到來之時，實是一個值得重視的課題。

(2) 未成年人已結婚者方面：該未成年人之婚姻狀態，尚可討論如下。

　① 離婚：未成年人一旦因結婚而有行為能力後，縱其後因離婚而離婚時尚未滿二十歲，亦不喪失行為能力，故其訴訟能力、行政程序能力或行政調解能力亦不受影響。

　② 婚姻無效或不成立：未成年人之婚姻如果是無效或不成立者，因為係屬自始即無合法婚姻存在，該未成年人自始即無法依此規定取得行為能力，當然也無訴訟能力、行政程序能力或行政調解能力。

　③ 婚姻被撤銷：未成年人之婚姻被判決撤銷者，該撤銷結婚之效力雖然不溯及既往（民法第 998 條），但該婚姻因違反婚姻法定要件規定，已被強制取消，與離婚之要件不同，其因而取得之行為能力，當然也會受到影響，其訴訟能力、行政程序能力或行政調解能力亦因而喪失[25]。

(3) 非法人團體：法人有財團法人及社團法人之分，非法人團體依民法規定亦有財團與社團之別；此之非法人團體是否包括財團及社團，德國以社團為限，日本則含括兩者，國內學者有主張應以社團為限，亦有主張兩者皆可，見解亦不一致[26]，筆者以

---

[25] 同註 3，頁 101。未成年人之婚姻經判決撤銷者，其行為能力受有影響，其訴訟能力亦因而喪失。

[26] 同註 3，頁 87 及 88。略以：德國民事訴訟法第 50 條第 2 項規定，僅無權利能力之社團有當事人能力；日本民事訴訟法第 46 條規定，不限於社團，尚包括財團；且不限於有被告之當事人能力，亦有原告之當事人能力。我國民事訴訟法用「非法人之團體」，是否包括財團及社團，學者通說及實務上意見亦

為條文上之用語既為「非法人團體」，並未加以限縮，且各有其
成立及存在之目的及功能，認同陳計男教授之見解，似無加以
作任何限縮解釋之必要。

(4) 其他

① 民法第 85 條第 1 項「法定代理人允許限制行為能力人獨立營
業者，限制行為能力人，關於其營業，有行為能力」規定，
實務上認經允許獨立營業之未成年人，就其獨立營業而涉訟
時，亦有訴訟能力。惟筆者認為：所謂關於其營業，其範圍
宜加以合目的性之限縮解釋為宜，因為「營業」應係指其業
務上之經營行為，原則上並未含括非屬業務之訴訟行為在
內，加以訴訟行為具有相當之專業技術性，即令一般成年人
亦無法勝任，何況是未成年人，故基於保障未成年人之權益
立場，本條規定不宜無限上綱，不宜因條文規定「有行為能
力」之文字，即認有訴訟能力、行政程序能力或行政調解能
力[27]。

② 民法第 77 條「限制行為能力人為意思表示及受意思表示，應
得法定代理人之允許。但純獲法律上之利益或依其年齡及身
分，日常所必需者，不必得法定代理人之允許」中之但書規
定，旨在處理限制行為能力人相關行為之法律效果，並非賦
予限制行為能力人之行為能力，如就該等行為發生爭議，
該限制行為能力人仍無訴訟能力、行政程序能力或行政調
解能力。

③ 民法第 83 條「限制行為能力人用詐術使人信其有行為能力
或已得法定代理人允許者，其法律行為為有效」之規定，旨

不一致。有認限於社團者，有認包括社團及財團者，陳教授認為無論是財團
或社團，似均可承認其有當事人能力。

[27] 同註 3，頁 102。實則訴訟行相當複雜具富有技術性，未成年人有能力獨立營
業，未必有能力實行訴訟，實不宜因條文中有「有行為能力」之文字，即認
有訴訟能力。

在處理限制行為能力人詐術行為之法律效果，並非賦予限制行為能力人之行為能力規定，如就該等行為發生爭議，該限制行為能力人仍無訴訟能力、行政程序能力或行政調解能力。

④ 民法第 84 條「法定代理人，允許限制行為能力人處分之財產，限制行為能力人就其財產有處分之能力」之規定，旨在處理限制行為能力人此等行為之法律效果，亦非關於行為能力之規定，如就該等行為發生爭議，該限制行為能力人仍無訴訟能力、行政程序能力或行政調解能力[28]。

（二）行政調解當事人調解能力之比較

消費爭議調解之調解能力問題，與其他行政調解規定不同之處為：

1. 針對未成年人，明定無消費爭議調解當事人之調解能力：未成年人依民法規定因不具有完全行為能力，故屬不能獨立以法律行為負義務者，依民事訴訟法第 45 條規定，並無訴訟能力，依法應由其法定代理人或向其法定代理人為之[29]。由於調解成立具有與法院確定判決同一之效力，故消費爭議調解辦法於 93 年修正時，比照民事訴訟法有關未成年人無訴訟能力之規定，於該調解辦法第 2 條增列第 2 項：「消費者為未成年人者，應由其法定代理人代為調解行為。」，規定必須由法定代理人代為調解行為，以有效保障未成年人之權益。

該調解辦法所謂之未成年人，筆者參考民事訴訟法相關規定，認為在解釋上並不包括未成年人而已婚者及經法定代理人允許獨立營業之情形在內，係指：

---

[28] 同前註。認為民法 77 條但書、第 83 條及第 84 條，均非關於行為能力之規定，縱限制行為能力人所為上述行為為有效，亦非有訴訟能力。

[29] 姚瑞光著《民事訴訟法論》，民國 84 年 9 月版，大中國圖書公司總經銷，頁108。

　　(1) 未滿七歲之未成年人：屬於無行為能力人，當然無調解能力。

　　(2) 滿七歲未結婚之未成年人：屬於限制行為能力人，包括下列情形在內，均無調解能力。

　　　① 經法定代理人之允許而為之法律行為。

　　　② 限制行為能力人所為純獲法律上利益及依其年齡、身分、日常生活所必要之法律行為。

　　　③ 法定代理人允許限制行為能力人處分財產之法律行為。

2. 針對有關代理問題，酌作特別規定：消費爭議調解辦法為解決未成年人無調解能力問題，特別在第 2 條第 2 項後段規定「應由其法定代理人代為調解行為」外，同條第 3 項並明定：「消費者得委任代理人代理調解行為；代理人應於最初為調解行為時，向調解委員會提出委任書。」可見消費爭議調解，除了法定代理外，亦得以委任代理之方式為之。此一委任代理規定，在其他行政調解亦均有明定，惟為免人數過多，造成調解程序進行不易，當事人之代理人數均有必要之限制，原則上均以「三人」為上限。有關代理人問題尚可說明如下：

　　(1) 委任之必要性：由於調解成立具有與法院確定判決同一之效力，影響當事人權益甚鉅，且調解進行時，如能委任具有專業能力者為之，對於當事人之權益，當較有保障，故並無加以限制之必要。

　　(2) 書面委任書：調解結果事關當事人權益甚鉅，允宜採書面委任為原則，且為避免因代理人之身分不明，因而造成糾紛，經參考訴願法第 34 條規定，明定調解代理人應於最初為調解行為時，向受理機關提出委任書。

　　(3) 委任之法律關係：委任之內部及外部法律關係，悉依民法有關委任之規定辦理。

3. 其餘未規定部分，依序仍應有上述行政程序法及民事訴訟法相關規定之補充適用。

貳、行政調解在事件方面之比較

在調解制度當中，調解的法律關係雖然是以「當事人」為其主體，但是更重要的是，要以「事件」作為各個行政調解之區隔標準，並作為調解效力所及的範圍，所以調解之「事件」，當然也具有舉足輕重之地位。

行政調解程序既然是屬於行政程序之一種，則行政調解之事件，既然是屬於行政機關之行為，原則上應從行政調解之特別法令或行政程序法規定作為解釋上之依據，惟在該等法令未有規定時，引用民事訴訟法有關法院調解規定或實務經驗及學者見解，作為類推適用或援為法理予以解釋，俾期行政調解之圓滿運作，因本質上均屬於調解性質，在理論上或實務運作上似亦應無不可。

行政調解在事件方面，因為以行政調解請求救濟之事件，其目的既在疏減訟源，故可以聲請行政調解之事件，其範圍及類型亦如同民事訴訟事件呈現多樣之狀態。另外，法務部在研擬中之「鄉鎮市調解條例修正草案」，擬擴大民事、刑事糾紛之調解事件範圍，有效疏減訟源[30]，其可能帶來的影響如何，亦值重視。本節擬分就行政調解事件之調解類型、調解標的及調解受理加以討論如後。

一、行政調解事件類型之比較

各個行政調解特別法令，除了鄉鎮市調解針對一般調解事件進行調解外，其餘特別行政調解均係針對特別事件進行調解，原則上各該特別調解即以該事件之特質，而與其他行政調解予以區隔。例如勞資爭議處理法係針對勞資爭議事件進行調解、公害糾紛處理法係針對公害事件進行調解、消費爭議調解辦法係針對消費爭議事件進行調解等，此為特別調解之類型。

---

[30] 同註 14。

　　另外，在各該特別調解範圍內，以行政調解請求救濟之事件，有無一定之類型存在？因為行政調解之目的既在疏減訟源，故可以聲請行政調解之事件，其類型亦如同民事訴訟事件呈現多樣之狀態，為利研究探討，實有加以分類及比較之必要。

（一）行政調解事件之類型

　　有關行政調解事件之類型問題，其處理依據及順序如下：

1. 首先適用行政調解特別法令規定

　　　　經查行政調解特別法令雖對聲請調解之特定事件加以明定，但對聲請調解之類型均未規定。

2. 其次補充適用行政程序法規定

　　　　經查行政程序法對此亦未明定。

3. 最後類推適用或改以法理方式適用民事訴訟法規定

　　　　關於訴之類型，傳統上依原告請求判決之內容，分為給付之訴、確認之訴及形成之訴三種類型。行政調解之目的既在疏減訟源，理論上當然也可以依聲請調解之內容區分為此三類型。由於行政調解之特別法令對此未有明文，且行政程序法亦未規定，因此有關之理論只能從民事訴訟法之法令、學說及實務中予以探討追尋[31]。筆者爰不揣淺陋予以分類說明如後。

   (1) 給付之行政調解類型：所謂給付之行政調解，係指要求行政機關協調相對人同意為一定行為之行政調解。給付之行政調解之內容，與給付之訴之內容一樣，只是將辦理決定之機關由法院改為行政調解機關而已。因此如同給付之訴，給付之行政調解，其內容包括現在給付之行政調解及將來給付之行政調解在內。

   (2) 確認之行政調解類型：所謂確認之行政調解，係指要求行政調解機關協調相對人同意確定私法上之法律關係成立不成

---

[31] 同註3，頁189至198。在「第一章訴訟之類型」敘述非常詳盡，筆者並以之作為論述之重要參考。

立。給付之行政調解之內容，與給付之訴之內容一樣，只是將辦理決定之機關由法院改為行政調解機關而已。因此如同確認之訴，確認之行政調解，其內容包括確認成立與否之訴及確認存在與否之訴在內。至於通說認為確認之訴須以原告有即受判決之法律上利益為限，解釋上確認之行政調解亦應同受限制。

(3) 形成之行政調解類型：所謂形成之行政調解，係指要求行政調解機關協調相對人確定私法上之形成權存在，同時因形成權之行使，依調解成立宣告法律關係發生、變更或消滅之，又稱權利變更或創設之行政調解。形成之行政調解之內容，與形成之訴之內容一樣，只是將辦理決定之機關由法院改為行政調解機關而已。因此如同形成之訴，形成之行政調解，其內容包括實體法上形成之訴、訴訟法上形成之訴（如宣告調解無效之訴或撤銷調解之訴）在內。

　　筆者認為就事件之起訴及訴訟程序而言，此三種訴訟並無甚不同，只是為理論探討及研究方便所為理論上之分類，行政調解並非民事訴訟，理論上及實務上均似無依此分類之必要。因為就行政調解而言，就事件之調解及調解程序，此三種行政調解並無不同，只要雙方當事人同意成立調解即可，無論為給付之內容、確認之內容均無不可；另外，由於形成之訴之提起，即可因形成之判決，直接造成法律關係發生、變更或消滅之效果，影響當事人權益甚鉅，限以法律有特別規定之必要始得為之，不得由當事人以合意方式創設，故原則上形成之行政調解不得為之。

（二）行政調解類型之比較

　　消費爭議，以因商品或服務等二種客體所生的爭議為限，因此，並不包括商品或服務以外所生之其他爭議在內。

1. 消費爭議之類型

　　由於消費內容，無奇不有，因而所發生之消費爭議，亦是千奇百怪，難以歸類。不過，消費爭議依其糾紛發生原因之不同，則可以歸納為下述爭議類型[32]。惟消費爭議類型，主要在說明消費事件與其他事件不同之處，並非消費爭議調解類型。

(1) 健康安全爭議類型

　　有關健康安全爭議類型之發生原因，主要為使用方面之問題：例如消費者食用了過期的食品或含有雜質的自來水，使用的化粧品含有過量的汞，穿的衣服含有過量的螢光劑，住的是輻射屋，開的是煞車有問題的汽車，在公共安全不合格的補習班參加補習，前往公共安全不合格的 KTV 唱歌等等，以致發生了健康安全方面的問題時，即屬之。

(2) 定型化契約爭議類型

　　定型化契約爭議類型之發生原因，主要為契約方面之問題：例如消費者購買預售屋、購買保險，以分期付款方式購買汽車或電器產品，日常使用的自來水、瓦斯、電力、公共汽車，參加補習或出國旅遊，百貨公司的公告以及生病時的開刀手術等等，均與定型化契約有關，凡是因為企業經營者單方事先擬訂的定型化契約條款所致的爭議，均屬之。

(3) 特種買賣爭議類型

　　特種買賣爭議類型之發生原因，主要為契約方面之問題，尚可分為：

① 郵購買賣爭議類型：因為郵購買賣所引起的爭議，均屬之。例如就型錄買賣、電視購物、網路交易所引起的爭議。

---

[32] 本文有關消費爭議五大類型之分類中，前四種類型，係依據消保法第二章消費者權益「第一節健康與安全保障、第二節定型化契約、第三節特種買賣、第四節消費資訊之規範」所為之分類；至第五種類型，則係參考消保法第三條所為之分類。

② 訪問買賣爭議類型：因為訪問買賣所引起的爭議，均屬之。例如就直銷買賣、多層次傳銷所引起的爭議。

③ 現物要約爭議類型：因為現物要約所引起的爭議，均屬之。例如就企業經營者逕寄商品供消費者試用或試閱所引起的爭議。

④ 分期付款買賣爭議類型：因為分期付款買賣所引起的爭議，均屬之。例如汽車、電器的分期付款買賣爭議。

(4) 消費資訊爭議類型

消費資訊爭議類型之發生原因，含括使用方面及契約方面之問題，端視消費資訊對消費者所造成何種爭議而定，尚可分為：

① 廣告爭議類型：因為廣告所引起的爭議，均屬之。例如就廣告內容及廣告責任所引起的爭議。

② 標示說明爭議類型：因為標示說明所引起的爭議，均屬之。例如就標示說明是否真實、標示說明是否周延、進口商品的標示說明是否附有中文書等等問題所引起的爭議。

③ 品質保證爭議類型：因為品質保證所引起的爭議，均屬之。例如就企業經營者品質保證的時間、內容等等所引起的爭議。

④ 包裝爭議類型：因為包裝所引起的爭議，均屬之。例如就產品之包裝是否不當或是否過當所引起的爭議。

(5) 其他爭議類型

其他爭議類型之發生原因，同樣含括使用方面及契約方面之問題，端視對消費者所造成何種爭議而定，尚可分為：

① 度量衡爭議類型：因為度量所引起的爭議，均屬之。例如就買賣商品之斤兩不足，所引起的爭議。

② 價格爭議類型：因為價格所引起的爭議，均屬之。例如就商品之售價偏高，所引起的爭議。

③ 公平交易爭議問題：因為交易條件是否公平所引起的爭議，均屬之。例如認為交易條件不公平所引起的爭議。

④ 損害賠償爭議類型：因為損害賠償意見不一致所引起的爭議，均屬之。例如認為損害賠償金額太低所引起的爭議。
⑤ 其他爭議類型：凡不屬於上述爭議類型者，均屬之。

2. 行政調解類型之比較

　　由於消費爭議調解之特別法令與其他行政調解之特別法令一樣，對於有關行政調解之類型並未加以明文規定，只存在補充適用順序之問題，在理論及實務上並無太大之不同，事實上消費爭議調解事件之類型，亦不外給付之消費爭議調解、確認之消費爭議調解及形成之消費爭議調解（理論上可以存在）三種。因此，並無加以特別比較之必要，爰予從略。

二、行政調解事件標的之比較

　　一個訴訟之提起，必有其一定之訴訟標的，所謂訴訟標的，事實上就是該訴訟之法律關係，亦即法律上所定為權利主體之人對於人或物之關係，換句話說，就是權利義務之關係[33]。一個行政調解之聲請，亦必有其一定之調解標的。由於行政調解之特別法令對此未有明文，且行政程序法亦未規定，而行政調解之目的既在疏減訟源，因此有關之理論只能從民事訴訟法之法令、學說及實務中予以探討追尋。

（一）行政調解事件之標的

有關行政調解事件之標的問題，其處理依據及順序如下：

1. 首先適用行政調解特別法令規定

　　經查行政調解特別法令對此規定不一。

(1) 對調解之標的有規定者：在調解採非義務性調解時，通常會予規定，例如採購履約爭議調解暨收費規則、公害糾紛處理收費辦法，即將請求調解之標的分類而予不同之收費。

---

[33] 同註4，頁244。

(2) 對調解之標的未規定者：其餘行政調解，或因係定額收費，或因係採義務調解，對於調解之標的即無分類之必要，而未予規定，但在理論上仍可以加以分類。

2. 其次補充適用行政程序法規定

經查行政程序法對此亦未明定。

3. 最後類推適用或改以法理方式適用民事訴訟法規定

原則上行政調解旨在疏減訟源，故凡得為民事訴訟之標的，均得為行政調解之調解標的，不以財產權（指人格權與身分權以外之私法上權利或法律關係而言）為限，非財產權（指人格權及身分權）上之法律關係，亦得為之。事實上，行政調解之調解標的範圍大於訴訟標的範圍，只要是屬於當事人自治範圍，即非不可以調解，即使是法律關係不適為民事訴訟標的者（如確認之訴之訴訟標的，限於現在之法律關係，故如專要求確定過去或將來發生之法律關係者，自所不許），原告如以之為訴訟標的，請求法院加以裁判時，雖然依民事訴訟法第 249 條 1 項 1 款規定，法院即應認其訴為不合法，以裁定駁回之；但該法律關係非不得為行政調解之調解標的，仍應就個案決定之。

至於行政調解（訴訟）以何種法律關係為調解標的（訴訟標的），與在如何範圍內為調解標的（訴訟標的），則依聲請人（原告）之聲明定之。關於行政調解標的之學說，筆者願意比照訴訟標的之學說，在理論上予以區別為實體法說、訴訟法說、新實體法說等三說：

(1) 實體法說

一個行政調解事件（民事訴訟事件）之提起，其調解標的（訴訟標的）應以實體法上之請求權作為識別標準，一個實體法上之請求權即構成一個調解標的（訴訟標的），二個以上之請求權即構成二個以上之調解標的（訴訟標的），調解聲請人（原告）倘同時主張而為聲請調解（起訴），即為行政調解（訴訟）

之客觀合併，這是傳統訴訟標的理論，同時也可以作為傳統行政調解標的理論。

(2) 訴訟法說

一個行政調解事件（民事訴訟事件）之提起，其調解標的（訴訟標的）之概念應從行政調解法令（訴訟法）本身之觀點構成，以其在行政調解法令（訴訟法）上之法地位或法資格作為一個調解標的（訴訟標的），至各該實體法上之權利，僅為調解標的（訴訟標的）之基礎，純屬法觀點而已，並非調解標的（訴訟標的），這是新訴訟標的理論，同時也可以作為新行政調解標的理論。

(3) 新實體法說

一個行政調解事件（民事訴訟事件）之提起，其調解標的（訴訟標的）為解決傳統行政調解理論（傳統訴訟標的理論）所生在同一個事實下，因實體法律關係不同，構成多個調解（訴訟）之弊，重新檢討請求權之再構成，透過此項檢討以解決多個調解（訴訟）之整合，此即新實體法說。尚有請求權多重構造說、請求權競合說及全規範統合說三種。

訴訟標的理論影響訴之合併、追加、一事不再理原則及判決之拘束力範圍，在訴訟法上具有重要的地位，加以訴訟屬於司法公權力之運作執行，需要予以較為慎密之規定，以免損及當事人之權益。關於訴訟標的之理論，訴訟法學者原則上均基於保護原告之利益立場，多認為仍宜採傳統訴訟理論，以私法上之請求權作為訴訟標的，於請求權競合之情形，應使原告在第二審言詞辯論終結前，得隨時為訴之追加而無庸得被告之同意，並賦予審判長較大之闡明權，以解決此問題。此在訴訟標的方面固有其見地，至於在行政調解方面，理論上固然可以比照民事訴訟予以區分，但在實務上筆者則認為似無此必要區分，因為行政調解因非行政公權力之運作，所有過程及結果，均需取得雙方當事人之同意，故

只要雙方當事人同意，依當事人自治原則，即無需加以嚴格限制規定；而且行政調解旨在疏減訟源而已，即使調解不成，仍有訴訟管道可資救濟。

（二）行政調解事件標的之比較

　　由於消費爭議調解之特別法令與其他行政調解之特別法令一樣，對於有關行政調解標的並未加以明文規定，只存在補充適用順序之問題，在理論及實務上並無太大之不同，事實上消費爭議調解事件之標的，除鄉鎮市調解及醫療糾紛調解外，與其他行政調解一樣，原則上都以民事糾紛為限，並不及於刑事及公法上之糾紛。因此，並無加以特別比較之必要，爰予從略。

三、行政調解受理事件之比較

　　行政調解事件之受理，應有一定之標準，俾作為行政調解機關是否受理之依據。事件經受理後，才能進行行政調解之程序。

（一）行政調解事件之受理

　　有關行政調解事件之受理問題，其處理依據及順序如下：
　　1. 首先適用行政調解特別法令規定
　　　　一般而言，行政調解特別法令基於其特別行政目的，既係對於某種特定事件進行調解程序，其是否受理調解之聲請，通常在該特別法令即予明定，有的並予明定不得拒絕（採購履約爭議調解暨收費規則第 2 條），自應逕予適用。惟因相關規定甚多雷同之處，亟需加以整合，故在此僅稍作說明，不予一一列舉。
　　2. 其次補充適用行政程序法規定
　　　　經查行政程序法對此並未明定。

3. 最後類推適用或改以法理方式適用民事訴訟法規定

　　有關調解事件之受理問題，僅在民事訴訟法第406條規定，明定法院認調解之聲請有該項所列舉六種情形之一者，得逕以裁定駁回之，當事人並不得聲明不服。

　　有鑑於上述規定甚多雷同之處，筆者爰將行政調解特別法令、行政程序法及民事訴訟法之相關規定，並配合筆者個人之研究心得，予以彙總整理出下列受理（含不受理）之原則，對於調解事件因而不予受理或被駁回者，聲請之當事人不得聲明不服（民事訴訟法第406條第2項）：

(1) 基於私法自治原則，行政調解之事件應以民事為主

　　行政調解應以私法自治原則為其理論基礎，筆者在第一章已予論述，因此在理論上只有私人可以自行處分之私人權益，才容許以雙方當事人合意方式處理，除非法律有特別的授權，否則調解應以協助解決民事糾紛為限。至於鄉鎮市調解條例等特別規定，可就告訴乃論之刑事事件進行調解，乃基於刑事事件既然規定係告訴乃論之罪，原則上均屬輕罪範圍，為期家庭和諧等目的，因而賦予告訴乃論權人可以自行斟酌是否要加以處理，因此特別規定納入。至於其他非告訴乃論之刑事或行政糾紛，因係屬公權力運作範圍，則不允許以私人合意方式處理。

① 民事之事件：原則上可以聲請行政調解，一般行政調解均應以此為其範圍。

② 刑事之事件：原則上不可以聲請行政調解，但法律特別規定（例如鄉鎮市調解條例、著作權爭議調解辦法及醫療糾紛處理法（草案）等，對於告訴乃論之刑事案件可以聲請行政調解者，不在此限。

③ 行政之事件：原則上不可以聲請調解，但法律特別規定（例如政府採購法有關採購契約──行政契約）可以聲請行政調解者，不在此限。

(2) 基於三權分立原則，行政調解之事件不得侵犯司法權

　　有關行政調解是否侵害司法權問題，請參看筆者在第一章之論述。基於立法、司法、行政三權分立，為現代民主國家在國家權限劃分上，所應遵行之最高指導原則，並將司法視為國家正義之最後一道防線，因此事件一旦進入司法程序，行政機關或立法機關即應加以尊重不得侵犯，經過法院之判決或判決確定，如有任何不服，仍應循司法途徑處理；此時如仍許行政機關介入，不問任何理由，均將損害司法之威信及公信力，所以司法問題應循司法程序處理為原則。即使是行政調解亦應受此限制，且此之訴訟依憲法規定，應採最廣義，除包括民事訴訟、刑事訴訟、行政訴訟、選舉訴訟外，亦應包括法院調解或訴訟上和解在內。

① 訴訟中之案件：原則上不得另行聲請行政調解。惟筆者有不同的看法，因為立法機關有關調解制度之設計目的，既在疏減訟源，補充訴訟制度之不足，自無須加以嚴格限制，故即使是在訴訟進行當中，並非不可調解，只是在調解成立時，應由當事人撤回或由法院裁定予以駁回而已。所以民事訴訟法例外規定訴訟在進行中，法院仍可進行和解或調解之程序，可為例證。故而一般行政調解之規定，原則上均以「第一審」法院辯論終結為準，對已辯論終結之事件，不得聲請調解。筆者認為只要經過第一審法院辯論終結後之事件，不論判決是否確定或是進行第二審或第三審等，均應納為司法權專屬範圍，不得聲請行政調解，否則即有侵害司法權之虞。

② 訴訟確定之案件：不問任何理由，不得再行聲請行政調解。筆者認為基於司法視為國家正義之最後一道防線，此一原則應予嚴格遵守。

(3) 基於實益考量原則，行政調解之事件應為合理之限制

　　由於政府人力、設備、經費有限，為避免浪費政府資源，乃衍生出禁止濫訴、確保一事不再理等等原則外，民事訴訟法第 406 條並就此對法院調解之聲請，加以必要之限制，規定如無調解之實益，法院即可以裁定予以駁回；對該裁定不得聲明不服；至有無調解實益之必要，則由法院認定。行政程序或行政調解亦應比照辦理，至有無行政程序或行政調解之必要，應由行政主管機關認定其要件，如無必要即可予以駁回；對於上述決定，不得聲明不服，因為尚可循司法途徑請求救濟。

① 有調解必要原則：如屬無調解必要之事件（民事訴訟法第 406 條第 1 項第 1 款），則不可以聲請行政調解，包括：

　　a. 當事人不適格或無當事人之事件：包括聲請人未具真實姓名或住址、或未合法代理者。（採購履約爭議調解暨收費規則第 11 條第 1 款、第 5 款及第 6 款、消費爭議調解辦法第 5 條第 4 款及第 8 款）

　　b. 超出權限或無爭議之事件：包括無具體內容在內（消費爭議調解辦法第 5 條第 2 款）。

　　c. 訴訟繫屬於法院之事件：一般行政調解之規定，原則上以第一審法院辯論終結為準，已辯論終結者不得聲請調解（鄉鎮市調解條例第 9 條第 3 項、消費爭議調解辦法第 5 條第 7 款、公害糾紛處理法第 42 條第 1 項）；對於已提起民事訴訟繫屬於第一審法院者，除有優先處理行政調解之特別規定（公害糾紛處理法第 42 條第 2 項）外，原則上均不得聲請行政調解，另外亦有規定但其程序已暫停者，不在此限（採購履約爭議調解暨收費規則第 11 條第 2 款）。

　　d. 經法院判決確定之事件（消費爭議調解辦法第 5 條第 9 款、採購履約爭議調解暨收費規則第 11 條第 4 款）。

　　e. 經仲裁成立之事件（消費爭議調解辦法第 5 條第 5 款）。

f. 經本機關調解成立之事件（醫療糾紛處理法草案第 24 條第 1 項）。

g. 經其他法定調解機關調解成立之事件：糾紛業已解決（醫療糾紛處理法草案第 5 條但書）。

h. 已提起仲裁之事件（採購履約爭議調解暨收費規則第 11 條第 2 款）。

i. 在其他法定調解機關處理中之事件。原則上不得提起（消費爭議調解辦法第 5 條第 11 款），但亦有可以提起，惟特別規定其應優先處理之行政管轄（公害糾紛處理法第 42 條第 3 項）；至於有無在其他法定調解機關處理中，則應屬在調解程序進行中之必要詢問或調查事項。

② 有調解成立可能原則：如屬顯無調解成立可能之事件（民事訴訟法第 406 條第 1 項第 1 款），則不可以聲請行政調解，包括：

a. 當事人已表明不接受調解之事件：明定須經當事人表示同意者（鄉鎮市調解條例第 10 條、著作權爭議調解辦法第 6 條）或明定當事人拒絕即不予受理（民事訴訟法第 406 條第 1 項第 1 款、積體電路電路布局鑑定暨調解委員會設置辦法第 10 條第 1 項、採購履約爭議調解暨收費規則第 11 條第 8 款）。

b. 經其他法定調解機關調解未成立者（民事訴訟法第 406 條第 1 項第 2 款、採購履約爭議調解暨收費規則第 11 條第 3 款、消費爭議調解辦法第 5 條第 6 款但經相對人同意重行調解者不在此限）。

③ 有調解實益原則：如屬無調解實益之其他事件，亦不可以聲請行政調解，包括：

a. 因票據發生爭執者（民事訴訟法第 406 條第 1 項第 3 款）。

b. 送達於他造之通知書，應為公示送達或於外國為送達者
（民事訴訟法第 406 條第 1 項第 5 款、採購履約爭議調解
暨收費規則第 11 條第 9 款）。

c. 金融機構因消費借貸契約或信用卡契約有所請求者（民事
訴訟法第 406 條第 1 項第 6 款）：實務上金融機構因消費
借貸契約或本於信用卡契約有所請求之事件，被告通常未
到庭，由原告聲請一造辯論判決，此等事件，應無調解之
實益。

d. 其他應予駁回之情事：概括規定（採購履約爭議調解暨收
費規則第 11 條第 10 款、公害糾紛處理法第 18 條第 1 項、
消費爭議調解辦法第 5 條第 1 款）。

（二）行政調解受理事件之比較

消費爭議調解辦法第 5 條有關聲請調解事件之受理，由於規定甚為
詳細，計有 11 種之多，可以提供其他行政調解有關受理原則之重要參考
資料，至於如有消費爭議調解辦法未規定之部分，解釋上仍應有其他法
令規定之補充適用。爰予以詳細說明並比較如後。

1. 重大瑕疵無法補正者，不予受理原則

調解之申請，如發生實體上之重大瑕疵，且該等瑕疵係屬不
可補正之事項者，調解委員會因無法進行調解，本條爰採列舉規
定應逐不予受理之情形，以資處理依據。因此，如申請調解時既
已敘明為消費行為所生爭議，只要不屬於本條所列不受理各種情
事時，依行政院消保會解釋[34]，消費爭議調解委員會即應受理。

對於重大瑕疵問題，為避免掛一漏萬，消費爭議調解辦法特
別在第 5 條第 1 款予以概括規定，明定違反該調解辦法第 3 條有
關重大瑕疵補正之規定，經限期通知應補正而逾期不補正者，消
費爭議調解機關即可不予受理。

---

[34] 行政院消保會 87 年 9 月 19 日台 87 消保法字第 01047 號函解釋。

2. 與該行政調解要件不合者，不予受理原則

　　任何的行政調解事件，原則上均有其特定之構成要件，如有違反者，即可不予受理，消費爭議調解當然不能例外。依據消費爭議調解辦法第 2 條第 1 項就消費爭議事件所規定之特定申請要件，包括：

(1) 客體要件：非屬消費爭議事件者，不予受理。凡因消費關係所生的爭議，均屬消費爭議。換句話說，消費關係的二個主體──消費者與企業經營者間，就消費關係之二種客體──商品或服務所發生的爭議，就是消費爭議。故消費爭議，必須以消費者與企業經營者間因商品或服務所生的爭議為限，方始符合消保法第 2 條第 4 款所定「消費者與企業經營者間，因商品或服務所生之爭議」之要件。因此，非屬消費爭議之勞資爭議事件、徵收補償事件、耕地租佃糾紛、公害糾紛等，均不得向消費爭議調解委員會申請調解。

　　另外，政府機關在執行公權力時，固非屬企業經營者；但政府機關在非執行公權力時，如果符合消保法營業的要件，亦屬消保法上之企業經營者，仍應受消保法之規範。因此，政府機關如果立於企業經營者的地位與消費者間發生之消費爭議，消費者亦得依法申請調解，行政院消保會對此已有明確解釋[35]，可供參考。

(2) 程序要件：非經消保法第 43 條第 1 項或第 3 項規定申訴者，不予受理。有關程序要件，將於本章第三節時序之比較中予以論述。

(3) 主體要件：非消費者或其代理人提起者，不予受理。原則上調解事件之主體要具體明確，如係無相對人或無具體相對人，調

---

[35] 行政院消費者保護委員會 86 年 12 月 2 日台 86 消保法字第 01334 號、87 年 9 月 24 日台 87 消保法字第 01061 號、87 年 12 月 7 日台 87 消保法字第 01373 號等，均就「私經濟行政」或「國庫行政」行為應適用消保法加以函釋。

解程序均無法順利進行，即應予以不受理。無相對人與無具體相對人之不同，「無具體相對人」，因可透過補正程序予以具體化，屬於應補正事項，調解委員會不宜逕為不予受理；惟如係「無相對人」，則因主體欠缺而無法進行調解，係屬無法補正事項，調解委員會始可逕為不予受理。

3. 侵害司法權者，不予受理原則

　　消費爭議調解旨在有效疏減訟源，不能取代法院職權。法院為私權爭議處理之最後有權決定機關，原則上調解委員會不宜介入法院處理之程序，否則即有可能侵害司法權之虞。

(1) 經第一審法院言詞辯論終結者：法院進行之司法程序在實質上已經完成，即無變動空間，故不得聲請調解。

(2) 曾經法院判決確定者：法院之確定判決具有確定力、既判力及執行力，對之不得不服，當然不得聲請調解。惟法院確定判決是否均經第一審言詞辯論，如一造判決等有無經過第一審言詞辯論？否則即屬重複規定。

4. 違反一事不再理者，不予受理原則

　　私權爭議既經一定程序予以處理解決，對其處理之結果，自宜加以尊重，否則除了該爭議將沒完沒了外，相關程序亦無設置及存在之必要，此即所謂「一事不再理原則」。惟此之「一事不再理原則」僅指訴訟外之處理程序為限，因為法院有審級存在，所以並不包括法院判決在內。當事人對該行政調解之結果，如仍有問題或爭議，應以法院為最終解決途徑。

(1) 調解成立：調解之種類固然很多，惟無論何種調解，只要調解既已成立，即具有法律上一定之效力，不容再起爭執，否則應循訴訟程序解決，不得再以行政調解方式為之。故消費爭議調解辦法第 5 條第 5 款明定「曾經調解成立者」，調解委員會應不予受理。

(2) 仲裁成立：依仲裁法第 37 條第 1 項規定，仲裁之判斷與法院之確定判決，有同一效力。故消費爭議調解辦法第 5 條第 4 款明定「曾經仲裁成立者」，調解委員會應不予受理。

(3) 重複調解：同一事件在調解程序中，同時或先後向同一或不同之調解委員會申請調解時，受理在後者即屬重複調解。受理在後之重複調解，與程序法上「一事不再理」或「一事不兩判」原則有違，故消費爭議調解辦法第 5 條第 10 款明定「同一消費爭議事件，在調解程序中，重複申請調解者」，調解委員會應不予受理。

(4) 和解成立：為防止消費者單純因和解內容不履行，或嗣後不滿意和解內容，藉故申請調解，故對已經和解者之申請調解，宜採消極見解，調解委員會應不予受理，否則將永無寧日。和解如有任何問題，仍應循訴訟程序解決。雖然消費爭議調解辦法及其他行政調解特別法令，對此均未明文規定，然筆者基於和解與調解之本質並無不同，和解成立在解釋上應比照調解成立方式辦理，調解委員會應不予受理。

5. 無調解實益者，不予受理原則

對於某一調解事件，不管曾經何種法定調解機關進行調解程序，結果調解不成立，經當事人就同一事件再次聲請調解者，此種重行調解，因其並未違反一事不再理原則，行政調解機關僅能依據調解有無實益問題作為是否受理之原則加以處理，此為一般行政調解之原則。

但是消費爭議調解辦法為落實其保障消費者權益之特定行政目的，針對上述一般原則加以限縮規定，對所謂曾經調解委員會調解不成立，僅指曾經消費爭議調解委員會調解不成立而言，並不包括不同性質之其他調解委員會調解不成立在內，主要係因消費爭議事件，如依消保法規定申請調解，消保法均給予特別保

障規定，對消費者較有保障之故。如其重行申請調解，調解委員
會之處理模式為：

(1) 原則：基於避免浪費行政資源，參考民事訴訟法第 406 條規定，
凡曾經調解委員會調解而不成立者，如再申請調解，調解委員
會應不予受理。因為既然雙方曾經調解不成立，縱再試行調解，
亦難再有調解成立之望，故為避免浪費行政資源，對於重行申
請調解者，原則上本應逕不予受理。至事實上如雙方均有意願，
仍可另以民法上之和解方式為之。

(2) 例外：基於調解之目的在有效疏減訟源，只要有調解成立之機
會，即應加以把握，如雙方均確有再次重行調解之意願時，何
妨例外同意其再進行一次調解，故例外規定經相對人同意之重
行調解申請，調解委員會仍應受理；惟此非屬常態，不宜規定
太寬，故明定以一次為限。其中所謂經相對人同意，筆者意見
認為，應係屬重行調解之成立要件，申請人於申請時，即應自
行附具該同意書，否則係屬應行補正事項，已見前述。

參、行政調解在「時」方面之比較

在調解制度當中，調解的法律關係除了要有「當事人」為其主體、「事
件」為其範圍及其區隔標準外，另外尚需斟酌「時」的因素對調解所可
能產生之影響。所以調解之「時」的問題，當然也具有舉足輕重之地位。

行政調解程序既然是屬於行政程序之一種，則行政調解之「時」，當
然是與行政機關之行為有關，原則上應從行政調解之特別法令或行政程
序法規定作為解釋上之依據，惟在該等法令未有規定時，引用民事訴訟
法有關法院調解規定或實務經驗及學者見解，作為類推適用或援為法理
予以解釋，俾期行政調解之圓滿運作，因本質上均屬於調解性質，在理
論上或實務運作上似亦應無不可。

　　行政調解在「時」方面，範圍甚廣，本節擬僅就行政調解之時序、期間及時效三方面加以討論如後。

一、行政調解之時序比較

　　所謂時序，係指時間上之順序，也就是調解要在何種時間進行之時間程序上的地位而言，一般的行政調解，除了為避免侵害司法訴訟權，均必須在訴訟進行之前才可以存在，固不待討論外；至該調解制度是否為訴訟進行前之必經前置程序，則屬另一問題。筆者亦曾在第一章討論時，說明在理論上調解非訴訟必經前置程序；但是，在實務上調解有規定為訴訟前置程序之必要性；究應如何處理，亦值重視。另外，筆者要特別說明的是，為避免侵害調解為任意調解之本質，必須具有法律上之明文規定，始得作為訴訟前置程序之依據；且無論行政調解之時序如何規定，最後均必須接受司法審查之程序，否則即屬侵害訴訟權。目前，法務部在研擬中之「鄉鎮市調解條例修正草案」，為擴大民事、刑事糾紛之解決機制，有效疏減訟源，擬增列法院及檢察署得主動移付或轉介調解之機制[36]，以及司法院正在推動起訴前強制調解制度，以疏減訟源，已分函各相關行政調解主管機關研究辦理[37]，其結果如何，頗值注意。

（一）行政調解之時序

　　有關行政調解之時序問題，其處理依據及順序如下：

1. 首先適用行政調解特別法令規定

　　　　行政調解是否作為訴訟必經之前置程序，通常在該行政調解制度設計之時，即會加以斟酌，如該行政調解特別法令明文規定

---

[36] 同註 14。

[37] 司法院祕書長民國 93 年 9 月 6 日祕台廳民三字第 0993022439 號函，略為：司法院為推動起訴前強制調解制度，以疏減訟源，建請行政院消保會研究將有關消費爭議事件採行起訴前應向直轄市或縣（市）消費爭議調解委員會申請調解之可行性。

為訴訟前置程序者，自應逕為適用；如未為明文規定者，能否有行政程序法或民事訴訟法規定之補充適用，亦值研究。行政調解特別法令就此之規定內容，主要有二：

(1) 原則：行政調解秉諸調解為「任意調解之本質」，故一般的行政調解，原則上均未明文規定該行政調解為訴訟必經之前置程序。例如鄉鎮市調解條例、消費爭議調解辦法等規定之行政調解，均屬之。

(2) 例外：基於專業或公益上之特別考量，單就結果無法遽以論斷之糾紛，如能事先經過行政調解程序，直接提供更專業化之處理、更便捷之管道，如果調解不成，仍可進行訴訟，對當事人之權益並無損害，因而在該行政調解法令上明定該行政調解為訴訟必經之前置程序。例如醫療糾紛處理法草案第 5 條對於醫療糾紛事項，明定「於起訴、告訴或自訴前，應先依本法進行調解」，且更一步在同草案第 7 條第 2 項規定「醫療糾紛於處理期間，當事人不得提起訴訟」，以強化其訴訟前置程序。

2. 其次補充適用行政程序法規定

　　經查行政程序法對此並未明定，故對於在該行政調解法令上並未明定之行政調解制度，無法援為訴訟前置程序之補充適用規定。

3. 最後類推適用或改以法理方式適用民事訴訟法規定

　　民事訴訟法第 403 條第 1 項第 2 款、第 2 項及同法第 427 條第 1 項及第 2 項，明定起訴前應經法院調解程序之規定，對於該等事件，行政調解制度可否予以援用作為訴訟必經前置程序之依據？目前尚未見諸任何論述。筆者個人意見認為：民事訴訟法有關該等事件在起訴前必須先經調解程序之規定，固可解釋為將調解視為該等事件訴訟必經前置程序之規定，惟係針對法院調解而言，相關之行政調解僅為法院調解以外之一種替代方式而已，並不可作為該行政調解為訴訟必經前置程序之依據。

（二）行政調解在時序上之比較

當發生消費爭議時，消保法規定消費者可以選擇下列行政解決或司法解決任何一種方式或以同時辦理方式，尋求對消費者最妥適的解決途徑，以有效確保消費者權益。消費爭議調解在時序上與其他行政調解不同之處，在於：

1. 在行政解決方式中，消費爭議申訴是消費爭議調解之前置程序

　　一般的調解，甚少有前置程序之規定。以鄉鎮市調解為例，發生爭議後，向鄉鎮市調解委員會聲請調解時，依照鄉鎮市調解條例規定，並無須先經任何的前置程序，當事人即可聲請。惟對於消費爭議，消保法為有效保障消費者權益，特別規定申訴、調解等二道的訴訟外協助處理程序，並且規定先「申訴」、後「調解」次序，必須循序辦理。筆者認為將申訴變成調解之前置程序，其目的似與將調解規定為訴訟之前置程序之情形，具有異曲同工之妙，此種規定確與一般的調解有所不同。

　　消費爭議的調解，依照消保法第 44 條規定，消費者必須經過下列任一申訴程序後，認為其申訴未獲妥適處理時，方得申請消費爭議之調解。有關消費者申訴之處理程序，行政院消費者保護委員會於民國 83 年 11 月 25 日訂頒「消費爭議申訴案件處理要點」，可供參考。

(1) 第一次申訴：依消保法第 43 條第 1 項規定，消費者發生消費爭議時，可向下列三種機構擇一申訴，惟該等機構並無次序之分，亦未排斥不得先後辦理，即令同時為之，亦無不可。此即為第一次申訴，消費者對於處理之結果，如自認未獲妥適處理者，即得逕行申請消費爭議之調解。

① 企業經營者：希望企業經營者重視商譽，應於申訴之日起十五日內妥為處理消費者的申訴。

② 消費者保護團體：希望消費者保護團體善用輿論力量，應儘速妥為協助消費者爭取權益。

③ 直轄市、縣（市）政府消費者服務中心或分中心：希望地方政府善用行政公權力，應於三十日內妥為協助消費者保障權益。

(2) 第二次申訴：依消保法 43 條第 3 項規定，消費者對於上述第一次申訴，自認未獲妥適處理時，得向直轄市、縣（市）政府消費者保護官申訴，希望地方政府消費者保護官善用其行政公權力，發揮督導主管單位之行政監督功能，妥為協助消費者保障其權益，此種再申訴，即為第二次申訴。消費者對於處理之結果，如自認未獲妥適處理者，即得逕行申請消費爭議之調解。

　　依消保法第 44 條規定，消費者申請調解，以該案件曾經申訴而未獲妥適處理為前提。未經申訴者，不得申請調解。所謂案件曾經申訴，以經前述之第一次申訴為已足，而無須經第二次申訴。申言之，消費者於依消保法第 43 條第 1 項規定，向企業經營者、消費者保護團體、或消費者服務中心或分中心申訴而未獲妥適處理時，得選擇依消保法第 44 條規定，直接申請調解，或依消保法第 43 條第 3 項規定，向消費者保護官為第二次申訴，而於該申訴仍未獲妥適處理時，始申請調解。

　　至於申訴是否未獲妥適處理，理論及實務上均應以消費者之主觀意思認定之。即使第一次或第二次申訴之受理單位或機關，雖已通知消費者處理結果，並自認處理得很好，但消費者如對此項處理結果自認不滿意時，仍屬未獲妥適處理，此時消費者仍可申請調解。另外，如果在消費者申訴逾十五日或三十日之期限而未獲任何處理者，依照行政院消費者保護委員會訂頒之「消費爭議申訴案件處理要點」第 13 點規定，亦得申請調解。惟學者認為，如果消費者於第一次或第二次申訴中，已與企業經營者達成協議者，似不得於事後因單純之不滿意協議內容，遂認為申訴未獲妥適解決而申請調解[38]。

---

[38]　同註 1，頁 151 及 152。

2. 在司法解決方式中，消費爭議調解並非消費訴訟之前置程序

消費者得依照消保法第 47 條至第 55 條規定提起消費訴訟。消費者除了個人可以提起訴訟外，並得以讓與損害賠償請求權的方式，由消費者保護團體提起損害賠償訴訟。

在此要特別說明的是，行政解決方式並不是司法解決方式之前置程序，因為消保法對此並未加以明定。消保法對於消費爭議之處理，雖然規定有行政協助解決及司法解決兩種途徑，但是並未明定將行政協助解決途徑之消費爭議調解，如同民事訴訟法第 403 條規定般，列為消費訴訟必經之前置程序，只是對消費訴訟加以特別規定並予以特別優惠而已。因此，消費爭議調解與其他一般行政調解一樣，均非為訴訟必經之前置程序。

二、行政調解有關期間之比較

行政調解有關期間之問題，筆者擬分就期間之計算、送達期間、回復原狀期間及處理期間予以說明並比較如後。

（一）行政調解有關期間計算之比較

行政調解因係屬行政機關一定之行政行為，故其有關期間之計算問題，亦應有一定之標準作為處理之依據。

1. 行政調解有關期間之計算

有關行政調解之期間計算問題，其處理依據及順序如下：

(1) 首先適用行政調解特別法令規定

例如採購履約爭議調解暨收費規則第 39 條有關期間末日之規定：「法定期間之末日為星期日或其他休息日者，以其次日代之；期間之末日為非休息之星期六者，以次一辦公日上午代之。」自應逕予適用；惟經查其他行政調解法令對此甚少明文規定。

(2) 其次補充適用行政程序法規定

　　有關期間之計算，行政程序法第 48 條規定如下：

① 期間以時計算者：即時起算。

② 期間以日、星期、月或年計算者：原則上其始日不計算在內；但法律規定即日起算者，不在此限。

③ 期間不以星期、月或年之始日起算者：以最後之星期、月或年與起算日相當日之前一日為期間之末日。但有下列二種例外情形：

　　a. 以月或年定期間，而於最後之月無相當日者：以其月之末日為期間之末日。

　　b. 期間之末日為星期日、國定假日或其他休息日者：以該日之次日為期間之末日；期間之末日為星期六者，以其次星期一上午為期間之末日。

④ 特別規定：期間涉及人民之處罰或其他不利行政處分者，原則上其始日不計時刻以一日論；其末日為星期日、國定假日或其他休息日者，照計。但對人民有利者，不在此限。

(3) 再來補充適用或改以法理方式適用民法有關規定

　　由於行政程序法第 48 條已就民法第 120 條至第 122 條有關期日及期間予以特別規定，依民法第 119 條規定，行政程序法規定應予優先適用，而無民法上述規定適用之餘地。惟下列在行政程序法並未規定部分，仍有民法相關規定之補充適用：

① 連續或非連續期間之計算法（民法第 123 條）。

② 年齡之計算（民法第 124 條）。

(4) 最後類推適用或改以法理方式適用民事訴訟法規定

　　由於民事訴訟法第 161 條明定：「期間之計算，依民法之規定。」故有關期間之計算問題，原則上並無民事訴訟法規定類推適用之餘地。

2. 行政調解有關期間計算之比較

　　由於消費爭議調解之特別法令與其他行政調解之特別法令一樣，對於行政調解有關期間之計算，並未加以明文規定，只存在補充適用順序之問題，在理論及實務上並無太大之不同。故並無加以特別比較之必要，爰予從略。

（二）行政調解有關其他期間之比較

與行政調解有關之其他期間，包括送達期間、回復原狀期間及處理期間等問題，爰予以說明並比較如後。

1. 行政調解有關之其他期間
(1) 行政調解之送達期間
　　有關行政調解之送達期間問題，其處理依據及順序如下：
① 首先適用行政調解特別法令規定
　　經查現行鄉鎮市調解條例等行政調解特別法令對此並未明文規定。
② 其次補充適用行政程序法規定
　　依據行政程序法第 49 條「基於法規之申請，以掛號郵寄向行政機關提出者，以交郵當日之郵戳為準。」之規定，其意思表示係採發信主義，應將郵送期間予以扣除。
③ 再來補充適用或改以法理方式適用民法有關規定
　　經查民法第 95 條規定，對於非對話意思表示之生效時期，係採到達主義，除行政程序法第 49 條針對申請改採發信主義之特別規定外，對於其他非對話意思表示行為，例如調解文書之通知，民法相關規定仍有其補充適用之餘地。
④ 最後類推適用或改以法理方式適用民事訴訟法規定
　　下列民事訴訟法與送達期間有關之規定，似可類推適用。
a. 送達之時間，原則上不得於星期日或其他休息日或日出前、日沒後為之（民事訴訟法第 140 條第 1 項）。

　　　b. 公示送達之生效時期（民事訴訟法第 152 條）。

(2) 行政調解之申請回復原狀期間

　　　有關行政調解之申請回復原狀期間問題，其處理依據及順序如下：

① 首先適用行政調解特別法令規定

　　　經查現行鄉鎮市調解條例等行政調解特別法令對此並未明文規定。

② 其次補充適用行政程序法規定

　　　依據行政程序法第 50 條之規定，凡是因天災或其他不應歸責於申請人之事由，致基於法規之申請不能於法定期間內提出者，得於其原因消滅後十日內，申請回復原狀。如該法定期間少於十日者，於相等之日數內得申請回復原狀。在申請回復原狀時，應同時補行期間內應為之行政程序行為。但遲誤法定期間已逾一年者，不得申請回復原狀。

③ 再來補充適用或改以法理方式適用民法有關規定

　　　經查民法並未針對申請回復原狀期間加以規定。

④ 最後類推適用或改以法理方式適用民事訴訟法規定

　　　雖然民事訴訟法亦就有關申請回復原狀問題加以規定，惟因行政程序法已有明定，故無類推民事訴訟法相關規定之餘地。

(3) 行政調解之處理期間

　　　有關行政調解之處理期間問題，其處理依據及順序如下：

① 首先適用行政調解特別法令規定

　　　經查現行鄉鎮市調解條例等行政調解特別法令對此規定不一。

　　　a. 有處理期間之規定者：例如醫療糾紛處理法草案第 14 條：「醫療糾紛之調解，應自受理聲請之日起三個月內完成。

　　　　但經當事人雙方同意者，得延長三個月，延長以一次為限。」即定有處理期限，自應依該規定辦理。

　　b. 無處理期間之規定者：行政調解為保持其處理調解之彈性，一般均未就處理期限加以規定。

②　其次補充適用行政程序法規定

　　　　行政程序法第 51 條明文規定，行政機關對於人民依法規之申請，除法規另有規定外，應按各事項類別，訂定處理期間公告之。除行政機關因天災或其他不可歸責之事由，致事務之處理遭受阻礙時，於該項事由終止前，停止處理期間之進行外，其處理期間為：

　　a. 原則：應依已公告之處理期間辦理；如未訂定處理期間者，其處理期間為二個月。

　　b. 例外：行政機關未能於所定期間內處理終結者，得於原處理期間之限度內延長之，但以一次為限。但應於原處理期間屆滿前，將延長之事由通知申請人。

③　再來補充適用或改以法理方式適用民法有關規定

　　　　經查民法並未針對申請處理期間加以規定。

④　最後類推適用或改以法理方式適用民事訴訟法規定

　　　　經查民事訴訟法並未針對處理期間加以規定。

2. 行政調解有關其他期間之比較

(1) 處理期間方面之比較

　　　　對於消費爭議調解之處理期間問題，行政院消費者保護委員會曾予解釋如後：「有關消費爭議之申訴、調解程序，依行政程序法第 3 條第 3 項第 5 款係屬有關私權爭執之行政裁決程序，故無適用行政程序法有關處理期間之規定（第 51 條第 2 項）。且統一處理期間亦會有礙消費糾紛之解決，故不宜訂定統一處理期間。」[39]筆者基於下述理由，則持不同看法：

---

[39]　行政院消保會對此之決議內容，請參見消費者保護法專案研究實錄第三輯，

① 行政調解屬於行政機關之行為：行政調解本質上為行政指導行為，具有任意調解之本質，換句話說，行政調解係行政機關基於為民服務立場，協調雙方處理糾紛，與行政機關基於公權力機關立場予以強制之決定情形不同，因為裁決應定性為行政處分，所以原則上應容許對之不服的當事人可即就之提起行政訴訟[40]，故調解應不屬於行政程序法第 3 條第 3 項第 5 款有關私權爭執之行政裁決程序，仍應有行政程序法相關規定之補充適用。

② 行政行為應有處理期間：行政調解既然是行政機關之行為，站在便民與期待可能性立場，原則上要有一定處理期限為妥，該期限並可作為行政機關是否課責之標準，此即為行政程序法第 51 條第 2 項規定之理由。

③ 行政調解之處理期間：行政處理之處理期限常會因案件之複雜性、性質等等因素，致難以訂定統一之標準，故而一般行政調解均未訂定處理期間。原本認為不明訂處理期間，可以保持案件之處理彈性，但常會造成補充適用或類推適用行政程序法有關規定之機會，對行政調解機關而言，反而更為不利。

(3) 其他期間之比較

對於行政調解之處理，由於消費爭議調解之特別法令與其他行政調解之特別法令一樣，對於行政調解有關之其他期間，並未加以明文規定，只存在補充適用順序之問題，在理論及實務上並無太大之不同。故並無加以特別比較之必要，爰予從略。

民國 88 年 6 月至 90 年 12 月，行政院消費者保護委員會編印，頁 140。

[40] 行政院研究發展考核委員會編著《行政機關介入私權爭議之研究》，民國 89 年 8 月初版，頁 124。

三、行政調解有關時效之比較

行政調解有關時效之問題，擬分就消滅時效及時效中斷予以討論比較如後。

（一）行政調解消滅時效之比較

所謂消滅時效，係指某種權利因消滅時效完成，即不得再為請求（請求權消滅）或其權利即歸於消滅（財產權消滅）。

1. 行政調解之消滅時效

有關行政調解之消滅時效問題，其處理依據及順序如下：

(1) 首先適用行政調解特別法令規定

經查現行鄉鎮市調解條例等行政調解特別法令對此並未明文規定。

(2) 其次適用行政程序法規定

行政程序法僅就公法上請求權之消滅時效予以規定，有關公法上請求權之問題，即可予以補充適用。依行政程序法第131條「公法上之請求權，除法律有特別規定外，因五年間不行使而消滅。（第1項）公法上請求權，因時效完成而當然消滅。（第2項）」之規定，係採債權消滅主義，於時效完成時消滅，無待當事人主張，與私法規定僅請求權消滅之抗辯權不同。請求行政機關為調解之行政調解請求權，雖係公法上之請求權，但並非公法上之債權，與上述行政程序法規定之公法上請求權不同，應無補充適用上述規定之餘地。

(3) 再來補充適用或改以法理方式適用民法規定

請求行政機關為調解之行政調解請求權，重點應擺在請求之私權內容，該私權內容即有私法上請求權消滅時效之補充適用，故應補充適用下列民法有關規定。

① 十五年之一般消滅時效（民法第125條）。

② 二年或五年之特別消滅時效（民法第126條及127條）。

　　③ 消滅時效之起算、完成之效力及期間伸縮之禁止（民法第 128
　　　條、第 144 條至第 147 條）。
　(4) 最後類推適用或改以法理方式適用民事訴訟法規定
　　　經查民事訴訟法並未就此加以規定。
2. 行政調解消滅時效之比較
　　　由於消費爭議調解之特別法令與其他行政調解之特別法令
　一樣，對於行政調解之消滅時效，並未加以明文規定，只存在補
　充適用順序之問題，在理論及實務上並無太大之不同。因此，並
　無加以特別比較之必要，爰予從略。

（二）行政調解時效中斷之比較

1. 行政調解之時效中斷
　　　有關行政調解之時效中斷問題，其處理依據及順序如下：
　(1) 首先適用行政調解特別法令規定
　　　經查現行鄉鎮市調解條例等行政調解特別法令對此並未
　明文規定。
　(2) 其次適用行政程序法規定
　　　有關公法上時效之中斷問題，行政程序法係規定於第 131
　條至第 134 條，分別說明如下，但行政調解之請求權因非屬該
　等規定之公法上請求權，故無該等規定之補充適用。
　　① 中斷原因：公法上請求權之消滅時效，因行政機關為實現該
　　　權利所作成之行政處分而中斷。如該行政處分因撤銷、廢止
　　　或其他事由而溯及既往失效時，自該處分失效時起，已中斷
　　　之時效視為不中斷。
　　② 中斷後重行起算：因行政處分而中斷之時效，自行政處分不得
　　　訴請撤銷或因其他原因失其效力後，重行起算。因行政處分而
　　　中斷時效之請求權，於行政處分不得訴請撤銷後，其原有時效
　　　期間不滿五年者，因中斷而重行起算之時效期間為五年。

(3) 再來補充適用或改以法理方式適用民法規定

　　　請求行政機關為調解之行政調解請求權，重點應擺在請求之私權內容，該私權內容即有私法上請求權消滅時效之補充適用，已見前述，故有關時效中斷問題，應有下列民法有關規定之補充適用。

① 時效中斷之有關規定（民法第 129 條至第 138 條）。

② 時效不完成之有關規定（民法第 139 條至第 143 條）。

(4) 最後類推適用或改以法理方式適用民事訴訟法規定

　　　經查民事訴訟法並未就此加以規定。

2. 行政調解時效中斷之比較

　　由於消費爭議調解之特別法令與其他行政調解之特別法令一樣，對於行政調解之時效中斷，並未加以明文規定，只存在補充適用順序之問題，在理論及實務上並無太大之不同。因此，並無加以特別比較之必要，爰予從略。

肆、行政調解在地（管轄）方面之比較

　　在調解制度當中，調解的法律關係除了要有「當事人」為其主體、「事件」為其範圍及其區隔標準、「時」的因素外，更重要的是該調解事件應由何一調解機關辦理，也就是由誰「管轄」問題，以免發生機關間處理權限之衝突。所以調解之「地」的問題，就是調解之「管轄」問題。

　　如果全國僅有一個行政調解機關，例如全國僅設一個著作權審議及調解委員會（處理著作權爭議調解）、積體電路布局鑑定暨調解委員會（處理積體電路布局爭議調解）、民用航空乘客與航空器運送人運送糾紛調解委員會（處理乘客與航空器運送人間爭議調解），則所有行政調解業務由該行政調解機關辦理即可，並無所謂管轄之問題發生，不過上述均屬特

例。事實上絕大部分行政調解事件繁雜眾多，絕非一個行政調解機關所能承擔，必須妥為設計分配處理，其中決定行政調解事件分配的管轄範圍，即為管轄。法律明定某一行政調解機關就某行政調解事件，得行使行政調解之權限時，即為有管轄權。

所謂行政程序上之管轄，係指行政機關依法規所得從事之公權力行為，其一方面劃分行政機關之任務範圍（管轄權），他方面則確立行政機關處理行政事務之權力（權限）[41]。筆者認為管轄是一種分工的結果，此之分工，包括業務之分工（管轄權）及權限（調解權）之分工。在眾多法院中決定訴訟之管轄法院，為法院之分工；在眾多行政調解機關決定行政調解事件之管轄機關，則為行政調解機關之分工。

管轄權與調解權不同，調解權事實上是管轄權之前提要件。因為調解權係指行政調解機關對於某行政調解事件有否協助並為調解之權限；管轄權乃以行政調解機關有行政調解權為前提，依行政調解事件之性質，分配由某行政調解機關行使行政調解權而已。

行政調解制度既然是行政調解機關基於其特別行政目的所創設，因此行政調解之管轄，屬於行政權限及業務之分工，與訴訟上之管轄或法院調解之管轄，屬於司法權限及業務之分工，本質上既有不同，故在該行政調解特別法令未規定時，應先依行政程序法相關規定辦理；惟在行政程序法未有明文規定時，應可類推適用民事訴訟法相關規定或以法理方式為之。

本節擬分就行政調解管轄之基本原則、管轄之類型（含管轄衝突之處理）等二方面加以討論比較如後。

一、行政調解在管轄基本原則上之比較

行政調解管轄之原則甚多，本節擬僅就管轄權認定原則、管轄權法定原則、管轄權恆定原則等三方面加以討論。

---

[41]　同註 2，《行政程序法實用》，頁 35。

（一）管轄權認定原則

管轄權認定原則之內容，包括管轄權認定之時點、管轄權有無之調查、管轄權喪失之處理三部分。

1. 管轄權認定之時點

所謂管轄權認定之時點，係指就某一具體個案，行政機關何時具有該個案之管轄權而言。有關管轄權認定之時點問題，其處理依據及順序如下：

(1) 首先適用行政調解特別法令規定

經查現行鄉鎮市調解條例等行政調解特別法令對此並未規定。

(2) 其次補充適用行政程序法規定

經查行政程序法對此亦未規定。

(3) 最後類推適用或改以法理方式適用民事訴訟法規定

決定行政調解機關對調解事件有無管轄權之認定時點，應可類推適用民事訴訟法第 27 條「定法院之管轄，以『起訴時』為準」之規定，以行政調解「聲請時」為準。

2. 管轄權有無之調查

由於管轄權之有無，對於當事人之權益影響甚鉅，故應加以討論。有關管轄權有無之調查問題，其處理依據及順序如下：

(1) 首先適用行政調解特別法令規定

經查現行鄉鎮市調解條例等行政調解特別法令對此並未規定。

(2) 其次補充適用行政程序法規定

行政程序法第 17 條第 1 項「行政機關對事件管轄權之有無，應依職權調查」已予規定，應依該規定辦理。所謂「職權調查」，解釋上包括「職權判斷」與「職權認定」。至調解結果如認無管轄權者，行政程序法第 17 條並明定應移送有管轄權之機關，並通知當事人，以資便民，並視同該當事人已在法定期間內向有管轄權之機關提出申請。

(3) 最後類推適用或改以法理方式適用民事訴訟法規定

　　　　如行政機關無管轄權而仍予以調解成立者，法院可不予以核定，此時該成立之調解僅具有和解之效果；如法院仍予以核定調解成立，則應依法提起調解無效之訴。

3. 管轄權喪失之處理

　　　所謂管轄權喪失，係指原有管轄權，後因故變成沒有管轄權之謂也。有關管轄權喪失時應如何處理，亦宜有一定標準以資依據。有關管轄權喪失之處理問題，其處理依據及順序如下：

(1) 首先適用行政調解特別法令規定

　　　　經查現行鄉鎮市調解條例等行政調解特別法令對此並未規定。

(2) 其次補充適用行政程序法規定

　　　　行政程序法第 18 條針對管轄權之喪失，規定行政機關因法規或事實之變更而喪失管轄權時，應將案件移送有管轄權之機關，並通知當事人。但經當事人及有管轄權機關之同意，亦得由原管轄機關繼續處理該案件。因此，行政調解機關如有管轄權喪失情形時，應依該規定辦理。

(3) 最後類推適用或改以法理方式適用民事訴訟法規定

　　　　至受移送之行政機關，筆者認為在理論上及實務上，均應按移送時行政調解進行之程度續行其調解程序，無需重行調解程序，以免延宕及浪費[42]。

（二）管轄權法定原則

　　行政機關之管轄權，必須明確規定於組織法規或其他行政法規中，以確定其權限行使之界限，故應依其組織法規或其他行政法規規定之，對此一般稱為「管轄權法定原則」[43]，其處理依據及順序如下：

---

[42] 同註 3，頁 63。移送訴訟之裁定確定時，視為該訴訟自始即繫屬於受移受之法院。……受移送之法院，應按移送時訴訟進行之程度續行其訴訟程序。此即所謂訴訟繫屬之一體性。

1. 首先適用行政調解特別法令規定

　　一般而言，行政調解特別法令均會明定行政調解機關及其管轄權之分配，且該規定屬於行政程序法第 11 條第 1 項「行政機關之管轄權，依其組織法規或其他行政法規定之」規定中之「其他行政法規」，自應先依該等規定辦理。

2. 其次補充適用行政程序法規定

　　管轄權有變更時，依行政程序法第 11 條第 2 項至第 4 項之規定，應辦理下列公告，並自公告之日起算至第三日起發生移轉管轄權之效力。但公告特定有生效日期者，依其規定。

　(1) 變更之公告：行政機關之組織法規變更管轄權之規定，而相關行政法規所定管轄機關尚未一併修正時，原管轄機關得會同組織法規變更後之管轄機關公告或逕由其共同上級機關公告變更管轄之事項。

　(2) 裁併之公告：行政機關經裁併者，該項公告僅由組織法規變更後之管轄機關為之即可。

3. 最後類推適用或改以法理方式適用民事訴訟法規定

　　行政調解之管轄，均屬依法律規定之「法定管轄」。因此並無民事訴訟法上所謂得依當事人之合意，及被告不抗辯法院無管轄權，且為本案之言詞辯論，而變更之「任意管轄」存在。

（三）管轄恆定原則

　　由於管轄涉及行政機關之權限，而行政機關之權限均以法規為依據（管轄法定原則），管轄權當然不得由行政機關任意設定或變更，亦不許當事人依協議而予以更動，此即所謂管轄恆定原則。有關管轄恆定原則相關問題之處理，依序為：

43　同註 2，《行政程序法實用》，頁 35。行政機關之管轄權，依其組織法規或其他行政法規定之，對此一般稱為「管轄權法原則」。

1. 首先適用行政調解特別法令規定

　　經查鄉鎮市調解條例等行政調解特別法令對此並未規定。

2. 其次補充適用行政程序法規定

　　行政程序法第 11 條第 5 項:「管轄權非依法規不得設定或變更」,即為管轄恆定原則之規定。包括:

(1) 管轄權由有變無之處理:起訴時,如受理法院對訴訟事件有管轄權,縱嗣後因定管轄之情事有所變更,民事訴訟法學者[44]依據管轄恆定原則,認為亦不使其原已具有之管轄權因而喪失。故在行政調解事件,聲請時,如受理行政調解機關對行政調解事件有管轄權,縱嗣後因定管轄之情事有所變更,筆者認為基於管轄恆定原則,在實務上似不妨比照辦理。

(2) 管轄權由無變有之處理:受訴法院於起訴時雖無管轄權,但其後因定管轄權之情事變更,已取得對訴訟事件之管轄權時,民事訴訟法學者[45]依據管轄恆定原則,認為該起訴時欠缺管轄權之瑕疵,則因其嗣後取得管轄權而視為業已補正。故在行政調解事件,筆者認為固然亦不妨同意可以比照辦理,但應履行公告之程序。

3. 最後類推適用或改以法理方式適用民事訴訟法規定

　　由於事涉行政機關之管轄問題,較難有民事訴訟法相關規定之類推適用。

(四) 行政調解管轄原則之比較

1. 消費爭議調解管轄之原則

---

[44] 同註 3,頁 59。起訴時,如受訴法院對訴訟事件有管轄權,縱事後因定管轄之情事有所變更,亦不使其原已具有之管轄權因而喪失。學說上謂此為管轄恆定原則。

[45] 同註 3,頁 59。受訴法院於起訴時雖無管轄權,但其後因定管轄之情事變更,已取得對訴訟事件之管轄權時,該起訴時欠缺管轄權之瑕疵,則因其嗣後取得管轄權而視為業已補正。

　　無論是訴訟或是調解，對於各個法院或是調解委員會，均會因轄區的不同，而發生所謂的管轄問題，消費爭議調解委員會亦不例外。由於消費爭議調解委員會係依據消保法第 45 條第 1 項規定，由直轄市、縣（市）政府所設置，地方政府實施地方自治，而依照地方自治「地方自治應受地方轄區範圍之限制」之基本原則，因此，消費爭議調解委員會行使職權有其轄區範圍，原則上不得越區行使職權，故應向所屬轄區的消費爭議調解委員會申請調解。

　　依消保法第 44 條規定，消費爭議之調解，消費者應向直轄市或縣（市）消費爭議調解委員會申請；消費爭議調解辦法第 5 條亦規定，申請調解應向該條所定之管轄消費爭議調解委員會為之。

　　至於消費者未依上開規定申請調解時，如何處理，消保法及前述調解辦法均無明文，是否可準用民事訴訟法第 28 條以下關於移送管轄之規定，有學者意見認為尚待研究[46]。惟筆者認為，本案應屬調解申請要件不合，似應由調解委員會決議駁回為宜。

2. 消費爭議調解管轄原則之比較探討

　　由於消費爭議調解之特別法令與其他行政調解之特別法令一樣，對於行政調解之管轄原則方面，無論是管轄認定原則、管轄法定原則、管轄恆定原則，均未加以明文規定，只存在補充適用順序之問題，在理論及實務上並無太大之不同。因此，並無加以特別比較之必要，爰予從略。

二、行政調解在管轄類型上之比較

　　關於管轄之類型，在民事訴訟方面種類繁多，是否可以全盤適用於行政調解，確有待進一步討論。依據行政程序法第 11 條之立法理由，說

---

[46]　同註 1，頁 152。惟消費者未依上開管轄規定申請調解時，如何處理，消保法及前述調解辦法均無明文，是否可準用民事訴訟法第 28 條以下關於移送管轄之規定，尚待研究。

明行政機關之管轄權可分為事務管轄、土地管轄、對人管轄、層級管轄
四大類；其中對人管轄部分，係指依權力所及之人而定機關之權限，如
機關對所屬員工，因係屬於行政機關特有之內部管轄，與一般人民無關，
故有學者認為行政機關之管轄權，基本上可分為事務管轄、土地管轄及
層級管轄三種[47]。筆者則認為民事訴訟有關管轄類型之理論及實務，仍有
甚多行政調解可供參考之處，爰分述如後。

（一）行政調解特別法令規定之管轄類型問題

　　行政調解之管轄類型，各該行政調解特別法令如有規定，自應逕依
其規定辦理。經與行政程序法規定之事務管轄、土地管轄、層級管轄類
型予以比較如下，至相關內容則於說明行政程序法規定時予以詳述。

1. 事務管轄：行政調解屬於事務管轄。尚可分為
   (1) 一般管轄：為一般事件所設立之鄉鎮市調解委員會，屬之。
   (2) 個別管轄：僅針對特別事件所設立之特別行政調解機關，屬之。
       除了鄉鎮市調解委員會為綜合性之一般管轄外，其餘特別行政
       調解原則上均屬個別管轄。
   (3) 全面管轄：行政調解機關在其轄區內僅辦理調解業務，故非屬
       全面管轄。
2. 土地管轄：除了上述全國僅設單一之特別行政調解機關外，其餘
   所有行政調解均冠上行政轄區，以為區隔，故均屬土地管轄。
3. 層級管轄：除了耕地三七五減租條例第 26 條規定調解為調處之
   前置程序、公害糾紛處理法第 33 條規定調處為裁決之前置程序
   外，因該二級處理並非全為調解性質，且其餘行政調解辦理調
   解之層級均只有一級，故就調解而言，原則上並無所謂層級管
   轄存在。

---

[47]　同註2，《行政程序法實用》，頁36至38。在第二節「管轄之種類」中，說明
　　　行政機關之管轄權，基本上可分為事務管轄、土地管轄、層級管轄等三種。

4. 其他管轄

(1) 指定管轄：勞資爭議處理法第 11 條第 2 項、公害糾紛處理法第 16 條。

(2) 合意管轄：鄉鎮市調解條例第 11 條第 3 款、消費爭議調解辦法第 24 條第 2 項第 4 款。

(3) 專屬管轄：鄉鎮市調解條例第 11 條第 1 款、消費爭議調解辦法第 24 條第 1 項。

（二）行政程序法規定之管轄類型

1. 事務管轄

所謂事務管轄，係指依行政事務之性質為標準而定機關之權限，如教育部主管教育行政事務，通常是依各機關之組織法律定之。尚可分為一般管轄、個別管轄、全面管轄三種。至於民事訴訟之事務管轄，則係指依訴訟事件之種類，或訴訟標的之價額高低，而定之管轄，我國法院現制無事物管轄之名稱，僅有所謂簡易程序而已，可供行政調解實務運作上之參考。

(1) 一般管轄：係指行政機關之管轄事務來自概括事項之規定，原則上行政機關之組織法令均屬概括規定，故人部分之行政機關均屬一般管轄，如行政院、內政部、台北市政府等綜合性行政業務主管機關，均屬之。行政調解事務僅為單一而非屬概括規定，故行政調解之管轄非為一般管轄。

(2) 個別管轄：係指行政機關之管轄事務僅管轄單一事項或加以列舉之有限事項，為達成特定目的，行政機關之組織法令亦有針對某單一或有限事項予以規定，如行政院消費者保護委員會、經濟部水資源局、中央選舉委員會等個別性行政業務主管機關，均屬之。行政調解事務係為單一規定，故行政調解之管轄為個別管轄。

(3) 全面管轄：係指行政機關在某一定之地域範圍內，除劃歸其他行政主體機關掌管之事項外，對於其餘一切之事務皆有管轄權，一般地方自治團體之組織法令均屬全面管轄，如台北市政府、台北縣政府、板橋市公所等均屬之。行政調解事務僅為單一而非屬全面規定，故行政調解之管轄非為全面管轄。

2. 土地管轄

所謂土地管轄，即依地域限制而定機關之權限，係以土地區域為標準，劃分行政機關管轄之範圍。土地管轄通常是以行政區劃為界分之標準，且依組織法及其他相關法規定之，一般稱為「轄區」，如臺北市國稅局以臺北市為其轄區。

(1) 平行劃分與垂直劃分：在土地管轄方面，依地域而劃分權限之方式，主要有平行劃分與垂直劃分兩種。

① 平行劃分：民事訴訟法之土地管轄，係將全國同級之法院，劃定一定之土地界限，為其管轄區域。行政調解業務之管轄，亦係將全國同級之行政調解機關，劃定一定之土地界限，為其管轄區域。可見土地管轄，通常被用為定同層級行政機關之權限劃分的重要依據，因係同層級之權限劃分，故一般稱之為「平行之劃分」[48]。

② 垂直劃分：在不同層級行政機關之間，亦可因不同層級而有不同層級土地管轄之問題，例如中央機關係以全國為管轄範圍，地方機關則分別以直轄市、縣市或鄉鎮市為管轄範圍，一般稱之為「垂直之劃分」，係相對於平行之劃分而言[49]。在最高法院、高等法院及地方法院等不同層級法院之間，亦有

---

[48] 同註 2，《行政程序法實用》，頁 37。土地管轄通常用於定同層級行政機關之權限劃分，即所謂「平行之劃分」，例如財政部臺灣北區國稅局、財政部臺灣中區國稅局、財政部臺灣南區國稅局。不過，於不同層級行政機關之間，亦有土地管轄之問題，即所謂「垂直之劃分」，例以中央機關以全國為管轄範圍，地方機關則分別以省（市）、縣（市）或鄉鎮為管轄範圍。

[49] 同前註。

所謂垂直劃分之土地管轄存在。筆者認為這些所謂垂直之權限劃分，主要是因層級不同如何劃分其權限問題，非屬一般土地管轄，應納為層級管轄範圍。

(2) 審判籍

土地管轄由被告方面言，民事訴訟法學者稱之為審判籍。所謂審判籍，係指於某一法院管轄區域內，有定管轄原因（如住所地、寄寓地、行為地等）之「地點」而言。審判籍尚可分為普通審判籍（人的審判籍）及特別審判籍（物的審判籍）兩種，原則上以人的審判籍為主。只要某第一審法院就某訴訟事件有管轄權者，該事件之被告即有受該法院審判之權利與義務。民事訴訟法所以規定以被告之住所為其普通審判籍者，係因被告之住所為其生活之準據，為防止原告之濫訴，徒增被告跋涉之勞，並保護原告之利益，此即所謂「以原就被」原則。

行政調解之審判籍，其處理之順序及原則如下：

① 首先適用行政調解特別法令規定

原則上行政調解特別法令對此均有規定，因為該機關均有其一定之轄區以為區隔，此一轄區即為審判籍之判定標準，應逐依該規定辦理。其審判籍規定之方式包括：

a. 糾紛發生地管轄原則：除有特別規定外，原則上糾紛發生地之行政調解機關均有管轄權，應向其申請調解。

b. 以原就被管轄原則：應向被告所在地或所屬轄區之行政調解機關申請調解（採購履約爭議調解暨收費規則第3條、消費爭議調解辦法第6條第2項第2款）。

c. 其他特別管轄規定：合意管轄（鄉鎮市調解條例第11條第3款、消費爭議調解辦法第6條第4款）、法律關係發生地（消費爭議調解辦法第6條第2項第3款）、糾紛之原因地或損害發生地（公害糾紛處理法第14條第1項）。

② 其次補充適用行政程序法規定

行政程序法對此之規定如後。

a. 普通審判籍：行政程序法第 11 條「行政機關之管轄權，依其組織法規或其他行政法規定之」，為所有行政行為普通審判籍之規定。行政程序法上之普通審判籍規定，並不是以土地管轄為標準，而是以該組織法規或其他行政法規之規定為準。換句話說，是以行政機關之權限為準。

b. 特別審判籍：行政程序法第 12 條規定之其他管轄權，係屬特別審判籍之規定，並規定其適用上之先後次序如下：

(a) 關於不動產之事件：依不動產之所在地。

(b) 關於企業之經營或其他繼續性事業之事件：依經營企業或從事事業之處所，或應經營或應從事之處所。

(c) 其他事件：關於自然人者，依其住所地，無住所或住所不明者，依其居所地，無居所或居所不明者，依其最後所在地。關於法人或團體者，依其主事務所或會址所在地。

(d) 不能依前述規定定其管轄權或有急迫情形者：依事件發生之原因定之。

③ 最後類推適用或改以法理方式適用民事訴訟法規定

由於行政調解特別法令及行政程序法有關規定甚多，相對地就擠壓到民事訴訟法類推適用之空間，但在未規定之部分，例如以原就被原則等，仍可類推適用。

3. 層級管轄

(1) 行政行為通常均有層級管轄：所謂層級管轄，係指將同一種類之事務、分屬於不同層級之機關管轄，如行政院環境保護署、縣市政府環境保護局。此種管轄權之界分，事實上是一種權限之垂直劃分，同時也是一種救濟制度之設計，為採取層級行政組織體系之特色，同時亦是決定訴願管轄之基本原則。可以說，層級管轄屬於行政機關行政行為之特色。

(2) 法院之審級管轄：我國民事訴訟採三級三審制，最高法院、高等法院及地方法院等三級法院之職務管轄，亦稱審級管轄，係依各級法院掌管事務之種類而定之管轄，即與此相當。

(3) 行政調解無需層級管轄：我國行政調解有關層級管轄問題，即應視該行政調解之有無級制之設計而定，有關行政調解級制問題，筆者於第一章中已予探討，不另贅述。在此筆者要特別說明的是，調解之本質屬非訟事件，其目的旨在疏減訟源，而非在取代訴訟，故嚴格言之，調解原則上應屬一級制，並無所謂審級問題，即使有所謂行政上之層級問題，但並非行政調解之層級，而係屬行政處理之層級，因層級之不同，而有所謂調解、調處、仲裁或裁決之不同層級或不同之行政處理方式（即所謂二級制或多級制之行政處理制度），如果將調解視為後續行政處理之必經前置程序，則就整個行政處理程序而言，好像也有所謂的層級管轄問題，不過嚴格言之，除調解外，其餘方式均非屬狹義的調解範圍。另外，即使是不同層級之不同調解機關，彼此之間亦無所謂隸屬之層級問題，例如不滿鄉鎮市調解委員會之調解結果，不得向縣市消費爭議調解委員會提出不服，而應向管轄之法院提起撤銷或無效之訴。採一級制之行政調解，並無所謂層級管轄問題。簡言之，原則上我國之行政調解均採一級制。同層級間之不同行政調解，以及不同層級間之不同行政調解，彼此之間均無所謂層級管轄問題。一般調解之方式，均以「調解」名之，以彰顯其任意調解之本質；如果調解因當事人不能合意而不能調解成立，則應由當事人儘速另循司法訴訟途逕行解決。

（三）民事訴訟法規定之管轄類型

1. 合意管轄

由於行政上管轄多屬法定管轄，依據管轄恆定原則，管轄權當然不得由行政機關任意設定或變更，亦不許當事人依協議而予

以更動，除非法律予以明定可以合意管轄，否則原則上應無所謂合意管轄之適用。

　　法定管轄，只是法律規定之管轄原則，該項規定事實上並不能盡然符合所有當事人需要，反而可能造成部分當事人不便，且民事訴訟亦以採不干涉主義為原則，故而在不妨礙公益之範圍內，應可允許當事人以合意方式定其管轄。合意管轄包括明示的合意（兩造當事人有明白之合意表示）與民事訴訟法第 25 條規定之默示的合意[50]在內。行政調解可否合意管轄之處理順序及原則如下：

(1) 首先適用行政調解特別法令規定

　　行政調解除著重在疏減訟源，而非行政行為是否妥適，與行政公權力之劃分較無相關，故無妨比照民事訴訟法規定可以合意管轄方式為之，如果行政調解特別法令有合意調解之明文規定（例如鄉鎮市調解條例第 11 條第 3 款、消費爭議調解辦法第 24 條第 2 項第 4 款），自應依該規定辦理。在此要特別說明的是，行政調解之合意，屬於定管轄之前提要件，尤其是鄉鎮市調解條例之合意管轄，該合意尚需經被合意管轄之行政調解機關同意始可，故行政調解管轄之合意，必須事先即應有明確之合意（積極的明示的合意），與民事訴訟法第 25 條規定事後之擬制合意（消極的默示的合意）不同。

(2) 其次補充適用行政程序法規定

　　如行政調解特別法令有關合意管轄之規定不足或根本未為規定者，應先就行政程序法相關規定予以補充適用。有關合意管轄行政程序法原則上係採否定見解，故無相關規定可供補充。

---

[50] 同註 4，頁 33 及 34。法定管轄，實際上於當事人不便者亦多，且民事訴訟以採不干涉主義為原則，在不妨礙公益之範圍內，應許當事人以合意定之。合意管轄包括明示的合意與默示的合意在內。

(3) 最後類推適用或改以法理方式適用民事訴訟法規定

行政調解特別法令規定可以合意管轄，該合意管轄之性質為何，行政調解特別法令及行政程序法既未規定，允宜從民事訴訟法相關規定予以類推適用。其原則如下：

① 合意管轄，僅在第一審，得依當事人之合意而定之管轄。

② 合意管轄，係基於當事人之合意，直接發生管轄變更之法律上效果之行為，故屬行政調解行為中之法律上契約行為，其要件與效果應依行政調解特別法令之規定決定之（此為我國及日本之通說，另有學者採私法行為說[51]）。

③ 合意管轄，為保障行政調解聲請人權益，應以附加的合意為原則，專屬的合意為例外。因為附加的合意，可以在法定管轄法院外，增加合意管轄法院，俾有多重選擇之機會；至於專屬的合意，因具有排除法定管轄之效力，容易遭強勢企業者之濫用，破壞當事人武器平等之原則，如其意思不明時，民事訴訟法學者認為宜解為具有排除法定管轄的專屬的合意[52]，惟筆者則認為在行政調解時，為有效保障調解聲請人之權益，宜解為附加的合意。

2. 專屬管轄

民事訴訟法另有專屬管轄規定，所謂專屬管轄，係指在法定管轄中，使某種事件，屬於固定之法院管轄，無論如何，不許變更之管轄。此種管轄，必須法律有明文規定，否則即非專屬管轄。

---

[51] 同註3，頁56。合意管轄係基於其合意，直接發生管轄變更之訴訟上效果之行為，故屬訴訟行為中之訴訟上契約行為。並註明此為我國及日本之通說。

[52] 同註3，頁58及59。如合意管轄法院中，僅列部分法定管轄法院，另附加若干原無管轄權之法院為其合意管轄法院，目的自在排除未列之其他法定管轄法院之管轄，應解為係專屬的管轄。專屬的合意因有排除法定管轄之效力，……吾人以為強勢之企業者，如預先印就繁雜之契約條文，其中摻雜合意管轄條款，而未促使對造注意，此項約定，顯有礙於他造之攻擊防禦權之行使者，似宜解為合意管轄之約定，有違公序良俗，而否定其效力，以資補救。

法院違之，其判決當然違背法令。筆者以為基於行政調解旨在疏減訟源，無需限制過多或過嚴，只要雙方並無反對意見，似無設此專屬管轄規定之必要。

3. 指定管轄

　　民事訴訟法上有指定管轄之規定，所謂指定管轄，係指對具體之訴訟事件，依法律抽象之規定難定管轄法院時，依上級法院之裁定而定之管轄。而行政調解，亦有指定管轄之規定（勞資爭議處理法第 11 條第 2 項、公害糾紛處理法第 16 條），可見指定管轄具有一定之重要性。事實上指定管轄對於管轄之衝突，可以有效處理，具有一定之功能，詳見後述。

　　有關指定管轄之法律上性質如何？學者學說不一，有主張其為法律上之裁判行為[53]者，有謂屬於司法行政行為[54]者，有解為屬於依法律之委託之立法行為[55]者。筆者認為在行政調解上之指定管轄，因需有法律為其依據，故應屬依法律委託之立法行為。

（四）行政調解管轄衝突之處理

　　行政機關或是法院，均應互相尊重彼此之管轄權。事實上，無論是民事訴訟事件或是行政調解事件，因管轄權之認定而發生爭議或衝突者，事屬常有，不論是同一事件數法院或數行政機關均認為有管轄權之積極衝突；或是數法院或數行政機關均認為無管轄權之消極衝突，此時即有所謂指定管轄之必要。

---

[53] 參見蔡章麟著「民事訴訟法」頁 59，對指定管轄主張其為法律上之裁判行為。

[54] 同註 29，頁 52。蓋指定管轄之本質，原為司法行政行為，僅在解決事件由何法院審判之問題，無許其聲明不服之必要也。

[55] 同註 2，《行政程序法實用》，頁 43。同一事件，數行政機關均有管轄權者，由受理在先之機關管轄（優先原則）。

1. 管轄權積極衝突之處理

　　　所謂管轄權之積極衝突，係指就同一事件，有數個管轄存在，又稱為管轄之競合。對於性質相同之管轄競合，其處理之順序及原則如下：

(1) 首先適用調解特別法令規定

　　　如該行政調解法令有規定者，例如有指定管轄（勞資爭議處理法第 11 條第 2 項、公害糾紛處理法第 16 條）或合意管轄（例如鄉鎮市調解條例第 11 條第款、消費爭議調解辦法第 24 條第 2 項第 4 款）規定者，自應遵依該規定辦理。

(2) 其次補充適用行政程序法規定

　　　行政程序法對此規定之程序為先協議後指定，另外筆者認為亦可以當事人合意為之：

① 優先管轄原則：對於同一事件，如果數行政機關均有管轄權者，即發生管轄競合或管轄積極衝突時，應依受理之先後次序，由受理在先之機關管轄[56]。

② 協議：依行政程序法第 13 條規定，原則上應由受理在先之機關管轄；如不能分別受理之先後者，應由各該機關協議定之；如不能協議或有統一管轄之必要時，由其共同上級機關指定管轄；如無共同上級機關時，由各該上級機關協議定之。

③ 指定：數行政機關於管轄權有爭議時，應先由其共同上級機關決定之；如無共同上級機關時，則由各該上級機關協議定之。人民就其依法規申請之事件，亦得向共同上級機關申請指定管轄，無共同上級機關者，得向各該上級機關之一為之。人民對行政機關依本條所為指定管轄之決定，不得聲明不服。

---

[56] 同註 3，頁 50。認為直接上級法院之所以得為指定管轄，實為基於民事訴訟法委任之立法行為。

④ 合意：除鄉鎮市調解條例及消費爭議調解辦法規定有合意管轄外，其餘行政調解特別法令或行政程序法均未規定，但是筆者認為：因各該行政調解機關本有管轄權，如經當事人合意由某一有管轄權之行政調解機關進行調解，原有之管轄權積極衝突已獲解決，無須再經協議或指定程序予以處理。

(3) 最後類推適用或改以法理方式適用民事訴訟法規定

在行政調解特別法令及行政程序法均未規定之部分，仍可類推適用民事訴訟法相關規定。此時，當事人除可依合意管轄方式辦理外，另依據選擇管轄之規定，當事人可選擇其中一行政調解機關聲請行政調解；經當事人之選擇而發生之管轄，即有優先管轄權，但其他未受選擇之法院，並不因之而喪失其管轄權。

2. 管轄權消極衝突之處理

所謂管轄權之消極衝突，係指就同一事件，數行政機關宣稱均無管轄權存在。其處理之順序及原則如下：

(1) 首先適用行政調解特別法令規定

如該行政調解法令有規定者，例如指定管轄（勞資爭議處理法第 11 條第 2 項、公害糾紛處理法第 16 條）或合意管轄（例如鄉鎮市調解條例第 11 條第 3 款、消費爭議調解辦法第 24 條第 2 項第 4 款）規定者，自應逕依該規定辦理。

(2) 其次補充適用行政程序法規定

如該行政調解法令未規定者，應優先適用行政程序法相關規定。行政程序法第 14 條有關管轄權之決定，解釋上包括積極衝突與消極衝突在內，均可適用。故在管轄權消極衝突時，應逕依指定管轄方式處理。

(3) 最後類推適用或改以法理方式適用民事訴訟法規定

在管轄權消極衝突時，因各該行政調解機關均無管轄權，此時之合意管轄，可能違反管轄法定原則，似乎無解。惟筆者基於行政調解旨在疏減訟源，不要對之限制過多或過嚴，何妨

類推適用民事訴訟法有關合意調解之法律規定作為依據，因而
解釋上當事人此時應仍可依合意管轄方式辦理。

（五）行政調解管轄類型之比較

消費爭議調解制度在設計之初，即已瞭解調解如同訴訟或訴願，無
法委由一個調解委員會處理，因此，如何將多數調解事件分配於各調解
委員會予以最有效之處理，即有比照訴訟或訴願規定，宜有管轄之設計，
俾資申請人及調解委員會有所依據。

依據消費爭議調解辦法第 6 條規定，消費爭議調解之管轄類型中，
除了專屬管轄以外，如雙方當事人之住（居）所、營業所、事務所不在
同一直轄市或縣（市）者，並另外設計四種管轄類型提供其選擇，得擇
一向調解委員會申請調解，該四種類型並無先後次序之分。

1. 專屬管轄類型：第 1 項明定雙方當事人之住（居）所、營業所、
   事務所均在同一直轄市或縣（市）者，應向該直轄市或縣（市）
   調解委員會申請調解，排除其他調解委員會管轄權之行使，具有
   專屬管轄之性質，主要是參考鄉鎮市調解條例第 11 條第 1 款所為
   之規定。其理由略為：
   (1) 雙方當事人之住居所等均在同一地方政府轄區內者，為避免造
       成某一方之不便，限制申請人應向該府消費爭議調解委員會申
       請調解。
   (2) 調解本質上屬於一種民事程序性質，本於當事人進行之原則，
       對於管轄之規定，本不必採嚴苛之規定，逕採雙方合意管轄之
       規定即可。但為避免調解委員會勞逸不均，本人認為在一定條
       件下予以專屬管轄之規定，仍有其必要性。
2. 土地管轄：尚可分為下列三種。
   (1) 以被就原之土地管轄：第 2 項第 1 款明定「消費者住（居）所
       所在地之調解委員會」有管轄權。民事訴訟法有關管轄之規定，
       係採以原就被原則；但本辦法為減少異地消費爭議進行調解

　　時，以原就被原則可能對消費者帶來不便或困擾，爰改採以被
　　就原之原則，增訂消費者得選擇向其住（居）所所在地之調解
　　委員會申請調解之規定。

(2) 以原就被之土地管轄：第 2 項第 2 款明定「企業經營者住（居）
　　所、營業所、事務所所在地之調解委員會」有管轄權。至所謂
　　營業所或事務所，在解釋上本即包括其分行在內。

(3) 特別之土地管轄：第 2 項第 3 款明定「消費關係發生地之調解
　　委員會」有管轄權，主要是參考鄉鎮市調解條例第 11 條第 2
　　款所為之規定。

3. 合意管轄：第 2 項第 4 款明定「其他經雙方當事人合意所定之調
　　解委員會」亦有管轄權，主要是參考鄉鎮市調解條例第 11 條第 3
　　款所為之規定，不同的是無需經接受聲請之調解委員會同意。另
　　外，行政院消保會為有效保障消費者權益，特別解釋企業經營者
　　不得與消費者成立專屬合意，約定以其他法院為第一審管轄法
　　院，排除消保法第 47 條之適用[57]，筆者認為消費爭議調解亦應比
　　照辦理，僅得為附加的合意。

4. 移送管轄：管轄不符規定者，應依職權移送管轄，而非不予受理，
　　此乃當然之理，無需明文規定。

　　另外，筆者要補充說明的是，在消費爭議處理之管道中，申訴及調
解可以有不同之管轄規定。因為申訴之受理機關，應以較能夠發揮行政
監督權限之主管機關為原則，故宜採以原就被原則；至調解則以方便
申請人為原則，二者由於切入角度不同，故可以有不同轄區之地方受
理機關。

---

[57] 行政院消費者保護委員會 91 年 1 月 28 日函釋略以：為使消費者得在其方便
　　訴訟之地點，對企業經營者進行訴訟，以貫徹消費者保護法保護消費者之意
　　旨，應認為企業經營者不得與消費者成立專屬合意，約定以其他法院為第一
　　審管轄法院，排除消費者保護法第 47 條之適用，如有此等約定，此等約定應
　　解釋為無效。

伍、行政調解在物（費用）方面之比較

在調解制度當中，調解的法律關係除了要有「當事人」、「事件」、「時」及「地」的因素外，尚需再加上「物」的因素，始稱完整。所以調解之「物」的問題，當然也具有舉足輕重之地位。

行政調解程序既然是屬於行政程序之一種，則行政調解之「物」，既然是與行政機關之行為有關，原則上應從行政調解之特別法或行政程序法規定作為解釋上之依據，惟在該等法令未有規定時，引用民事訴訟法有關法院調解規定或實務經驗及學者見解，作為類推適用或援為法理予以解釋，俾期行政調解之圓滿運作，因本質上均屬於調解性質，在理論上或實務運作上似亦應無不可。

行政調解在「物」方面，範圍甚廣，本節擬僅就行政調解之需否付費（即應否為義務調解）、如需付費其費用範圍及分擔問題兩方面加以討論如後。

一、行政調解與義務調解之比較

（一）義務調解問題

有關糾紛之處理，除了刑事糾紛或行政糾紛因涉及公權力之執行，採行義務辦理外，對於民事糾紛之處理，基於使用者付費之原則，原則上均應由當事人負擔相關費用，例如第一審訴訟費用最高以百分之 1 計收、仲裁費用最低以百分之 0.5 計收。調解亦屬民事糾紛之處理方式，要否計收費用，即有討論之空間。

1. 義務調解之必要性

在法治進步國家的司法機關，對於免費的義務調解，已認為是不合時宜之制度[58]。因為民事糾紛本質上屬於私權上之爭議，

---

[58] 同註 29，頁 457。

對於請求解決糾紛之人，基於使用者付費之理論，必須要支付相當的費用，國家司法機關才會受理進行處理，實無以公帑為某特定個人進行義務調解之必要；且為防止當事人濫用程序，聲請法院為不必要之調解，增訂因財產權事件聲請調解應徵收費用之標準，並明定非因財產權而聲請調解者免徵聲請費，以合理分配司法資源。因此，現行民事訴訟法規定之調解，係收取費用的調解，而非義務的（免費的）調解。更有學者則基於調解會造成訴訟遲延或濫用調解情形發生，並指出和解已足因應需要，而直言調解制度之非必要性[59]，調解制度在訴訟法上之不受重視，可見一斑。

2. 義務調解與行政調解之關係

行政調解制度應否收費，不可與法院調解等量齊觀，仍應以其特定目的予以考量。行政調解如果目的僅在疏減訟源，則應具有一定誘因才得以達成，免費的義務調解，即為其中之一，且為最重要之誘因。如果同樣要收費，大家當然仍以民事訴訟為主要考量，因此行政調解原則上均屬免費的義務調解。如果除了疏減訟源目的外，尚需輔以特殊專業的考量，並避免濫用調解者，例如公害糾紛之調解等，則採非義務性的調解為多。

（二）義務調解之探討

1. 非義務性調解之優缺點

(1) 優點

① 基於使用者收費之原則，比照民事訴訟事件及仲裁事件之情況，對於調解收取調解費用，較符合公平原則。

② 基於以價制量原則，參考刑訴訟事件已朝非義務性訴訟趨勢，可以有效避免濫訴。

---

[59]　同前註。

(2) 缺點

① 調解如要收取調解費用，可能削弱調解誘因，影響利用調解意願。

② 調解如要收取調解費用，可能增加費用負擔爭議，阻礙調解成立機會。

2. 調解是否收費之原則

對於調解應否收費，筆者提出下列建議處理原則：

(1) 收費：調解如被列為訴訟之必要前置程序者，即具有強制進行調解程序之依據，此時調解因已成為訴訟進行之必要程序，與訴訟已難截然劃分，屬於一種非義務性調解性質，允宜比照訴訟程序或仲裁程序規定，以收取費用為原則；惟其所收取之費用比例金額應低於民事訴訟費用或仲裁費用，俾增加調解成立之誘因。

(2) 義務：調解如未被列為訴訟之必要前置程序者，因未具有強制進行調解程序之依據，是否進行調解程序，全憑當事人意願，此時調解程序因與訴訟程序並無任何牽連，可以截然劃分，為增加調解誘因以提高調解意願，並達有效疏減訟源目的，應以義務性調解為原則。惟此之所謂義務性調解，僅指一般性之調解費用不必負擔而已。

二、行政調解費用之比較

（一）非義務性之行政調解費用

有關非義務性之行政調解費用問題，其處理依據及順序如下：

1. 首先適用行政調解特別法令規定

如該行政調解法令有規定者，自應逕依該規定辦理。經查採非義務性之行政調解，計有著作權爭議事件調解、積體電路電路布局爭議事件調解、公害糾紛事件調解、採購履約爭議事件調解

等，其中並以採購履約爭議事件有關調解費用，規定最為詳細。有關行政調解收取費用之類型如下：

(1) 定額收費：尚可分為下列一般定額及特別定額收費兩種。

　①一般定額：該收費之定額，原則上均以「申請費」名目為之，並將之視為「規費」，論件計收，惟未明文是否另收與調解有關所支出之其他費用。例如著作權爭議事件調解，每件收取申請費新台幣 3 千元（著作權相關案件規費收費標準第 2 條第 5 款）、積體電路電路布局爭議事件調解，每件收取申請費新台幣 1 萬 2 千元（積體電路電路布局規費收費準則第 3 條第 8 款）。

　② 特別定額：因當事人請求調解內容之不同類別而予以分別定額收費，原則上亦屬於「規費」性質，並論件計收。例如公害糾紛事件調解，因損害賠償而申請者，每件收取新台幣 3 千元；非因損害賠償而申請者，每件收取新台幣 1 千元；二種並為請求者，分別計算收取之。且此之定額費用，僅指調處費及裁決費而言，並不包括其他因調處或裁決所支出之費用（公害糾紛處理收費辦法第 4 條至第 6 條、第 12 條）。另外，公害糾紛處理法並規定應徵收調查證據費用（公害糾紛處理法第 43 條）。

(2) 分級收費：由於採購履約爭議事件有關調解費用，在「採購履約爭議調解暨收費規則」第 30 條至第 38 條規定甚為詳細，茲以之為例，說明其調解費如下：

　① 以請求或確認金額為爭議標的之調解費：參照民事訴訟法及仲裁法等依其標的金額分級收費規定，明定其調解費分為新台幣 2 萬元、3 萬元、6 萬元、10 萬元、15 萬元、20 萬元及 25 萬元等七級計收。

　② 非以請求或確認金額為爭議標的之調解費：參照民事訴訟法及仲裁法等收費規定，明定其調解費為定額新台幣 3 萬元。

③ 論件及論類別計收，並合併計收其調解費。

④ 調解申請程序駁回者，收取新台幣 5 千元；撤回調解者，所繳調解費不退還；調解不成立時，由已繳費之當事人負擔。

⑤ 鑑定費及其他必要之費用，由當事人繳納。

2. 其次補充適用行政程序法規定

依行政程序法第 52 條第 1 項「因行政程序所生之費用，由行政機關負擔」之規定，係以無償為原則，由於行政調解程序屬於行政程序之一種，其因該行政調解程序所生之費用，自應由該行政調解機關負擔為原則，但有行政程序法第 52 條第 1 項但書及第 2 項規定之下列例外情形，仍應予收費。

(1) 專為當事人或利害關係人利益所支出之費用：例如影印、複印費用，係屬「專為當事人或利害關係人利益所支出之費用」，本於使用者付費原則，得酌收費用，但並不包括閱覽費、聽證費在內[60]。另專為當事人利益之主張，而為鑑定、測量或勘驗等費用均包括在內。

(2) 可歸責事由之延滯費用：因可歸責於當事人或利害關係人之事由，致程序有顯著之延滯者，其因延滯所生之費用，由其負擔。

(3) 超出行政程序法第 52 條所規定之費用：即非因行政程序所生之費用範圍，例如膳食住宿費等，仍應由當事人或利益關係人自行負擔。

---

[60] 法務部 89 年 12 月 12 日法 89 律字第 039047 號函略以：查提供閱覽卷宗資料，係行政機關依法將行政程序之資料提供當事人或利害關係人閱覽，尚難認係專為當事人或利害關係人利益支出之費用。又「聽證」制度在積極方面可集思廣益、加強溝通，以提高行政效能；在消極方面，可防止專斷，以確保依法行政，此為現代法治國家之要求，故聽證費用亦難謂係屬「專為當事人或利害關係人利益所支出之費用」。而影印、複印部分本於使用者付費原則，得酌收費用，自不待言。

3. 最後類推適用或改以法理方式適用民事訴訟法規定

  (1) 原則：行政調解要否收取調解費，應有法令（行政調解特別法令或行政程序法）之明文依據，否則即不得為之，且因非訴訟事件或法院調解事件，原則上應無民事訴訟法有關調費規定之類推適用。

  (2) 例外：在行政調解應徵收調解費時，行政調解特別法令及行政程序法均未規定之下列調解其他費用部分，仍可類推適用民事訴訟法相關規定。

    ① 調解不成立者：行政調解類推適用民事訴訟法第 423 條第 1 項後段規定，調解程序之費用由聲請人負擔。

    ② 調解成立者：行政調解類推適用民事訴訟法第 84 條規定，其調解費用各自負擔之。但別有約定者，不在此限。

    ③ 撤回調解者：行政調解類推適用民事訴訟法第 425 條但書規定，由聲請人負擔因聲請所生之全部費用。

（二）義務性之行政調解費用

有關義務性之行政調解費用問題，其處理依據及順序如下：

1. 首先適用行政調解特別法令規定

    例如消費爭議調解辦法第 24 條及醫療糾紛處理法草案第 37 條，基於促進消費關係或醫病關係和諧並減少訟源，具有公益之性質，故而明定該調解不收費用[61]，自應逕依該規定辦理。至勞資爭議處理法等其餘未明定要收費或不收費之行政調解，則尚有待相關法令予以補充適用。

  (1) 全部免費原則：例如醫療糾紛處理法規定，病人申請之醫療糾紛調解，包括鑑定費等費用在內，均免收費用。

---

[61] 醫療糾紛處理法草案第 37 條立法理由：「本法所定醫療糾紛之調解及仲裁，係以促成雙方達成協調為目的，俾疏減訟源並促進醫病關係和諧，具有公益性質，爰規定不收任何費用。」

　　(2) 部分免費原則：大部分之行政調解，為鼓勵利用，均採部分免費為原則，例如鄉鎮市調解及消費爭議調解等，均規定除勘驗費或鑑定費外，不得以任何名義，徵收任何費用。

2. 其次補充適用行政程序法規定

　　(1) 一般行政費用：依行政程序法第 52 條規定，係採不收費為原則，以收費為例外，不另贅述。

　　(2) 調查證據費用：依行政程序法第 36 條「行政機關應依職權調查證據」之規定，此屬行政程序應有之基本行為，該調查證據之費用，解釋上應係屬於第 52 條第 1 項前段行政程序所生之費用內，故應由該行政機關負擔，行政調解機關既屬行政機關，自應不能例外。

　　(3) 證人費用：一般而言，證據包括人證及物證兩種，故解釋上證人亦屬於調查證據程序所含括之內容，故因而所生之證人費用，應由行政機關自行負擔，行政調解機關亦不能例外。

　　(4) 鑑定或勘驗費用：行政程序法第 41 條規定之鑑定，或第 42 條規定之勘驗，解釋上均非屬一般調查證據程序之內容，而應屬於特別之調查證據程序，須俟有必要時才為之，且其性質僅於當事人間有其實益，應係屬於行政程序法第 52 條第 1 項但書「但專為當事人或利害關係人利益所支出之費用，不在此限」之範圍，而應由聲請鑑定或勘驗之人負擔。

3. 最後類推適用或改以法理方式適用民事訴訟法規定

　　　　與前述非義務性調解一樣，除調解費外，在行政調解特別法令及行政程序法均未規定之其他部分，原則上仍可類推適用民事訴訟法相關規定，不另贅述。

（三）行政調解費用之比較

1. 消費爭議調解亦屬義務性之行政調解

　　為鼓勵消費者多加利用，消費爭議調解制度亦採用調解免費原則，依據消費爭議調解辦法第 24 條「調解除勘驗費及鑑定費應由當事人核實開支外，不得徵收任何費用，或以任何名義收受報酬。」之規定，有關消費爭議調解之費用分別為：

(1) 原則：調解不收費。消費爭議調解，原則上不得徵收任何費用，或以任何名義收受報酬。此之任何費用，係指進行調解所生之一般行政費用而言，亦即消費爭議調解委員會行政機構運作之費用，符合行政程序法第 52 條第 1 項應由行政機關負擔之規定，筆者認為其範圍應包括調解之人員、調解之場所、調解製作之文書及調解之通知等，均應由消費爭議調解機關編列年度預算支應。

(2) 例外：所謂勘驗及鑑定費用，係進行調解因應當事人個人要求所特別支出之費用。在調解進行時，由於勘驗或鑑定並非調解之必要行為，如有當事人提出應行勘驗或鑑定者，因而進行勘驗或鑑定，均需另請其他專業人員或專業機構辦理，均非屬於調解委員會之一般行政費用，而係因應當事人要求，專為當事人利益所生之費用，符合行政程序法第 52 條第 2 項由當事人自行負擔之但書規定，應由申請之當事人核實開支。筆者亦認為，勘驗費及鑑定費，應由申請勘驗或鑑定之人負擔規定，除可避免浮濫申請勘驗或鑑定外，另外勘驗或鑑定之費用昂貴，亦是一大原因。

2. 消費爭議調解費用之比較探討

　　由於消費爭議調解之特別法令與其他行政調解之特別法令一樣，對於行政調解之調解費用，並未加以詳細規定，只存在補充適用順序之問題，在理論及實務上並無太大之不同。因此，並無加以特別比較之必要，爰予從略。

陸、結語

　　行政調解在制度上之設計，原則上須受其行政機關權限之限制，由於行政調解行為係屬一種行政上之司法行為，並非純粹行政行為，故在組織法上固可全部適用行政法，但在作用法上則必須相當地受到司法權的限制，以免侵害人民的訴訟權。故而許多行政機關為避免爭議，在設計行政調解之制度時，多以民事訴訟法規定之法院調解或鄉鎮市調解條例之相關規定作為藍本，導致我國各種行政調解制度在設計上發生大同小異之情形，爰將其整理列表（如附表），俾便查閱。

　　現行之行政調解制度，除了鄉鎮市調解條例、公害糾紛處理法、醫療糾紛處理法草案規定較為周延完整外，其他均甚為簡略，而行政程序法亦無法有效全面性適用於此種行政司法行為，因此有無訂定一個行政調解制度之通則必要，亦值得考慮，目前已有學者對此加以研究[62]。另外，法務部現正進行研修鄉鎮市調解條例事宜，草案共修正 23 條、增訂 4 條，相關增修訂部分[63]，亦值得加以注意，俾作為將來援用上之重要參考。

　　基於使用者付費之原則，且為避免調解過於浮濫，有些行政調解制度收取調解費用，固屬無可厚非，然應注意此種設計是否會影響當事人利用之意願，以及有無必要之配套措施，例如比照民事訴訟法規定之訴訟救助之設計，以免阻礙了無資力人利用調解制度，否則即對行政調解制度旨在疏減訟源之設計目的有違，可能即無存在之必要。

---

[62]　同註40，頁 141 至頁 153。已擬訂「行政機關介入私權爭議作業須知草案」，全文計 20 條，可供參考。

[63]　同註 14。

調解委員會名稱	消費爭議調解委員會	鄉鎮市調解委員會	法院調解	醫療糾紛調解委員會	勞資爭議調解委員會	著作權審議及調解委員會	採購申訴審議委員會	公害糾紛調處委員會	各級耕地租佃委員會
範圍 民事	消費爭議	一般爭議	民事糾紛	醫療糾紛	勞資爭議	著作爭議案件	採購履約爭議	公害糾紛	耕地租佃爭議
範圍 刑事	無	告訴乃論案件	無	告訴乃論案件	無	告訴乃論案件	無	無	無
申請人之資格	僅受害消費者可申請	雙方當事人均可聲請	雙方當事人均可聲請	雙方當事人均可聲請	雙方當事人均可申請	雙方當事人均可申請	雙方當事人均可申請	雙方當事人均可申請	雙方當事人均可申請
有無調解前置程序	須先經申訴之程序	無	無	無	無	無	無	無	無
是否訴訟前置程序	否	否	是	是(惟不限本調解)	否	否	否	否	否
調解級制	一級制	一級制	一級制	採調解及仲裁二級制	採調解及仲裁二級制	一級制	一級制	採調處及裁決二級制	採調解及反調處二級制
第一級 調解成立之效力	經法院核定後與民事確定判決有同一之效力	經法院核定後與民事確定判決有同一之效力	與訴訟上和解有同一之效力	經法院核定後與民事確定判決有同一之效力	視為當事人間之契約或團體協約	視為當事人間之契約	與訴訟上和解有同一之效力	經法院核定後與民事確定判決有同一之效力	一方不履行時得逕向法院聲請強制執行
第一級 調解不成立之救濟	當事人得向法院提起訴訟	當事人得向法院提起訴訟	得向法院起訴:如已起訴者續行訴訟程序繼續進行	得訂立仲裁協議進行仲裁	得向勞資爭議委員會申請仲裁	當事人得向法院提起訴訟	當事人得向法院提起訴訟	當事人得向法院提起訴訟	耕地租佃移送上一級租佃委員會調處
第二級 調解成立之效力	無	無	無	仲裁之效力準用仲裁法規定	視為當事人間之契約或團體協約	無	經法院核定後與民事確定判決有同一之效力	無	一方不履行時得逕向法院聲請強制執行
第二級 調解不成立之救濟	無	無	無	當事人得向法院提起訴訟	當事人對仲裁不得聲明不服	無	當事人得向法院提起訴訟	無	委員會移送法院並處理免收裁判費
要否繳費	否	否	要	否	否	否	要	否	否
調解之管轄	以方便消費者進行調解為原則不受以原就被原則之限制	採以原就被原則(但經兩造同意者不在此限)	與訴訟管轄同採以原就被原則	由醫療糾紛發生地主管轄	未規定(解釋上以採以原就被管轄原則)	未規定(解釋上以採以原就被管轄原則)	由發生糾紛之採購機關所設之主管機關主管申訴會專屬管轄	採以公害糾紛因而發生之原因事實發生地為專屬管轄	由耕地所在地之委員會管轄
中斷時效之效力	未規定(應依民法規定)	未規定(應依民法規定)	未規定(應依民法規定)	未規定(應依民法規定)	未規定(應依民法規定)	未規定(應依民法規定)	未規定(應依民法規定)	未規定(應依民法規定)	未規定(應依民法規定)

第三章　行政調解在組織架構上之比較

——以消費爭議調解為中心[*]

前　言

　　行政法可分為行政組織法及行政作用法兩大類，前者係規範行政機關內部運作，後者則規範行政機關對外行為為主，分別產生組織法關係及作用法關係[1]，由於徒法不足以自行，因此在公行政的運作施行方面，必須結合龐大之人力及物力，建立各種「行政組織」，以完成其行政任務[2]，行政調解亦不能例外，亦應建立行政調解之組織，以辦理是項行政調解業務。

---

[*]　本文原為〈消費爭議調解與其他調解在組織法上之比較〉刊載於消費者保護研究第十二輯，民國 95 年 12 月，頁 69 至頁 152，行政院消費者保護委員會編印。

[1]　劉宗德著〈臺灣地區行政法律關係之適用法〉，收錄於氏著《行政法基本原理》（頁 95 至頁 126），1998 年一版，學林文化事業有限公司出版，頁 99。所謂組織法關係，泛指國家或地方公共團體等行政主體間之關係，或上級機關與下級機關及對等機關間此等行政機關之縱、橫關係。至於作用法關係，則指行政主體或行政機關，為達成其任務之行政目的，以一般人民為相對人，實施各種行政活動所生之法律關係。

[2]　陳敏著《行政法總論》，民國 93 年 11 月四版，三民書局總經銷，頁 874。認為：公行政必須結合龐大之人力及物力，建立各種「行政組織」，以完成其行政任務。

　　由於我國有關行政調解制度有甚多不同類型[3]，筆者為期進一步說明行政調解組織之特色，擬分就行政調解制度中有關調解組織之定位、調解組織之成員等，與行政組織法有關的問題進行比較討論。

壹、行政調解組織定位之比較

　　所謂行政組織法，係以規定「行政機關」之地位、權限、編制及其構成分子為其主要內容之法規[4]，可見係以行政機關為其規範之主軸。行政機關為推動行政調解制度，原則上亦應特別設置行政調解之組織（俗稱行政調解機關），以專責辦理行政調解業務；惟因此種組織亦可以個案任務編組方式為之，俾保持其組織之彈性[5]，導致行政調解之組織型態不一。由於該等行政調解之組織既係由行政機關所設置，故該等組織在本質上亦應屬於行政組織之一種類型或內容，因此首先需要就其組織定位方面加以討論比較。

一、行政機關判斷標準之探討

　　依據三權分立有關國家公權力的分配理論，行政國家公權力的機關，主要有立法機關、司法機關及行政機關等三大類型。可見「機關」係屬於一種上位概念，「行政機關」則為其下位概念，行政調解之組織，

---

[3]　有關我國行政調解制度的類型，請見前述第二章「行政調解在制度設計上之比較（以消費爭議調解為中心）」。

[4]　林紀東著《行政法》，民國83年11月再修訂再版，三民書局發行，頁145。行政組織法者，規定行政機關之地位、權限、編制及其構成分子之法規也。

[5]　行政院研究發展考核委員會編著《行政機關介入私權爭議之研究》，民國89年8月初版，頁142及頁143。「行政機關介入私權爭議作業須知草案」第4條第1項及其立法理由，對此即有詳細之規定及說明。

既係由行政機關所設置,故有必要探討該組織之定位,是否符合執行行政公權力的「行政機關」。

　　經查目前對於「行政機關」一詞加以法律定義者,僅有「行政程序法」及「中央行政機關組織基準法」兩種法律,在個案討論時應同時加以注意。否則有關行政機關之範圍及類型,將因「行政機關」之定義不同,而有不同之結果,故而在探討行政調解組織定位之前,有先論述該兩種法律相關規定之必要,俾作為行政機關判斷標準之法律依據。

(一) 行政程序法

　　民國88年2月3日公布之行政程序法,是我國針對「行政機關」一詞,唯一以法律予以明文定義之現行法;雖然行政程序法是以規制行政處分、行政契約、法規命令、行政規則、行政計畫、行政指導等行政作用之程序為主[6],屬於行政作用之程序法,但因我國目前尚無行政組織通則規定,無法據為處理相關問題,因此,無論行政程序法有關行政機關的定義是否妥適,至少它是一個法律規定,有其一定之拘束力及公信力,筆者認為可以作為目前對「行政機關」解釋之最重要參考依據。

　　依照行政程序法第2條所規定之「行政機關」,除了包括中央及地方行政機關之「一般行政機關」以外,尚包括「視為行政機關」在內,主要著重在應負行政責任之行政機關誰屬,而非行政機關之組織架構問題,此為其與中央行政機關組織基準法最大的不同所在。行政程序法針對行政機關規定之特點如下:

　　1. 行政程序法對行政機關之定義採廣義說[7]:依據行政程序法第2條規定,所謂行政機關包括「一般行政機關」及「視為行政機關」二種,前者屬於組織法上的行政機關,後者屬於作用法上的行政

---

[6] 吳庚著《行政法之理論與實用》(增訂七版),頁494。

[7] 法務部90年6月21日法90律字第018269號函。按行政程序法2條第2、3項規定:「略」故除本法或其他法律另有規定外,應適用本法之機關,係採廣義說與實質說,並不限於行政院暨其所屬各機關,其他具有單獨法定地位之組織,於從事公共事務、行使公權力時,亦屬本法之行政機關。

機關。本文所謂的行政機關，係以組織法上的行政機關為限，併此敘明。

(1) 一般行政機關：依據行政程序法第 2 條第 2 項「本法所稱行政機關，係指代表國家、地方自治團體或其他行政主體表示意思，從事公共事務，具有單獨地位之組織」之規定，此之行政機關包括中央及地方之行政機關在內，也包括中央及地方之公立學校、公立醫院等行政主體（特殊公法人）在內（廣義的行政機關）。因其本身即為一種執行公權力之行政組織，故屬組織法上的行政機關。

(2) 視為行政機關：依據行政程序法第 2 條第 3 項「受託行使公權力之個人或團體，於委託範圍內，視為行政機關」之規定，擴大行政機關之範圍，除了前述行政機關外，並將受託行使公權力之個人或團體，在委託行使公權力之範圍內，亦視為行政機關（實質的行政機關）。因為此種個人或團體本身並非為行政組織，僅因受託執行公權力而被視為行政機關，故屬作用法上的行政機關。

2. 行政程序法有關行政機關之定義，可以作為行政機關之認定標準：依據行政程序法第 2 條第 2 項規定，行政機關係為「具有單獨地位之組織」，就法定事務能決定並對外表示國家或地方自治團體或其他行政主體意思之組織，以行使公權力，從事公共行政事務為其特性；其組織有單獨之法規為其依據，並有獨立之編制、預算及印信。因此，通說認為行政機關不論中央或地方層級，均須具有下列「單獨之組織法規」、「獨立之預算及編制」、「獨立之印信對外行文」等三個構成要件，缺一不可[8]。另外亦有學者[9]認

---

[8] 行政程序法第 2 條立法理由、吳庚著《行政法之理論與實用》（增訂七版）頁 168、最高行政法院 91 年 5 月 31 日 91 年度字第 462 號裁定及法務部 90 年 4 月 6 日法 90 律字第 009007 號函，均持相同之見解。其中最高行政法院裁定：所稱行政機關，係指代表國、地方自治團體或其他行政主體表示意思，從事公共事務，具有單獨法定地位之組織（行政程序法第 2 條第 2 項參照），在此

　　為應予以彈性認定，雖有一定見地，惟究屬少數說，筆者基於行政機關須具有一定之權責，不宜彈性認定，仍贊同通說。

(1) 單獨之組織法規：依據「組織法定原則[10]」，應以法令定之，其中「中央機關」依據中央法規標準法規定應以「法律」定之，「地方機關」依據地方制度法規定應以「（組織準則、規程、自治條例等）法令」定之，否則即非合法之行政機關，此項要件關涉該行政組織之權義能力問題，因其具有把關之重要角色，故可稱其為行政機關之「根本要件」。因此，凡是不得以自己名義作成意思表示於外，又無單獨之法定地位[11]者，即非行政機關，而應屬內部單位[12]。

所指之「單獨法定地位之組織」者，係以具有經由中央或地方立法機關訂定該組織的法律、條例、通則或規程，即行政機關須具有「單獨之組織法規」、「獨立之編制和預算」以及依印信條例頒發之印信，並此敘明。

9　蔡茂寅、李建良、林明鏘、周志宏合著《行政程序法實用》，2001 年 10 月第二版，學林文化公司，頁 11 及頁 12。如行政機關所為者係以意思表示為要素，對外發生法律效果的法律行為（例如行政處分、行政契約），則此時之行政機關須具有獨立之組織編制、預算、單獨之組織法規、並持有印信關防（此一判斷行政機關與內部單位之基準）；如若行政機關所為者係不對外直接發生法律效果之內部行為（例如行政規則），抑或不以意思表示為要素的事實行為（例如行政指導），則無強求其須具備如上要件之必要。而本法適用的程序類型既然包括訂定行政規則、實施行政指導、乃至處理陳情等內部或事實行為，則本法所稱之行政機關似無其概念範疇過分限縮之理。從而，本法第 2 條第 2 項之規定，應有重行檢討，並予適度放寬之必要。

10　李震山著《行政法導論》，2005 年 10 月修訂六版一刷，三民書局發行，頁 84 以下。行政組織組織法定原則：行政機關之組織應以法令定之，稱為組織法定原則（又稱組織法律主義），從法律保留及法律明確性原則而言，乃屬必然之理，藉此行政機關之成立與運作，方得以接受民意監督，進而落實主權在民之理念。行政機關之組織法令，國家（中央）機關應以法律（包括憲法及法律）定之（中央法規標準法第 5 條第 3 款），地方機關則分別以省（市）法規或縣規章（自治規章）定之（省縣自治法第 42 條）。

11　行政程序法第 2 條第 2 項立法理由。

12　同註 10，李震山前揭書，頁 84 以下。

(2) 獨立之編制及預算：係屬行政機關能否順利運作之重要資源，一個行政機關如欠缺此項要件，即其內部意思之形成及業務之推動，必須假手他機關，事事必須仰人鼻息，無法獨立自主地決定其意思，故屬行政機關具否獨立運作能力之「內部要件」。

(3) 獨立之印信對外行文：行政機關具有依印信條例所頒發之印信，一般稱之為「關防」，並能以自己名義對外行文，此種資格類如行為能力，係屬一種具否獨立運作資格之「外部要件」。一個獨立之行政機關，必須具有法定印信及對外行文能力，亦即要以自己名義蓋用法定印信對外行文，才符合該行政機關對外表示意思之法定要件，如無法以自己名義對外行文，該行政組織應僅屬行政機關之內部組織而已；如無法擁有自己名義之法定印信對外行文，原則上並不能發生行政行為之強制效果，至多僅屬具有通知之效果，均非屬獨立之行政機關。因此，「獨立之印信對外行文」，事實上即為該行政組織具否行為能力之「外部要件」，如欠缺此項要件，事事必須假藉其主管行政機關名義，則為無行為能力之行政組織。

（二）中央行政機關組織基準法

民國 93 年 6 月 23 日公布之中央行政機關組織基準法（以下簡稱基準法），對於所有中央行政機關的組織予以基本規定，屬於組織法性質，有關中央行政機關組織方面的問題，均應優先適用基準法的規定。

不過，依基準法第 35 條：「行政院應於本法公布後三個月內，檢討調整行政院組織法及行政院功能業務與組織調整暫行條例，函送立法院審議。（第 1 項）本法公布後，其他各機關之組織法律或其他相關法律，與本法規定不符者，由行政院限期修正，並於行政院組織法修正公布後一年內函送立法院審議。（第 2 項）」之規定，依據法律不溯及既往原則，該基準法不能適用於在此之前業已成立現有之中央行政機關，換句話

說，現有行政院及其所屬中央機關，在未經依據基準法規定處理之前，不能援用基準法規定作為抗辯事由。

　　基準法針對中央之「機關」一詞，業以法律予以明文定義，且基準法第 5 條第 3 項明定：「本法施行後，除本法及各機關組織法規外，不得以作用法或其他法規規定機關之組織。」屬於中央機關組織法令之特別規定，將來亦必須加以遵守。基準法針對機關規定之特點如下：

1. 基準法對機關定義採狹義說：基準法有關機關之定義，對其他法律之規定而言，屬於特別規定，在討論中央機關時，自應優先適用；不過，因基準法僅就「一般行政機關」規定，並不及於行政程序法所規定之「視為行政機關」，同時要特別注意僅適用於行政院及其所屬各級機關之中央行政機關，其他中央政府機關可以準用（基準法第 38 條），但不包括地方行政機關在內，故係採狹義說。

2. 基準法對機關層級採四級組織：依基準法第 3 條規定之「中央行政機關」，除行政院為一級機關外，其所屬各級機關依層級為二級機關、三級機關、四級機關等四個層級不同的機關，作為所有中央行政機關組織層級劃分之基準。其中四級機關之組織以命令定之（基準法第 4 條），則為中央法規標準法第 5 條第 3 款「國家機關之組織應以法律定之」之特別規定。

3. 基準法對機關組織採四種類型：基準法將中央行政機關分為「一般機關（首長制）」與「獨立機關（委員會）」、「附屬機關（一級機關所屬之委員會及二級機關所屬之首長制署局）」、「行政法人」等四種類型不同的機關。

　　關於基準法有關機關之規定，爰綜合說明如下：

1. 一般機關（首長制）：就法定事務，有決定並表示國家意思於外部（即應有獨立印信對外行文），而依組織法律或命令設立（即應有單獨之組織法規），行使公權力之組織（即應有獨立之編制及預算）。此之定義，依照筆者在括號內所加註之意見，與後述行政程

序法規定行政機關須係為「具有單獨地位之組織」所需三個要件，用語雖有不同，但在實質內容上並無太大差異，應可互為援用。

2. 獨立機關（委員會）：指依據法律獨立行使職權，自主運作，除法律另有規定外，不受其他機關指揮監督之合議制機關。依基準法第 32 條規定，此種相當二級機關之獨立機關，必須採行委員會制，目前僅中央政府設有獨立機關，地方政府尚未及之，故此之定義，僅適用於中央機關。至於所謂合議制機關，係專指行政機關所轄為決定行政決策之合議制機關而言[13]。

3. 附屬機關：指為處理技術性或專門性業務之需要，劃出部分權限及職掌，另成立隸屬之專責機關。此之定義，並非中央機關所專用，地方機關亦有附屬機關，其性質並無不同，筆者認為中央及地方行政機關均可一體適用。此之附屬機關，尚可歸納為下列委員會及首長制二種類型：

(1) 委員會制附屬機關：依基準法第 31 條第 1 項「行政院基於政策統合需要得設附屬機關委員會」規定，僅一級機關行政院始得為之，其餘一級以下行政機關僅能設置首長制附屬機關，不得設置委員會附屬機關，故將來之行政機關原則上似以採首長制為主。至於此之附屬機關委員會，雖然亦屬於合議制機關之一種，惟並不包括獨立機關委員會在內。

(2) 首長制附屬機關：此為各級行政機關設置之一般原則，僅因層級之不同，而有不同之附屬機關用語。

　① 部：一級機關設置首長制附屬機關（二級機關）之用語。依基準法第 29 條規定，行政院以下設「部」，由各部分別擔任綜合性、統合性之政策業務。

　② 署（局）：二級機關設置首長制附屬機關（三級機關）之用語。依基準法第 33 條規定，各部為處理技術性或專門性業務需要，得設附屬機關署、局。其中「署」用於業務性質與職掌

---

[13] 台中高等行政法院 92 年 11 月 13 日 92 年度訴字第 643 號判決。

　　或別於本部，兼具政策與執行之專門性或技術性機關；「局」
　　則用於部所擬定政策之全國轄區執行機關。

　③ 分署（分局）：三級機關設置首長制附屬機關（四級機關）之
　　用語。三級機關之署（局），為因應地方業務需要，尚可設置
　　附屬的分支機關分署（分局）。

4. 內部單位：基於組織之業務分工，於機關內部設立之組織。此之
定義，並非中央機關所專用，地方機關內部亦應設立單位，其性
質並無不同，筆者認為中央及地方行政機關均可一體適用。內部
單位，尚可歸納為下列類型：

(1) 業務單位：執行本機關職掌事項之單位（基準法第 23 條）。

(2) 輔助單位：辦理祕書、總務、人事、主計、研考、資訊、法制、
政風、公關等支援服務事項之單位（基準法第 23 條）。

(3) 特殊單位：一級機關、二級機關及三級機關，得依法設立掌理
調查、審議、訴願等單位（基準法第 27 條）。該單位因直接由
機關設立，屬於一級內部單位，惟因非屬一般性業務，亦非屬
支援服務事項，故屬於特殊業務單位，其單位名稱並未明定，
解釋上似不應受基準法第 25 條處司等一級內部單位名稱所限
制，惟必須要有法律之依據，故原則上應設置專任人力，惟以
兼任人力為之，亦非法之所禁。

(4) 任務編組：機關得視業務需要設任務編組，所需人員，應由相
關機關人員派充或兼任（基準法第 28 條）。任務編組主要係為
因應臨時性、綜合性或特殊性的業務需要而設置，但因其無專
任人力及經費，故其設置無需法律依據。

5. 行政法人：為執行特定公共事務，於國家及地方自治團體以外，
得設具公法性質之行政法人，其設立、組織、營運、職能、監督、
人員進用及其現職人員隨同移轉前、後之安置措施及權益保障
等，應另以法律定之（基準法第 37 條）。

（三）行政機關判斷之標準

　　綜合上述，筆者認為要判斷一個行政組織是否為一個行政機關，上述之行政程序法及基準法提供了我們一個非常好的判斷標準。其判斷程序為：首先依據行政程序法規定，來判斷行政組織是否具有行政機關之要件；其次再依據基準法規定，對於一個符合要件之行政機關，再依其組織型態、功能及運作方式，來判斷其屬於何種行政機關，不因其為中央與地方行政機關而有所不同。試以行政調解組織為例，說明如後。

1. 先依行政程序法規定，判斷行政調解組織是否屬於行政機關：主要為行政程序法第 2 條規定。

　　(1) 行政組織之判斷：一個組織，必須為執行行政公權力者，始為行政組織，如係執行司法公權力或立法公權力者，即非行政組織。因此，對於行政調解組織而言，首先即應探討其是否屬於執行行政公權力之組織。

　　　　行政調解組織主要在處理行政調解業務，其所為之行政調解行為，在定位上屬於一種行政行為，在定性上又具有行政指導性質，故行政調解組織為執行行政行為之一種行政組織，應有行政程序法規定之適用[14]。

　　(2) 行政機關要件之判斷：對於一個行政組織，我們需要接著再來判斷其是否具有一般行政機關之「單獨之組織法規」、「獨立之編制及預算」、「獨立之印信對外行文」等三個要件，凡具有前述三個要件之行政組織，無論其為中央行政機關或是地方行政機關，均無不可，但不包括視為行政機關在內。因此，行政調解組織雖然屬於行政組織，惟是否屬於行政機關，仍須進一步探討。

　　　　有關行政調解組織是否具有前述「行政機關」之三個要件，筆者將於下節予以詳細討論，於此不另贅述。

---

[14] 請見前述第一章「我國行政機關 ADR 制度之理論探討（以行政調解制度為中心）」。

2. 次依基準法規定，判斷屬於何種行政機關：依據行政程序法判斷該組織屬於一般行政機關以後，我們可以再依據中央行政機關基準法（中央機關之主要判斷標準）及地方制度法（地方機關之主要判斷標準）與其他組織相關法令，判斷該組織究屬何種層級、何種組織類型之行政機關，進一步瞭解該組織之特性。

　(1) 組織層級之判斷：一個行政組織，即使不具有行政機關之要件，亦有其一定之組織層級可以討論；依基準法規定，行政組織主要分成四個層級可作為我們的判斷標準，而且從組織層級之高低，可以透視出該組織之重要性程度。因此，要瞭解行政調解組織之重要性，我們亦應進一步去探討行政調解組織層級情形。

　　　　行政調解組織，中央及地方雖均有設置，惟因業務之需要性不同，表現在組織之層級上亦有所不同，就例如著作權爭議審議委員會，因係屬經濟部智慧財產局所設置，故屬於中央政府四級組織；另外消費爭議調解委員會，因係屬直轄市、縣市政府所設置之行政組織，故屬於地方政府二級組織。

　(2) 組織類型之判斷：即使不具有行政機關要件之行政組織，亦可討論其組織之類型，因為組織之類型如何，攸關該組織之功能及運作模式，所以亦有討論之必要。依基準法規定，行政組織主要有「一般機關（首長制）」與「獨立機關（委員會）」、「附屬機關（一級機關所屬之委員會及二級機關所屬之首長制署局）」、「行政法人」等四種類型不同的機關，可作為我們判斷的標準。因此，要瞭解行政調解組織之功能及運作模式，我們亦應進一步去探討行政調解組織類型情形。

　　　　行政調解組織之成立目的，旨在以第三者的立場對兩造當事人間的爭議，為調解、調處的角色，以解決利害對立雙方的糾紛，所為行政調解的結果與一般行政處分之效力不同，並且在進行調解時，需要藉助民間專家學者的專業知識，俾使民眾

更相信其決策的公信力及合理性，因此均採合議制委員會模式，甚少採行獨任制模式。

二、行政調解組織定位之比較

對於行政機關之定位，一般係指該行政機關在國家整個行政體制上，居於何種地位而言[15]。政府為辦理行政調解業務，必須成立組織，此即所謂行政調解組織[16]，此種行政調解組織，與一般行政機關有何不同，其定位如何，值得加以進一步討論。

（一）一般行政調解組織之定位

雖然行政調解之組織類型不一，惟既屬行政之組織，必須符合前述行政機關三個構成要件，才有資格成為行政程序法所定「具有單獨地位之組織」之行政機關。而且一般行政調解組織依其隸屬機關之不同，約可分為下列中央、地方及綜合行政調解組織三種類型，筆者將逐一討論其是否為「具有單獨地位之組織」。

1. 中央級之行政調解組織：經查現行由中央主管機關設置並自行辦理行政調解事宜者，即屬中央級之行政調解組織，計有「著作權爭議之調解組織」、「積體電路電路布局權爭議之調解組織」及「拒絕離機爭議之調解組織」等三種行政調解組織，惟依據下列分析探討結果，因目前均不具有單獨組織法規、獨立之預算及編制、

---

[15] 林紀東著《行政法新論》，頁 102。認為行政機關之地位，係指該行政機關在整個國家行政體制上，居於何等地位，受何種機關之管轄，可管轄何種機關，及與何種機關，居於互不統率關係之規定。

[16] 同註 5，《行政機關介入私權爭議之研究》，頁 142 及頁 143。草案第 4 條第 1 項：「為辦理行政調解、行政調處或行政仲裁，行政機關除得為一般私權爭議設置行政調解委員會、行政調處委員會或行政仲裁機構外，並得為特別私權爭議設置專門之行政調解委員會、行政調處委員會或行政仲裁機構。」並說明為滿足組織之經濟及專業上之需要，行政調解委員會等之組成採為個案任務編組的方式彈性為之，行政機關可依其人力條件規劃之。

獨立之印信對外行文等行政機關之要件，該組織故僅屬內部單位性質。

(1) 單獨之組織法規方面：目前均無單獨之組織法規。

　　中央級之行政調解組織中，經濟部（智慧財產局）依據民國74年修正公布著作權法第83條授權規定，於民國88年訂頒「經濟部智慧財產局著作權審議及調解委員會組織規程」，成立「經濟部智慧財產局著作權審議及調解委員會」，就著作權爭議事件辦理調解事宜；經濟部（工業局）依據民國84年公布積體電路電路布局保護法第36條第2項規定，授權主管機關經濟部於88年訂定「積體電路電路布局鑑定暨調解委員會設置辦法」，成立積體電路電路布局鑑定暨調解委員會，辦理積體電路電路布局權爭議事件調解事宜；交通部（民用航空局）依據民國91年修正公布民用航空法第47條授權規定，訂定「民用航空乘客與航空器運送人運送糾紛調處辦法」，惟並未另定組織法規，直接依該辦法第9條成立拒絕離機爭議調處委員會，辦理乘客與航空器運送人拒絕離機爭議事件調處事宜。

　　上述三個行政調解組織，因係由行政院所屬中央三級主管機關（經濟部智慧財產局、工業局或交通部民用航空局）設置，並自行辦理相關業務，故均屬行政院所屬之四級中央組織，目前雖有權限上之法律依據，但因組織上多以法令規定或逕以任務編組方式為之，無論是「組織規程」、「設置要點」或「調處辦法」，均非屬「法律」，核與中央法規標準法第5條第3款「國家機關之組織應以法律定之」規定不符，是否屬於具有「單獨之組織法規」，即有爭議，從而其是否屬於「具有單獨地位之組織」之行政機關，即成問題。

　　不過，在中央行政機關組織基準法公布施行後，因該基準法係中央法規標準法之特別法，故上述行政院所屬中央行政四級組織在中央政府組織再造後，將來方可依據該基準法第5條

第 2 項規定以「組織命令」為之,雖然可認定其具有「單獨之組織法規」,惟是否屬於「具有單獨地位之組織」之行政機關,仍應再就其是否具有獨立之預算及編制、獨立之預算及對外行文二方面予以探討。

(2) 獨立之預算及編制方面:目前均無獨立之預算及編制。

　① 獨立之編制方面:中央級之行政調解組織,依「經濟部智慧財產局著作權審議及調解委員會組織規程」第 3 條及第 4 條、「積體電路電路布局鑑定暨調解委員會設置要點」第 3 點及第 4 點,均明定該會之主任委員、委員及工作人員均屬兼任性質;至於「拒絕離機爭議調處委員會」,則因該會並無組織法規,屬於一種臨時性任務編組性質,故均屬未具有「獨立之編制」。

　② 獨立之預算方面:中央級之行政調解組織,依「經濟部智慧財產局著作權審議及調解委員會組織規程」第 9 條、「積體電路電路布局鑑定暨調解委員會設置要點」第 18 點,均明定所需經費由經濟部智慧財產局或電路布局專責機關於年度預算中編列;至於「拒絕離機爭議調處委員會」,亦因該會並無組織法規,屬於一種臨時性任務編組性質,其所需年度預算,應由主管機關交通部民航局支應,故均屬未具有「獨立之預算」。

(3) 獨立之印信對外行文方面:目前均無獨立之印信對外行文。

　　中央級之行政調解組織,依「經濟部智慧財產局著作權審議及調解委員會組織規程」第 10 條、「積體電路電路布局鑑定暨調解委員會設置辦法」第 19 條,均明定該會不對外行文,其決議事項經智慧財產局局長或電路布局專責機關首長核定後,以該局名義或電路布局專責機關名義行之;至於「拒絕離機爭議調處委員會」,亦因該會並無組織法規,屬於一種臨時性任務

編組性質，當然不能以自己名義對外行文，而應以民用航空局名義行之，故均屬未具有「獨立之印信對外行文」。

2. 地方級之行政調解組織：行政調解尊重就源處理原則，在哪裡發生，就在哪裡解決，因此在所有之行政調解組織當中，絕大部分均屬地方級之行政調解組織。經查現行由地方主管機關設置，並自行辦理行政調解事宜者，即屬地方級之行政調解組織，除「消費爭議之調解組織」予以另外專案論述外，計有「耕地租佃爭議之調解組織」、「建築爭議之處理組織」、「九二一災區不動產爭議之調處組織」、「不動產爭議之調處組織」、「醫療糾紛之調解組織」、「鄉鎮市調解之組織」、「勞資爭議之調解組織」等七種，雖然具有單獨之組織法規，然因並無獨立之預算及編制、獨立之印信對外行文等二個行政機關之要件，仍僅具有內部單位之性質而已[17]。

(1) 單獨之組織法規方面：目前全部均具有單獨之組織法規，尚可依其是否另訂有組織法規而予以分別說明。

① 已另訂組織之法規者：計有下列五種地方級之行政調解組織。

內政部依據民國 40 年公布耕地三七五減租條例第 3 條授權規定，於 89 年訂頒「縣（市）政府及鄉（鎮、市、區）公所耕地租佃委員會組織規程」，成立耕地租佃委員會，辦理耕地租佃爭議事件調解事宜；內政部依據民國 60 年修正公布建築法第 103 條授權規定，於民國 61 年訂頒「直轄市、縣（市）（局）建築爭議事件評審委員會組織規程」，在各該地方政府設置建築爭議事件評審委員會，辦理建築爭議事件之協調及審議事宜；內政部依據民國 89 年公布九二一震災

---

[17] 最高行政法院 93 年 2 月 12 日 93 年度判字第 113 號判決。經查：地價及標準地價評議委員會，係直轄市或縣（市）政府依內政部訂頒之地價及標準地價評議委員會組織規程所設置，其委員及工作人員均屬兼任，並無專職人員，亦無獨立預算，自係直轄市或縣市政府因任務編組所設內部單位，而非具有單獨法定地位之行政機關，自無作成行政處分之權能。

重建暫行條例第 9 條第 3 項授權規定，於 89 年訂頒「直轄市縣（市）九二一震災災區不動產糾紛調處委員會組織規程」，在各該災區之地方政府設置調處委員會，辦理九二一震災災區不動產糾紛事項之調處事宜；內政部依據民國 64 年修正公布土地法第 34 條之 2 授權規定，於民國 89 年訂頒「直轄市縣（市）不動產糾紛調處委員會設置辦法」，設置直轄市縣（市）不動產糾紛調處委員會，辦理不動產糾紛調處事宜；另外，行政院衛生署將來可以依據尚在立法院審議中之「醫療糾紛處理法草案」第 7 條第 3 項：「調解委員會之組織基準及會議，由中央主管機關定之。」之授權規定，訂頒直轄市、縣（市）醫療糾紛調解委員會之組織基準，成立醫療糾紛調解委員會，辦理醫療糾紛事項之調解事宜。

　　上述五個地方級之行政調解組織，因係由地方主管機關（直轄市、縣市政府或鄉鎮市公所）設置，並自行辦理相關業務，故均屬地方級之行政調解組織，不但有權限上之法律依據，且均採法律授權中央主管機關以訂定「組織規程」、「組織基準」或「設置辦法」方式，成立地方級行政調解之組織，因其非屬中央法規標準法第 5 條第 3 款所稱之「國家機關」，故其組織即無須限以「法律」定之，既屬依據法律明文規定授權訂定之法規，無論其名稱為何，均符合地方組織法規要件，故均屬具有「單獨之組織法規」。

② 不另訂組織之法規者：計有下列二種地方級之行政調解組織。

　　雖然直轄市、縣（市）主管機關並未另訂組織法規，惟可直接依據民國 19 年公布「勞資爭議處理法」第 11 條第 1 項規定，組成勞資爭議調解委員會，處理勞資爭議有關事宜；鄉、鎮、市公所亦未另訂組織法令，但可直接依據「鄉鎮市調解條例」第 1 條規定，設置調解委員會，辦理民事事件及告訴乃論刑事事件之調解業務。

　　　　上述二個地方級之行政調解組織，因係由地方主管機關（直轄市、縣市政府或鄉鎮市公所）設置，並自行辦理相關業務，故均屬地方級之行政調解組織，由於在勞資爭議處理法或鄉鎮市調解條例中，不但有權限上之法律依據，且對相關調解之組織均有明文詳細之規定，可逕作其組織之「法律」依據，並無另訂組織法規之必要，當然符合地方組織法規要件，故亦屬具有「單獨之組織法規」。

(2) 獨立之預算及編制方面：目前均無獨立之預算及編制。

　　　　雖然七種地方級之行政調解組織，依照上述說明，均符合「單獨之組織法規」要件，惟是否符合「獨立之預算及編制」要件，尚可依其預算及編制二種情形予以分別說明。

① 獨立之編制方面：地方級之行政調解組織中，依「縣（市）政府及鄉（鎮、市、區）公所耕地租佃委員會組織規程」第3條、第9條及第18條、「直轄市、縣（市）（局）建築爭議事件評審委員會組織規程」第4條及第5條、「直轄市縣（市）九二一震災災區不動產糾紛調處委員會組織規程」第4條及第5條、「直轄市縣（市）不動產糾紛調處委員會設置辦法」第3條及第4條、「鄉鎮市調解條例」第2條、第3條及第30條等規定，均明定各該委員會之主任委員、委員及工作人員均屬兼任性質，實務上並無另訂正式編制表之必要，從而應屬未具有「獨立之編制」。

　　　　另外，醫療糾紛調解委員會則因組織基準尚未訂定，惟依「醫療糾紛處理法草案」第7條第1項規定委員均屬兼任，且第10條有關調解應向醫療糾紛發生地之直轄市、縣（市）主管機關提出之規定，將來有關工作人員恐亦屬兼任性質；至於勞資爭議調解委員會，則因屬臨時性之任務編組方式，並無正式編制之必要，亦均屬未具有「獨立之編制」。

② 獨立之預算方面：地方級之行政調解組織中，依「縣（市）政府及鄉（鎮、市、區）公所耕地租佃委員會組織規程」第20條、「直轄市、縣（市）（局）建築爭議事件評審委員會組織規程」第13條、「直轄市縣（市）九二一震災災區不動產糾紛調處委員會組織規程」第12條、「直轄市縣（市）不動產糾紛調處委員會設置辦法」第11條、「鄉鎮市調解條例」第31條第1項等規定，均明定各該委員會所需經費，由所設置之地方主管機關編列年度預算支應，或在各該地方主管機關經費預算內開支，從而應屬未具有「獨立之預算」。

另外，醫療糾紛調解委員會雖因組織基準尚未訂定，惟因所需人力均屬兼任性質，似可推定將來亦難有獨立之預算；至於勞資爭議調解委員會，亦因該會係屬任務編組性質，所需經費亦由主管機關負責，故均屬未具有「獨立之預算」。

(3) 獨立之印信對外行文方面：目前均無獨立之印信對外行文。

地方級之行政調解組織中，依「縣（市）政府及鄉（鎮、市、區）公所耕地租佃委員會組織規程」第22條、「直轄市縣（市）九二一震災災區不動產糾紛調處委員會組織規程」第14條、「直轄市縣（市）不動產糾紛調處委員會設置辦法」第10條等規定，雖未就其是否具有獨立之印信予以明定，然均明定各該調解委員會對外行文，應以該設置之地方主管機關（直轄市、縣市政府或鄉鎮區公所）名義行之，故均屬未具有「獨立之印信對外行文」。

另外，依「直轄市、縣（市）（局）建築爭議事件評審委員會組織規程」第12條、醫療糾紛處理法草案第23條、「鄉鎮市調解條例」第23條等規定，雖未明定對外行文之名義，然依各該條規定均以其主管機關為發送機關之意旨觀之，均可推定應以該地方政府名義行之；至於勞資爭議處理法對此雖未明

定，惟依該調解委員會係屬任務編組性質，似亦可推定對外行
文亦應以直轄市、縣（市）主管機關名義行之，故均屬未具有
「獨立之印信對外行文」。

3. 跨級之行政調解組織：經查對於同類事件，現行由中央及地方主
管機關均設置行政調解之組織，並由該組織自行辦理行政調解事
宜者，即屬跨級之行政調解組織，計有「採購履約爭議之調解組
織（一級制組織）」、「公害糾紛之處理組織（二級制組織）」二種，
雖然有部分組織具有單獨之組織法規，然因並無獨立之預算及編
制、獨立之印信對外行文等二個行政機關之要件，仍僅具有內部
單位之性質而已。。

　　所謂「一級制組織」，係指因相關調解之組織雖然中央及地
方均予設置，但各自獨立仍採一個調解級制之組織，例如採購爭
議之調解組織即屬之，因彼此之間並無上下隸屬或前置關係，故
無需分別討論。至於所謂「二級制組織」，係指因相關之處理組
織不但橫跨中央及地方二個層級分別設置，且係採二個處理級制
之組織，彼此之間具有上下隸屬或前置關係，例如公害糾紛處理
組織即可分成調處委員會（地方級）及裁決委員會（中央級）兩
種組織，因其權限及組織不同，故需分別討論。

(1) 單獨之組織法規方面：目前中央級尚無單獨之組織法規，地方
級則屬具有單獨之組織法規。

① 一級制組織：行政院公共工程委員會（行政院所屬中央二級
機關）依據民國 91 年修訂公布政府採購法第 86 條授權規定，
於民國 88 年訂頒「採購申訴審議委員會組織準則」，於中央
及直轄市、縣市政府分別設置採購申訴審議委員會，辦理各
該機關與廠商間履約爭議之調解事宜。

a. 中央級組織：中央各級行政機關依據該準則均應設置採購
申訴審議之組織，並由該組織自行辦理相關業務，故均屬
中央級之組織，且係屬中央三級以下之組織。該準則雖係

依法律授權規定訂定，然因非屬中央法規標準法第 2 條所定之「法律」名稱，而係屬於同法第 3 條所稱「命令」之名稱，且非以法律型態為之，以之作為中央機關之組織依據，核與同法第 5 條第 3 款規定不合，該中央級之行政調解組織，似屬未具有「單獨之組織法規」。

　　另外，將來在中央政府組織再造後，依據中央行政組織基準法之規定，一級至三級中央行政機關所設置採購申訴審議之組織，仍須以「組織法律」定之，只有四級之中央行政機關則將來可以「組織命令」為之。因此，將來屬於中央三級之採購申訴審議組織，仍屬未具有「單獨之組織法規」。

b. 地方級組織：目前所有地方級之採購申訴審議組織，因「採購申訴審議委員會組織準則」係依法律授權規定訂定，以之作為地方機關之組織依據，業已符合地方法規要件，故屬具有「單獨之組織法規」。

② 二級制組織：公害糾紛處理法規定之公害糾紛處理係採二級制組織，並分由各級機關自行訂定其組織，爰分就地方級及中央級組織說明。

a. 地方級組織（調處委員會）：直轄市、縣（市）政府依據民國 81 年公布公害糾紛處理法第 8 條授權規定，訂頒各該地方政府調處委員會組織規程，茲以台北市政府為例，該府於 82 年訂頒「台北市政府公害糾紛調處委員會組織規程」，設置調處委員會，辦理公害糾紛調處事宜。該組織規程係屬地方法規，應屬具有「單獨之組織法規」。

b. 中央級組織（裁決委員會）：行政院環境保護署（行政院所屬中央二級機關）依據民國 81 年公布公害糾紛處理法第 11 條授權規定，於民國 81 年訂頒「行政院環境保護署公害糾紛裁決委員會組織規程」，設置裁決委員會，辦理

公害糾紛裁決事宜，故該組織係屬行政院所屬中央三級組織。該組織規程雖係由法律授權訂定，惟仍非狹義的「法律」，核與中央法規標準法第 3 條第 3 款似有不合，似屬未具有「單獨之組織法規」。

　　另外，中央行政組織基準法因係中央法規標準法之特別法，在中央政府組織再造後，所規定一級至三級中央行政機關所設置採購申訴審議之組織，仍須以「組織法律」定之，因該組織非屬四級之中央行政機關，故將來仍不可以「組織命令」為之，併此陳明。

(2) 獨立之預算及編制方面：目前絕大部分均屬無獨立之預算及編制。

① 獨立之編制方面：上述一級制組織，無論是中央級或地方級之組織，依「採購申訴審議委員會組織準則」第3條及第10條規定，其主任委員、副主任委員、委員及工作人員均屬兼任性質，應屬未具有「獨立之編制」。

　　上述二級制組織，其中之地方級組織，依「台北市政府公害糾紛調處委員會組織規程」第3條至第5條規定，該會雖另附編組表，惟其主任委員、委員及工作人員仍均屬兼任性質，應屬未具有「獨立之編制」；至於中央級組織，依「行政院環境保護署公害糾紛裁決委員會組織規程」第3條、第5條及第6條規定，置有部分專任工作人員，並附具編制表，應屬具有「獨立之編制」。

② 獨立之預算方面：上述一級制組織，無論是中央級或地方級之組織，其所需經費，「採購申訴審議委員會組織準則」雖未明定，惟因其所需人力均由各該主管機關支援兼任，故其所需經費似可推定由各該主管機關編列年度預算支應，故應屬未具有「獨立之預算」。

上述二級制組織，其中之地方級組織，依「台北市政府公害糾紛調處委員會組織規程」第 11 條規定；至於中央級組織，「行政院環境保護署公害糾紛裁決委員會組織規程」雖未明定，惟因其所需人力係由其主管機關支援兼任，故其所需經費似可推定由其主管機關編列年度預算支應，故均應屬未具有「獨立之預算」。

(3) 獨立之印信對外行文方面：目前全部均無獨立之印信對外行文。

上述一級制組織，無論是中央級或地方級之組織，依「採購申訴審議委員會組織準則」第 9 條：「申訴會對外行文，以本機關名義行之。」規定，應屬無「獨立之印信對外行文」。

上述二級制組織，其中之地方級組織，「台北市政府公害糾紛調處委員會組織規程」雖未明定，然因無獨立之預算與專任人力，似可推定為無「獨立之印信對外行文」，而應以該府環境保護局名義行之；至於中央級組織，「行政院環境保護署公害糾紛裁決委員會組織規程」雖未明定，然依該規程第 11 條規定之意旨觀之，除依照環保署所定辦法督導執行事項及報署核准事項可由該會行文外，所有對外公文，均以行政院環保署名義行之，可見亦未全部符合「獨立之印信對外行文」之要求。

（二）消費爭議調解委員會之定位

消費爭議調解制度有兩大支柱，「調解組織（組織法）」及「調解程序（作用法）」，缺一不可，同時必須這二大支柱規定詳細周延，調解制度才能圓滿順利運作。鄉鎮市調解制度這二大支柱，均規定於鄉鎮市調解條例，而消費爭議調解制度，有關調解之組織及程序，除了在消保法上予以原則性規定外，並採取法律授權規定方式辦理。

1. 消費爭議調解委員會屬於何種行政組織

   (1) 消費爭議調解委員會屬於地方級行政組織：依據民國83年公布消費者保護法第45條「直轄市、縣（市）政府應設消費爭議調解委員會，……其組織另定之」規定，僅地方政府始可設置，可見消費爭議之行政調解組織，係屬地方級之行政調解組織。

      另外，依照「直轄市縣（市）消費爭議調解委員會設置要點」第13點規定，消費爭議調解委員會所需經費，係由該直轄市、縣（市）政府編列預算支應，故調解委員會應屬公務機關；其所辦理調解業務之概況，依該設置要點第11點規定，每年分二次應函報行政院消費者保護委員會，並函知管轄法院或其分院及地方法院檢察署或其分院檢察署，故調解業務似亦屬公務範疇[18]。

   (2) 消費爭議調解委員會屬於地方二級行政組織：由於消費者保護法第45條僅規定，直轄市、縣（市）政府應設置消費爭議調解委員會，並未規定其層級為何。筆者以為，既然是在直轄市、縣（市）政府設置，解釋上消費爭議調解委員會當然是屬於直轄市、縣（市）政府所屬的二級組織。

2. 消費爭議調解委員會是否為行政機關：消費爭議調解委員會在解釋上係為各該地方政府所屬組織，應無疑義[19]。惟是否為「具有單獨地位之組織」的行政機關，則依前述行政機關三大要件討論分析，與前述地方行政調解組織情形相同，即目前雖有單獨之組織法規依據，然因並無獨立之預算及編制、獨立之印信對外行文等二個行政機關之要件，仍僅具有內部單位之性質而已。

---

[18] 法務部77年2月24日法77律字第3275號函釋略以：鄉鎮市調解委員會主席於執行調解業務時，為刑法第10條第2項所稱之依法令從事公務之人員，其主要依據之理由為「調解業務似屬公務範疇」，可供參考。

[19] 行政院消費者保護委員會84年11月21日消保法第01369號函。

(1) 單獨之組織法規方面：目前雖有單獨之組織法規依據，惟亟宜補正。

　　直轄市、縣（市）政府依據消費者保護法第 45 條「直轄市、縣（市）政府應設消費爭議調解委員會，……其組織另定之」授權規定，本應訂定相關之組織法規，據以成立地方行政調解之組織，惟因係屬新的制度，各地方政府目前尚付闕如。

　　行政院消費者保護委員會為推動消費爭議調解業務，並期各地方政府設置消費爭議調解委員會在組織上的一致，經參考鄉鎮市調解條例及公害糾紛處理法等有關規定，於民國 84 年 1 月 18 日訂定「直轄市縣(市)消費爭議調解委員會設置要點(簡稱設置要點)」，全文共 16 點，作為該等組織法規未訂定前，成立地方消費爭議調解委員會之過渡性補充依據，辦理消費爭議調解事宜。筆者認為此項權宜措施，雖有其時空背景需要，但因其法源依據及位階上存有缺失，在地方制度法及行政程序法公布施行後，亟需加以補正。

① 法源依據方面：由於消保法第 45 條第 2 項中「其組織另定之」之規定，係採法律授權方式規定，固無疑義，惟究應由中央政府予以統一訂定，抑或交由各該地方政府自行訂定，亦為一值供探討之問題。也因為消保法並未明文授權規定中央主管機關或行政院消費者保護委員會可以據以訂定相關組織之法規，該設置要點之法源依據即有問題。

　　理論上調解應屬地方自治事務範圍，為落實地方自治之實施，筆者認為凡是有關地方政府業務組織之設置，除該組織係屬任務編組之型態之外，必須要有組織法令為其依據，而依據地方制度法第 62 條規定，直轄市、縣（市）政府及其所屬機關、學校，因均屬地方之組織，係屬各該地方政府之權限，其組織自治條例或組織規程，明定均由各該地方

政府自行擬訂或定之，地方調解組織之法規何能例外，且中央政府並無明確法源依據，當然不宜由中央政府逕行代為訂定。

② 法律位階方面：既名為「設置要點」，因非中央法規標準法第2條所定「法律」之名稱，亦非中央法規標準法第3條所定「命令」之名稱，且因其並無明確之法源依據，故不符合地方法規之要件，充其量只能作為一個機關之行政內規，原則上並不具有拘束其他機關之法定效力，可說是僅供參考而已，故應屬未具有「單獨之組織法規」。

筆者認為該設置要點，因未有法律明文規定之授權，不符地方組織法規之要件，故設置要點之主要作用，僅在提供各地方政府作為設置之參考，實不宜作為組織之法規依據。各地方政府如欲設置消費爭議調解委員會，仍應循修正各該地方政府組織法規之方式及程序辦理。因此，行政院消費者保護委員會目前正協調各地方政府，依據地方特性研訂地方消保自治條例，並將消費爭議之行政調解組織納入，予以根本解決[20]。但在地方政府未能依法自行訂定之前，設置要點仍有其存在之必要性，並可提供或作為消費爭議調解組織之重要補充資料。

(2) 獨立之編制及預算方面：目前均無獨立之編制及預算。

① 獨立之編制方面：依設置要點第2點第1項明定該調解組織之主席、委員均為兼任；第10點另明定該調解組織之行政事務，由直轄市或縣市長指派各該機關法制單位或其他相關單位人員兼辦，似可推定未具有「獨立之編制」。

---

[20] 迄至96年底為止，已有台北市、高雄市、宜蘭縣、台北縣、基隆市、桃園縣、新竹縣、苗栗縣、台中縣、台中市、南投縣、彰化縣、嘉義縣、嘉義市、台南縣、台南市、高雄縣、澎湖縣、屏東縣、金門縣及連江縣等21個地方政府已研訂地方消保自治條例實施。

② 獨立之預算方面：依設置要點第 13 點規定，消費爭議調解委員會所需經費，係由該直轄市、縣（市）政府編列預算支應，故未具有「獨立之預算」。

(3) 獨立之印信對外行文方面：目前均無獨立之印信對外行文。

經查設置要點就此雖未明文規定，惟依行政院消費者保護委員會於 86 年函頒「消費者保護官執行職務應行注意事項」第 36 點，明定該調解組織應以所屬機關（直轄市或縣、市政府）名義對外行文，故未具有「獨立之印信對外行文」。

（三）檢討與比較

行政機關只要有辦理行政調解權限上之依據，除得為一般私權爭議設置行政調解委員會外，並得為特別私權爭議設置專門之行政調解委員會，行政機關必須另行設置行政調解之組織，與法院本係辦理是項糾紛處理事務，無須另行設立調解機關或調解專庭之情形不同。

不過，行政機關所設置之行政調解組織，其設置目的係以組織之功能為主要考量，而不在乎其具否行政機關之要件，故在型態上即甚有彈性，因此可以衍生出下列結論：

1. 現行各種行政調解之組織，均不符合行政程序法所定「行政機關」之定義：

(1) 中央級之行政調解組織方面

① 現行之中央行政調解組織，無論其層級為何，均受到中央法規標準法第 5 條第 3 款「關於國家機關之組織，應以法律定之」之限制，並無任何彈性，故未以法律規定組織之中央級行政調解組織，因無「單獨之組織法規」，從而亦無「獨立之編制及預算」及「獨立之印信對外行文」，充其量僅屬該中央主管機關之內部單位而已。

② 即便將來中央四級行政調解組織，依據中央行政組織基準法規定，不再受限於前述中央法規標準法應以「法律」定之，

可改以「組織命令」定之，而變為具有「單獨之組織法規」；惟如仍無「獨立之編制及預算」及「獨立之印信對外行文」等配套，充其量亦僅屬該中央主管機關之內部單位而已。

(2) 地方級之行政調解組織方面

①　地方級之一般行政調解組織：因非屬國家機關，由於不受中央法規標準法第 5 條第 3 款「關於國家機關之組織，應以法律定之」之限制，雖較有彈性，但本諸依法行政之原則，至少仍應以「法規命令」定之，始足稱之，目前絕大部分地方級行政調解之組織，均因之而具有「單獨之組織法規」；惟因地方主管機關並未給與其應有之「獨立之編制及預算」及「獨立之印信對外行文」，充其量亦僅屬該地方主管機關之內部單位而已。

②　地方級之消費爭議調解組織：尚可分述如下。

a. 目前消費爭議調解組織非為「具有單獨地位之組織」的行政機關，必須將來地方消保自治條例賦與該調解組織「單獨之組織法規」、「獨立之編制及預算」、「獨立之印信及對外行文」者，始能變為「具有單獨地位之組織」的行政機關。

b. 值此地方自治重行檢討之際，鄉鎮市公所將來如政策決定改為縣政府之派出單位，其所屬之鄉鎮市調解委員會勢必要與消費爭議調解委員會進行檢討分工，甚至納入作為消費爭議調解委員會之一個調解分會，除更為便民外，並能有效分擔消費爭議調解業務，亦不無可能。

(3) 跨級之行政調解組織方面：在跨級之行政調解組織，則因係兼具前述中央級及地方級之兩種情形，可以分別對照說明，不另贅述；同樣地，各該級之行政調解組織，充其量亦僅屬各該中央級或地方級主管機關之內部單位而已。

2. 行政調解組織非行政機關之影響：廣義的行政調解組織包括狹義的行政調解組織（以調解為名並僅辦理調解業務之組織）及行政調處組織在內，非為獨立之行政機關，導致其所為之民事調停，其法律性質為何，尚難一概而論，應視各別情形判斷，其影響如何，爰分述如後。

(1) 行政調處組織：可能影響其做為第三人糾紛處理機關功能之發揮。茲以下列兩例說明：

① 公害糾紛之行政調處組織：由於裁決或調處委員會均非獨立之行政機關，其依公害糾紛處理法所做成之裁決書或調處書，有認屬行政處分[21]，有拘束力；有認非行政處分，並無拘束當事人之效力，類似一般民事調停之性質，僅為一種「調整性之行政指導[22]」。

② 耕地租佃之行政調處組織：依釋字第 128 號解釋，依「行政機關就耕地三七五減租條例第 19 條所為耕地准否收回自耕之核定與調處，出租人、承租人如有不服，應循行政爭訟程序請求救濟」，即認該調處具有行政處分之性質。

(2) 狹義的行政調解組織：可能影響其做為第三人糾紛處理機關功能之發揮。

所有狹義的行政調解組織所作成之調解書，均非行政處分，並無拘束當事人之效力，類似一般民事調停之性質，僅為一種「調整性之行政指導」。雖無類似行政調處組織是否為「行政處分」之爭議，且因法律直接規定其應有之效力，對其調解成立之效力並無太大影響。惟該調解組織因未配備「獨立之編

---

[21] 同註 5，《行政機關介入私權爭議之研究》，頁 124。在調處不成時，行政機關如為行政裁決，該裁決應定性為行政處分，所以原則上應容許對之不服的當事人可即就之提起行政訴訟。

[22] 行政院研究發展考核委員會編著《公害糾紛處理政策與法制之研究》，民國 84 年 11 月初版，頁 193 至頁 196。

制及預算」、「獨立之印信及對外行文」，對調解之能否順利圓滿
運作，功能能否充分發揮，當然有其一定之影響。

3. 其他值得注意問題：主要約有下列兩個問題。

(1) 擴張行政機關之解釋：行政調解組織主要在辦理行政司法業
務，與一般行政機關主要在辦理行政業務不同，不宜以一般行
政機關視之，故有否將行政機關予以擴張解釋之必要，就行政
調解之立場及需要而言，筆者雖予以肯定，但應如何加以妥為
處理，似值得更一步加以深入探討。

(2) 慎選行政調解之層級：以消費爭議調解組織為例，消費爭議調
解組織雖係屬於地方級行政調解組織，但為避免鄉鎮單位太小
及人員不足之弊，故僅設於直轄市、縣市層級[23]，俾有效處理
消費爭議事宜。姑且不論現有鄉（鎮、市）之層級是否仍維持
地方自治層級問題不談，事實上鄉鎮市所能發揮之功能相當有
限，故公害糾紛處理法、醫療糾紛處理法草案等專業行政調解
組織均有類似規定，將會形成一種趨勢，值得注意。

三、行政調解組織型態之比較

行政調解之組織，係行政機關依業務分工需要所成立之分支組織，
非屬獨立之行政機關，應屬該行政機關之內部單位，應無疑義[24]，在此則
要進一步探討其究屬何種內部單位及其定位。另外，在行政組織的分類

---

[23] 立法院公報第 78 卷第 67 期委員會紀錄，頁 9。調解委員會之成立，為何不設
在鄉鎮中？因鄉鎮單位太少，人員不足，其實消費糾紛不可能在小鄉鎮中調
解，所以調解委員會應設在縣市中，讓業者、消費者提出公平合理的判斷。
我們也比照鄉鎮委員之調解書送至法院就可執行。此一設置是創舉，但在各
縣市應設立消費者調解委員會，其人員我們有詳細規定，一方面顧慮到業者，
也顧慮到消費者，所以這種設置之特性，希望貴（立法）院各位委員能慎重
考慮。

[24] 同註 17，最高行政法院 93 年 2 月 12 日 93 年度判字第 113 號判決。

中，由單獨一人構成並決定組織意思的稱為獨任制組織，由三人以上構成，依合議而為意思決定者，則為合議制組織[25]。筆者認為此種分類，不僅獨立之行政機關適用，亦可適用於機關內部單位之分類；此外，由於消費爭議調解委員會與其他調解委員會在組織型態上並無太大之不同，並無個別專案探討之必要，以下將直接納入行政調解組織一併探討，併此敘明。

（一）行政調解組織究屬何種內部單位

一個獨立機關組織之內部單位甚多，經參考中央行政機關組織基準法規定，予以歸類為下列業務單位、輔助單位及行政委員會三種：

1. 業務單位：依基準法第 23 條規定，係指執行該機關職掌事項之單位，亦即該機關權限之主要執行單位，無論該單位之名稱為何，為釐清權責，各該單位原則上均以獨任制為之，且係由編制內之專任人力辦理是項業務。

     由於行政調解事項，原則上非屬該行政主管機關之主要權限業務；且行政調解之組織，多屬合議制的委員會，非以獨任制方式存在，且多以兼任人力辦理是項工作，故似可據以推定其非屬業務單位。

2. 輔助單位：依基準法第 23 條規定，係指辦理祕書、總務、人事、主計、研考、資訊、法制、政風、公關等支援服務事項之單位，亦即該機關業務單位執行權限時，從旁提供必要支援服務之輔助單位，無論該單位之名稱為何，為釐清權責，各該單位原則上均以獨任制為之，且係由編制內之專任人力辦理是項業務。

---

[25] 同註 6，吳庚著《行政法之理論與實用》（增訂七版），頁 183。合議制之強弱，除受首長（主任委員）之領導風格影響外，委員是否由政府相關首長或專業人士所組成亦有關聯。若由相關首長所組成，則委員會之協調或諮詢功能重於決策，若由專業人士組成則庶幾較有合議色彩，前者如行政院國軍退除役官兵輔導委員會、行政院原子能委員會等；後者如行政院勞工委員會等。

　　由於行政調解事項，與該行政主管機關主要權限業務之執行，其間並無所謂提供必要支援服務關係，應屬一種獨立之事項；且行政調解之組織，多屬合議制的委員會，非以獨任制方式存在，且多以兼任人力辦理是項工作，故似可據以推定其非屬輔助單位[26]，而應屬於一種具有特別輔助功能之行政組織。

3. 行政委員會：行政組織之主要趨勢，依學者見解[27]，主要為行政機關之組織採用獨任首長制，以期集中權責，迅赴事機，而在其內多設有合議制性質的行政委員會[28]，以輔助機關首長處理專門性、技術性事項。

　　行政院研究發展考核委員會研究的「行政機關組織通則」草案第 47 條規定：「行政機關內部委員會之設立，以掌理審議、協調、研究、諮詢之事項為限。」顯見行政機關有設置行政委員會之必要性；另外，中央行政機關組織基準法第 27 條：「一級機關、二級機關及三級機關，得依法設立掌理調查、審議、訴願等單位。」

---

[26] 同註 9，《行政程序法實用》，頁 11 及頁 12。據此，本法所稱之行政機關乃是一種狹義的行政機關，而與一般講學上的行政機關概念有所不同；與一般習稱的「行政官署」概念亦不一致。……按一般講學上所稱的「行政機關」，乃是指居於行政主體之下實際行使行政作用的行為主體，乃是一種上位階的廣義概念，其下包括行政官署、輔助機關、諮詢機關、參與機關、監察機關、執行機關等下位階概念。就其法律地位觀察，行政官署乃是對外代表行政主體為意思表示之機關，除此之外者均屬輔助機關。

[27] 同註 4，林紀東著《行政法》，頁 148。

[28] 同註 15，林紀東著《行政法新論》，頁 102。行政委員會，乃在行政機關內所設置之合議制組織，以掌理各種準立法、準司法、及其他技術性專門性事項之機構。行政委員會之委員，不限於行政機關之職員，有時且包括各科專家，甚至民間團體之代表在內。該會於一定範圍內，獨立行使職權，不受主管長官之指揮監督。……行政委員會之產生，為權力分立論之例外，亦為行政組織之變態。……行政委員會，為官民混合之團體，有似於司法上之陪審制度；而其在一定範圍內，獨立行使職權，不受長官之指揮，又有似於司法機關之組織。且行政委員會，既以合議制之團體，處理準立法與準司法之事務，自須細密之手續，與嚴格之方式，此種情形，又有似於司法機關之行使職權，故論者以行政委員會之產生，為行政司法化表徵之一。

及第 28 條:「機關得視業務需要設任務編組,所需人員,應由相關機關人員派充或兼任。」似為提供中央行政機關設置行政委員會之依據。

行政調解之組織係直接由行政機關設立,即應屬於該設置機關之一級內部單位,惟因非屬一般性業務,亦非屬支援服務事項,故可稱之為特殊業務單位,其單位名稱及組織型態並未明定,解釋上似不應受基準法第 25 條處司等一級內部單位名稱所限制,組織型能亦不必限於獨任制,採合制議組織亦無不可,惟必須要有法律之依據,原則上並應設置專任人力,惟以兼任人力為之,亦非法之所禁。

行政調解業務之性質為何,在學說上約可歸納為自治工作說、社會立法說及司法制度說等三種看法[29]。惟無論採何一說法,行政調解之組織,係由行政機關以委員會型態設立,故應屬行政組織,應無疑義;雖該行政調解委員會所為之調解書,並不符合行政處分之要件(行政法院 55 年判字 49 號判決參照),但有關調解之行為既係由行政組織所為,應仍係行政行為(行政法院 46 年判字 9 號判決參照),故筆者同意行政調委員會應係行政委員會之一種[30],且屬內部單位性質之行政委員會。

(二)行政調解組織究屬何種行政委員會

雖然行政委員會原則上屬於一種合議制組織,不過,委員會在日本的合議制組織中,依組織的法律地位又可大分為兩種,一種是具有機關性質,能夠決定機關意思並對外表示的合議制組織,另一種是屬於機關內部的單位,能夠獨立決定意思,但不能以機關名義逕行對外表示的合議制組織,稱為審議會、審查會、調查會、協議會等等。事實上,我國

---

[29] 行政院研究發展考核委員會編著《行政委員會組織與功能之研究》,許慶復教授研究主持,民國 83 年 2 月初版,頁 5。

[30] 同前註。

的委員會亦有為「機關」，有為「內部單位」，有為「正式組織」，有為「臨時性之任務編組」，導致行政委員會在我國之概念甚不明確，惟有學者[31]從行政過程的角度，將之歸納為下列五種行政委員會：

1. 獨立性委員會：本身即為獨立之行政機關，能決定並表示機關意思於外者，通常兼具行政權、準立法權及準司法權，執行職務不受上級長官指揮監督，自行向國會負責，現行似尚無此機關。惟將來依基準法規定所成立之「獨立機關」，例如行政院公平交易委員會、行政院金融監督管理委員會、中央選舉委員會、國家通訊傳播委員會等，均屬之。

　　行政調解之組織，本身並非獨立之行政機關，且相關行政事務仍須受上級長官之指揮監督，故非屬獨立性委員會。

2. 執行性行政委員會：本身具有執行行政業務權限的委員會，有些具有機關的地位，因與行政機關難以區隔，基準法第 31 條及第 32 條又明文規定，限制僅一級機關可以設置獨立機關委員會及附屬機關委員會，且因獨立機關委員會已歸類為前述獨立性行政委員會、附屬機關委員會又歸類為後述協調性行政委員會，因而目前所有其他現行之執行性行政委員會，依基準法規定都將只是機關內部的單位而已，將來均應依基準法規定，改為獨任制機關之內部單位或特殊業務單位。

　　行政調解之組織，雖為行政機關內部的單位，然因非在執行行政業務之權限，故非屬執行性委員會。

3. 諮詢性委員會：本身屬於行政機關內部的單位，以主動或被動提供參考性諮詢意見為目的，通常不具有編制內專任之人力，例如費率諮詢委員會、法規委員會等[32]，均屬之。

---

[31] 同前註，頁 250 及頁 7 至頁 11。

[32] 同註 6，吳庚著《行政法之理論與實用》，頁 183。委員會之組織形態中，如各部會所設置之法規委員會、訴願委員會或內政部政黨審議委員會等均屬合議制之單位而非機關。合議制機關亦有無須經過會議決定之事項，例如日常性事務，職員之任免遷調及決議之執行等，通常仍由首長單獨負責處理，但

　　　　行政調解之組織，雖為行政機關內部的單位，然因非重在主動或被動提供參考性諮詢意見，而係在處理個案糾紛，故非屬諮詢性委員會。

4. 協調性委員會：行政機關為了協調其他各機關或本機關各單位之權限，使能齊一步驟所成立的委員會，例如依基準法第 31 條所規定將來可能設置國家發展委員會、客家委員會、原住民族委員會等附屬機關委員會，即係行政院基於政策統合需要所設置之協調性行政委員會；如果尚有其他協調性行政委員會設置之必要，將來依基準法規定，因均僅屬於機關內部的單位性質，且該行政委員會並無主管或負責執行之業務，故多以臨時性之任務編組方式為之。

　　　　行政調解之組織，雖為行政機關內部的單位，然因非重在協調各機關或各單位之權限，而係在處理個案糾紛，且多非臨時性任務編組之組織，故非屬協調性委員會。

5. 參與性委員會：本身屬於機關內部的單位，通常於本機關或他機關作成行政處分時，具有參與權限的委員會，無論是在決策階段參與，或是在執行後的救濟或調處時參與，均屬之。參與性委員會之設置，因具有準司法之效果，通常需有法源依據，例如法令規定審議某種事項（如訴願），應設置某種委員會（如訴願委員會）等是。

　　　　行政調解之組織，如鄉鎮市調解委員會、勞資爭議調解委員會及勞資爭議仲裁委員會、耕地租佃委員會、公害糾紛調處委員會及公害糾紛裁決委員會、建築爭議事件評審委員會等等，係在調解時參與，其目的在調整對立利害關係，因其調解之結果經法院審核後，取得與法院判決相同的效力，即屬準司法作用的委員會，且具有設置之法源依據，故應屬參與性委員會。

無損於其合議制之本質。

（三）檢討與比較

1. 行政調解組織之地位方面

   (1) 行政調解之組織屬內部單位：目前所有行政調解之組織（包括消費爭議調解之組織在內），無論其名稱為調解、調處或裁決，均屬內部單位，無一例外。有學者[33]將行政調解組織歸類為「視為行政機關」，雖不無見地，惟筆者認為不如逕以其所屬機關作為行政爭訟機關，來得簡便。

   (2) 行政調解之組織均屬行政委員會：行政機關辦理調解之調解委員會，其屬性應以調解之屬性作為判斷基準。有學者[34]以鄉鎮市調解委員會為例，就調解性質歸納為自治工作說、社會立法說、司法制度說等三說，筆者則以調解業務並不限於地方自治

---

[33] 同註9，《行政程序法實用》，頁322。行政程序法第165條以及第166條、第167條雖然均規定行政指導之主體為行政機關，惟因行政指導本屬事實行為，因此此時之行政機關是否必須限於本法第2條第2項所定之實質的、狹義的行政機關？即有疑問。按從抑制行政指導以保護人民權益的觀點來看，上揭行政機關之概念自以嚴格限定為宜；但若肯定行政指導之功能，並且考量其非權力行政之特色，則上揭行政機關之概念即有必要放寬至實從事指導者，而不必嚴格限定。本書以應從後說為是，此時依本法第166條、第167條之規定，並可擴大對行政指導之統制。本法第2條第3項就受委託行使公權力之私人，承認其地位在受託範圍內「視為行政機關」，職是之故，除非有特別之理由，否則應解為私人得因授權而為行政指導，但此時因非屬行政委託，故本法第16條所定要件應無庸適用。再者，地方行政機關就委辦事項亦得為行政指導而無疑。

[34] 同註29，《行政委員會組織與功能之研究》，頁4及頁5。某些為調解、調處、仲裁目的而設立的委員會，是否也是行政委員會？例如，依照鄉鎮市調解條例設立的調解委員會，其功能在調解當事人之間的民刑事糾紛（第1條），調解的結果如不為當事人所接受，也不發生任何拘束力，而且，調解書的作成也不是行政處分，更無行政救濟可言，則其性質究竟為何，學說上有三種看法：第一說為自治工作說，主張調解工作既係由地方自治機關為之，所以為自治工作之一；第二說為社會立法說，認為調解乃是圖社會之和諧，為行政部門的社會工作之一；第三說則是司法制度說，該說從調解的內容立論，主張調解工作是司法工作之一，而是將屬於中央司法權限的司法事務交由地方自治團體辦理。

事項，如著作權爭議調解業務等，中央機關亦可逕行辦理，故不贊同地方自治說；調解業務本質上並不屬於司法權限，僅調解成立之效果，依法賦與一定之法律效力而已，如勞資爭議調解成立者，依法僅視為爭議當事人間之契約而已，並不具有法院判決之效力，故不贊同司法制度說；行政調解業務既係由行政機關為之，所為調解之結果，雖無拘束力，但至少是一種由行政機關所為之行政指導，故贊同社會立法說。因此，行政調解委員會屬於一種行政委員會。

　　目前所有行政調解之組織（包括消費爭議調解之組織在內），同樣地無論其名稱為調解、調處或裁決，均以合議制行政委員會型態存在，無一例外。

(3) 行政調解之組織無專任人力：目前所有行政調解組織所需之人力，均採兼任為原則，此在一般行政調解組織，係由何一業務單位依其權限上需要所設置，該一業務單位即為其主管機關，主管機關並無爭議；惟在其主管機關不明確時，即成問題。例如消費者保護業務係屬綜合性業務，無法劃歸由某一業務單位獨立承辦，因而與該項綜合業務有關所成立之消費爭議調解組織，其幕僚人力究由何一單位負責，即成問題。行政院消費者保護委員會即為此予以函釋[35]，以資解決。

2. 行政調解委員會之屬性方面

　　行政調解委員會屬於一種行政委員會，並兼具下列委員會之特性：

(1) 參與性委員會：行政調解委員會設立之目的，係為了調整相對立雙方之利害關係，進而解決雙方之爭執，使得雙方得以和諧相處，有其專業性及技術性存在，需要專業人士之參與，共同決定其結果，始能達其設置目的，故屬參與性委員會。

---

[35] 行政院消保會 86 年 3 月 15 日消保法字第 00314 號函。

(2) 準司法委員會：行政調解委員會因其調解之結果經法院審核後，取得與法院判決相同的效力，即屬準司法作用的委員會。該準司法委員會之設立，除了尊重行政機關之專業性外，主要在疏減訟源，希望以訴訟外處理機制有效彌補司法制度的不足。

依三權分立的精神，行政調解委員會雖屬準司法委員會，辦理行政司法事務，惟究非法定正式的司法行為，故司法院大法官會議解釋，準司法委員會之裁決並非最終裁決，亦非不得訴請司法救濟，但有異說[36]。

(3) 調整相對立利害的委員會[37]：依據委員會預定功能或設置目的，例如勞資爭議調處委員會、建築爭議事件評審委員會、以及鄉鎮市區調解委員會等等，這是為了解決利害對立雙方的糾紛，或者使行業內勞雇雙方得以和諧相處所設置的委員會。

3. 其他值得注意問題：主要約有下列兩個問題。

(1) 研訂行政調解委員會組織通則之必要：由於現行有關行政委員會之概念並不一致，且就委員會組織地位而言，即使同樣稱為委員會，但在政府組織的系統表上，其位階大有不同[38]，行政調解委員會亦不能例外。故為期正本清源，避免同一類型委員會政出多門過於分歧，理應研訂行政調解委員會之組織通則等組織法規，就行政調解委員會應予統一之定義，賦與行政調解委員會應有統一之定位，並配置必要之編制人力及預算，俾有效發揮行政調解委員會之功能。

(2) 地方行政調解之組織宜由地方政府自訂：目前行政調解委員會組織之依據，有由中央政府採準則方式為之，例如採購申訴審議委員會組織準則；亦有由中央政府以法律直接規定或以法律授權代訂其共通組織規程方式為之，例如「縣（市）政府及鄉

---

[36] 同註29，頁407。此為吳庚教授之見解。

[37] 同註29，頁10。

[38] 同註29，頁249。

（鎮、市、區）公所耕地租佃委員會組織規程」、「直轄市、縣（市)(局)建築爭議事件評審委員會組織規程」、「直轄市縣(市)九二一震災災區不動產糾紛調處委員會組織規程」、「直轄市縣（市）不動產糾紛調處委員會設置辦法」、「鄉鎮市調解條例」等，均要求各級政府於設立同種行政調解委員會時一體適用，此種模式可能侵犯地方政府的自主組織權，反不如公害糾紛處理法及消費者保護法規定，地方行政調解組織由各該地方政府另定之，除尊重地方政府的自主組織權外，並可避免流於僵硬而失去因地制宜的彈性[39]。

貳、行政調解組織成員之比較

行政調解之組織，雖非為行政機關，但為辦理調解業務，必須有一定之組織架構（多以任務編組方式為之），並配置一定之成員（多配置兼任人力），始能發揮一定之組織功能。一般行政調解之組織，其架構均以委員會之形式，本質上屬於參與性委員會，已見上述，本節將以其主要成員（委員）作為論述比較之重點。

行政調解組織因係以委員會方式為之，故其主要成員為委員，我國學者對於公務員之概念及種類，有主張二種類型[40]、三種類型[41]、四種類型[42]等，見解不一，筆者採用「公務人員任用法之公務員」、「公務員服務

---

[39]　同註 29，頁 247。

[40]　同註 4，林紀東著《行政法》，頁 230。公務員之概念，可分為形式概念與實質概念二種：公務員之形式概念，指法令上規定之公務員概念而言；公務員之實質概念，則指學理上之公務員概念而言。吳庚著《行政法之理論與實用》（增訂七版），頁 201。公務員之概念，可分為學理上之公務員概念及法律上之公務員概念。

[41]　李震山前揭書，頁 133 以下；張家洋著《行政法》，頁 445 以下。

[42]　黃默夫著《行政法【新體系與問題研析】》，頁 306 以下，公務員有最廣義（刑法第 10 條第 2 項）、廣義（公務員服務法第 24 條）、狹義（公務員懲戒法與

法之公務員」及「刑法上公務員」等三種分類，並認為調解委員會之委員屬於刑法上之公務員[43]，應無疑義。以下爰分就調解委員之組織上（人數、類別、資格）及任用上（任期、聘任、解聘）有關問題予以說明。

一、調解委員在組織上（人數、資格、類別）之比較

（一）現行調解組織概述

　　除消費爭議調解委員會外，現行行政調解組織有關委員人數、資格、類別之規定，依委員名額由少到多的次序臚列如後。

1. 勞資爭議調解委員會：由委員 3 人或 5 人組織之；由主管機關指派代表 1 人或 3 人，當事人雙方各選定 1 人組成。

   (1) 委員名額：由 3 至 5 人組成，委員名額最為精簡。

   (2) 委員類別（積極資格）：主要係基於中立及平衡原則，除規定委員應由機關代表（1 至 3 人）、當事人代表（雙方各 1 人）等二種類別組成外，並未另訂特別之積極資格。

   (3) 委員資格（消極資格）：雖無任何消極資格之規定，惟解釋上，該委員依民法規定，仍應具有完全之行為能力。

2. 鄉鎮市調解委員會：原則上由委員 7 人至 15 人組織之；鄉鎮市行政區域遼濶者，縣政府得酌增其調解名額，但最多不得超過 25 人。均聘請鄉鎮市內具有法律知識、信望素孚之公正人士為委員，且調解委員中至少應有婦女 1 名。

   (1) 委員名額：委員名額之下限為 7 人，但上限為 15 人至 25 人，彈性甚大，主要係因鄉鎮市規模大小不一所致。

最狹義（公務員任用法第 5 條）等四種不同定義。吳庚著《行政法之理論與實用》（增訂七版），頁 202 以下，公務員主要有刑法及國家賠償法、公務員服務法、公教人員保險法、公務人員任用法等四種。

[43] 鄉鎮市調解委員會委員係依鄉鎮市調解條例規定，由鄉鎮市長推薦，經鄉鎮市民代表會同意後聘任，自屬從事於公共職務，依大法官釋字第 42 號解釋，應認為具有公職人員資格。

(2) 委員類別（積極資格）：主要有下列二種類別。

　① 公正委員：基於公正處理原則，故鄉鎮市調解委員會之委員，均由該地方信望素孚之公正人士來擔任，除了並無所謂某類團體之代表存在外，亦無所謂委員類別比例之限制。

　② 婦女委員：基於兩性平等原則，每一鄉鎮市調解委員會之委員中，至少應有婦女一名。明定委員之婦女保障名額，除了有鼓勵婦女參與外，可能並無特別作用，在行政調解組織中甚為少見，此為鄉鎮市調解委員會之特殊規定。

(3) 委員之一般消極資格：有下列情形之一者，不得為調解委員會委員。

　① 曾受一年有期徒刑以上刑之裁判確定者。但過失犯罪或受緩刑宣告者，不在此限。

　② 曾犯貪污罪，經判刑確定者。

　③ 曾受保安處分或感訓處分之裁判確定者。

　④ 受破產宣告確定，尚未復權者。

　⑤ 褫奪公權，尚未復權者。

　⑥ 受禁治產宣告，尚未撤銷者。

(4) 委員之特別消極資格：下列人員亦應受到特別限制（視同消極資格），此為鄉鎮市調解條例最特殊之規定。

　① 鄉鎮市長不得兼任調解委員：限制鄉鎮市長不得兼任調解委員，利弊得失如何，亟需進一步探討。

　② 民意代表得兼任調解委員，其名額不得超過調解委員會人數三分之一：放寬民意代表得兼任調解委員，是否妥適，有待進一步探討。

　③ 現職公務人員不宜兼任鄉鎮市調解委員：排除現職公務人員不得以學者專家身分兼任委員，是否妥適，有待進一步探討。

④ 現任國立大學專任教授不得兼任鄉鎮市調解委員會委員：排除現任國立大學專任教授不得以學者專家身分兼任委員，是否妥適，亦有待進一步探討。

3. 採購申訴審議委員會：由委員 7 人至 25 人組織之，聘請具有法律或採購相關專門知識之公正人士擔任委員，其中 3 人並得由機關派兼之，但派兼人士不得超過全體委員人數五分之一。

  (1) 委員名額：委員之下限為 7 人，上限則多至 25 人，上限與鄉鎮市調解委員會相同。

  (2) 委員類別（積極資格）：主要由機關代表及公正人士代表二類委員所組成，各該委員均應具有法律或採購相關專門知識，其中最多 3 人得由機關派兼，但派兼人士不得超過全體委員人數五分之一。至於公正人士代表委員，依採購申訴審議委員會組織準則第 5 條規定，並應具備下列資格之一：

    ① 曾任實任法官、檢察官或行政法院評事者。

    ② 曾執行律師、會計師、建築師、技師或其他與政府採購有關之專門職業人員業務五年以下者。

    ③ 曾任教育部認可之國內、外大專校院副教授以上職務三年以下，且教授法律或相關專門學科者。

    ④ 具有與政府採購相關領域之專門知識或技術，並在該領域服務五年以上者。

  (3) 委員資格（消極資格）：無任何消極資格之規定。

4. 公害糾紛調處委員會：由委員 9 人至 21 人組織之，遴聘有關機關代表、環境保護、法律、醫學等相關學者專家及社會公正人士共同組成；其中學者專家及社會公正人士之人數，不得少於全體委員之三分之二。

  (1) 委員名額：委員之下限為 9 人，上限為 21 人。

  (2) 委員類別（積極資格）：主要由機關代表、學者專家代表、社會公正人士等三類委員所組成，為昭公信，並明文規定其

中學者專家及社會公正人士之人數，不得少於全體委員之三分之二。

(3) 委員資格（消極資格）：依公害糾紛處理法第 7 條明定調處委員解聘之事由，自該規定之反面解釋，只要有下列各款情形之一，均得於任滿前予以解聘，形同調處委員之一般消極資格規定。

① 受有期徒刑以上刑之判決確定者。

② 受破產或禁治產之宣告者。

③ 任公務員而受撤職或休職之處分者。

④ 因身心障礙致不能執行職務者。

5. 醫療糾紛調解委員會：由委員 9 人至 31 人組織之，就具有醫學、法學專業知識及素孚信望之公正人士遴聘之，其中具有醫療專業知識者不得逾二分之一。

(1) 委員名額：委員之下限雖僅為 9 人，但上限則多至 31 人，較鄉鎮市調解委員會 25 人上限為多，屬於目前上限委員最多人數之行政調解委員會。

(2) 委員類別（積極資格）：主要由專業委員（具有醫學、法學專業知識人士）、公正委員（素孚信望之公正人士）等二種類別組成外，並特別規定其中具有醫療專業知識者不得逾二分之一，以避免醫醫相護。

(3) 委員資格（消極資格）：醫療糾紛處理法草案第 8 條規定其一般消極資格，凡有下列各款情形之一者，不得為調解委員：

① 曾犯貪污、瀆職之罪，經判刑確定者。

② 曾犯前款以外之罪，經判處有期徒刑一年以上之刑確定者。但過失犯罪或受緩刑宣告者，不在此限。

③ 曾受保安處分或感訓處分之裁判確定者。

④ 受褫奪公權宣告，尚未復權者。

⑤ 受破產宣告，尚未復權者。

⑥ 受禁治產宣告，尚未撤銷者。

⑦ 未成年人。

6. 各級租佃委員會：由委員 11 人組織之，其中機關代表 1 人、農會代表 1 人、佃農委員 5 人、自耕農委員 2 人及地主委員 2 人。

(1) 委員名額：委員固定由 11 人組成，並無上下限規定，為其特徵。

(2) 委員類別（積極資格）：委員會分由機關代表、農會代表、佃農委員、自耕農委員及地主委員等五類代表所組成，並明文規定其代表委員之人數。另外，委員會中之佃農委員及地主委員，以訂有三七五租約之當事人為限。

(3) 委員資格（消極資格）：依縣（市）政府及鄉（鎮、市、區）公所耕地租佃委員會組織規程第 6 條規定其一般消極資格，凡有下列各款情形之一者，不得遴聘為各級租佃委員會委員：

① 現任軍公教人員。

② 現在學校肄業學生。

③ 受褫奪公權尚未復權者。

④ 受禁治產之宣告尚未撤銷者。

7. 著作權審議及調解委員會：由委員 15 人至 21 人組織之，聘派有關機關代表、學者、專家及該機關有關人員兼任之。

(1) 委員名額：委員之下限為 15 人，上限為 21 人。

(2) 委員類別（積極資格）：主要由機關代表及學者專家代表二類委員所組成。

(3) 委員資格（消極資格）：無任何消極資格之規定。

（二）消費爭議調解委員會

消費爭議調解委員會有關委員人數、資格、類別之規定，主要規定於消保法第 45 條及直轄市縣（市）消費爭議調解委員會設置要點（簡稱設置要點）。消費爭議調解委員會由委員 7 人至 15 人組織之，由消費者

保護官、直轄市或縣（市）政府代表、消費者保護團體推派之代表、企業經營者所屬或相關職業團體推派之代表所組成，爰分別說明如後。

1. 委員名額：由 7 至 15 人組成，委員名額相當精簡。
   (1) 採定額制：消費爭議調解委員會之委員人數，並不因地方政府轄區之大小而有所不同。此與鄉鎮市調解委員會委員可因轄區之大小，其上限可多至 25 人不同。筆者認為純就委員會運作模式而言，7 人至 15 人可能是最佳組合，也是最容易發揮委員會制之功能。
   (2) 委員人數方面：就我國現有行政調解組織之委員人數中，7 人至 15 人似為折衷數目，在現階段消費爭議調解業務尚未為消費大眾所熟悉利用時，不致發生問題；不過將來一旦為消費大眾廣為利用時，可能無法因應，故與日本東京都消費者受害救濟委員會，係由 22 位以內的委員組織之[44]相較，似嫌過少。

2. 委員類別（積極資格）：消費爭議調解委員會之委員，必須具有一定之身分（積極資格），始可聘任為委員。
   (1) 消費爭議調解委員會，主要係參考日本東京都消費者受害救濟委員會之組成方式[45]，由下列三類委員所組成：此為消費爭議調解委員會最大的特色，也是與鄉鎮市調解委員會最大不同之處。
      ① 政府機關代表：包括消費者保護官及直轄市或縣（市）政府代表在內，均屬政府機關代表委員。
      ② 消費者保護團體代表：即由消費者保護團體所推派之代表委員。
      ③ 企業經營者代表：即由企業經營者所屬或相關職業團體所推派之代表委員。

---

[44] 日本東京都消費生活條例第 29 條。
[45] 同前註，日本東京都消費者受害救濟委員會，主要由學者專家（10 人以內）、消費者代表（6 人以內）、業者代表（6 人以內）等三類委員所組成。

(2) 消費者保護團體與企業經營者之代表人數應一致：以保持其公正之立場。

①　不致偏頗：很多行政調解組織為期委員會運作時不致有所偏重，以保持公正立場，多規定立場相對之委員人數應力求相當，如勞資爭議調解委員會、各級租佃委員會、日本東京都消費者受害救濟委員會等均屬之，消費爭議調解委員會亦有類似規定。依據設置要點第 2 點第 2 項規定，在消費爭議調解委員會各類委員代表中，特別規定立場彼此相對的消費者保護團體與企業經營者所屬或相關職業團體之代表人數應為一致。

②　保持彈性：消費爭議調解委員會之消費者保護團體代表與企業經營者代表之人數，依規定應一致，但與勞資爭議調解委員會、各級租佃委員會、日本東京都消費者受害救濟委員會等不同的是，並未規定其固定名額，俾保持彈性，可以因應各地方實際情況的需要。

③　委員類別無比例限制：消費爭議調解委員會的委員雖有四種類別，但並未規定其類別比例之限制，與採購申訴審議委員會、公害糾紛調處委員會、醫療糾紛調解委員會等明定某類委員人數不得超過一定之比例上限有所不同，可收因地制宜之效。

3. 委員資格（消極資格）：消費爭議調解委員會委員之消極資格，尚可分為一般消極資格及特別消極資格等二種限制。

(1) 一般消極資格之限制：與很多行政調解組織一樣，均明定委員之消極資格限制，以保持委員身分地位的崇高，消費爭議調解委員會亦不例外，主要參考鄉鎮市調解條例有關一般消極資格規定，在設置要點第 3 點亦明定，委員不得受有下列任一刑事、民事或行政上處分之消極資格，作為處理之依據。

①　曾犯貪污罪，經判刑確定者。

② 犯前款以外之罪，經判處有期徒刑以上之刑確定，尚未執行或執行未畢者。但過失犯罪或受緩刑宣告或准予易科罰金者，不在此限。

③ 受保安處分或感訓處分之裁判確定，尚未執行或執行未畢者。

④ 受破產宣告確定，尚未復權者。

⑤ 依法停止任用或受休職處分，尚未期滿者。

⑥ 褫奪公權，尚未復權者。

⑦ 受禁治產宣告，尚未復權者。

(2) 特別消極資格之限制：依行政院消保會之解釋，僅民意代表不得兼任消費爭議調解委員會之委員[46]，此與鄉鎮市調解委員會有四種特別消極資格之限制不同。

（三）檢討與比較

1. 委員名額方面：合議制組織就效率的觀點言之，委員人數不宜過多過濫，自不待言。調解委員會委員的理想名額究應多少，從以上各種委員會的委員名額，有少到 3 人，也有多到 31 人，

---

[46] 行政院消保會 84 年 11 月 21 日消保法字第 01369 號函。其內容為 1.按消費爭議調解委員會係依照消費者保護法第 45 條第 1 項直轄市、縣市政府應設消費爭議調解委員會，置委員七至十五名之規定所設置，故該調解委員會解釋上係為各該地方政府所屬機關，應無疑義。2.查依省縣自治法第三十三條第一項規定，縣市議員不得兼任各該縣市政府及其所屬機關、事業機構任何職務或名義，但法令另有規定者，不在此限。故只要具有縣市議員之身分，除法令另有可以兼任之明文規定外，即不得兼任各該縣市政府消費爭議調解委員會之職務。3.另消費者保護法第四十五條及其相關子法雖均就消費爭調解委員會委員之名額及其代表類別予以規定，惟並非明定縣市議員得兼任消費爭議調解委員會職務，且無如鄉鎮市調解條例增訂第四條之一——民意代表得兼任調解委員——之規定，可資作為兼任之明文依據。4.綜上，因無他法令明定縣市議員可以兼任，則依上開省縣自治法第 33 條第 1 項規定，縣市議員自不得兼任縣市政府消費爭議調解委員會委員職務。

　　規定並不一致，可以說是並無定論，不過我們可以做以下之探討。

(1) 以「會議模式」進行調解者：委員人數不宜太多。理論上委員會委員之人數如果太多，則因委員集會不易，且亦難達成一致結論，導致委員會將無法發揮委員會應有之功能。原則上委員會的人數在 20 人以內，以收集思廣益之效，但也不必明定一個數字，不妨另訂一個彈性範圍由主管機關自行運用。例如兼採會議調解模式之消費爭議調解委員會，僅以 7 人至 15 人之最基本員額來規定其委員名額，應屬妥適。

(2) 以「授權委員」進行調解者：委員人數不宜太少。因為委員之人數如果太少，容易導致委員會為少數人所把持，較難維持其公正性。而被授權進行調解之委員，主要有下列二種情形：

　① 指定委員：由主管機關指定之委員為之。在此種情形下，當事人對於擔任調解之委員並無任何之選擇性，純由主管機關決定，故調解委員會之委員人數即使不多，亦不致有何影響。例如專採指定委員模式辦理調解之鄉鎮市調解委員會，及兼採指定委員之模式辦理調解之消費爭議調解委員會等，均屬之。

　② 選任委員：由當事人選任之委員為之。在此種情形下，當事人對於擔任調解之委員既有選擇權，則調解委員會之委員人數宜有相當之數目，俾供其選擇，始有其意義。一般均以備置調解委員名冊，例如勞資爭議之調解，且必要時並可選任名冊以外之人為調解委員，以應需要，例如法院之調解[47]等，均屬之。

---

[47] 民事訴訟法第 406 條之 2：「地方法院應將其管轄區域內適於為調解委員之人選列冊，以供選任；其人數、資格、任期及其聘任、解任等事項，由司法院定之。（第 1 項）法官於調解事件認有必要時，亦得選任前項名冊以外之人為調解委員。（第 2 項）」

2. 委員類別（積極資格）方面：任何一個行政調解組織，均必須尋找具有一定積極資格之委員作為其主要核心架構，始能發揮該組織應有之功能。

(1) 行政調解組織委員架構類型之探討：對於委員會的結構，依學者研究[48]，對委員的資格要求越來越重視，不過，對於各種調解委員會構成之委員，除應儘量減少其政治性、酬庸性、兼職性外，並應加強其專業性、獨立性、公正性，俾有效發揮其應有之功能。有關委員的資格約可歸納為下列五種類型[49]：

① 有民意代表參加的委員會：如鄉鎮市調解委員會，其中可以有鄉鎮市民代表委員。

② 三方構成的委員會：如勞資爭議處理委員會，除了主管機關指派之委員以外，尚有勞資雙方選定之委員；消費爭議調解委員會，分由政府機關代表（消費者保護官、直轄市縣市政府代表）、消費者保護團體推派之代表、企業經營者推派之代表擔任委員，均屬之。

③ 由學識經驗者及政府官員合組的委員會：如著作權審議及調解委員會，聘派有關機關代表、學者專家及該機關有關人員兼任委員，屬之。

④ 以學識經驗為中心的委員會：如公害糾紛調處委員會，遴聘有關機關代表、環境保護、法律、醫學等相關學者專家及社會公正人士為委員，其中學者專家及社會公正人士之人數，

---

[48] 同註 29，《行政委員會組織與功能之研究》，頁 150。對委員的資格要求越來越重視，依民選產生委員的方式幾乎即將完全消失，相反的一般都規定某種資格要件為不可缺，但行政委員會的限制較嚴，除有政黨屬性及政治活動的限制之外，更有避免形成學閥的規定。

[49] 同註 29，《行政委員會組織與功能之研究》，頁 140 以下。日本審議會依構成委員的資格可以分為下列五種類型：1.有國會議員參加的審議會、2.三方構成的審議會、3.由學識經驗者及政府官員合組的審議會、4.以學識經驗為中心的審議會、5.以特定利害的關係人為委員的審議會。

不得少於全體委員之三分之二；採購申訴審議委員會，須聘請具有法律或採購相關專門知識之公正人士擔任委員，其中 3 人並得由機關派兼之，但派兼人士不得超過全體委員人數五分之一；醫療糾紛調解委員會，須遴聘具有醫學、法學專業知識及素孚信望之公正人士為委員，均屬之。

⑤ 以特定利害的關係人為委員的委員會：如各級租佃委員會，由機關代表、農會代表、佃農委員、自耕農委員及地主委員組成，其中佃農委員及地主委員並以訂有三七五租約之當事人為限，屬之。

(2) 行政調解組織委員類別類型之探討：辦理調解之委員人數眾多，並具有其代表性，爰將各種調解委員會委員類別分別說明如次：

① 機關代表：原則上所有的行政調解組織應有一定之機關代表委員，除了應負責全盤業務之推動外，並須提供必要之行政協助，以利相關調解業務之進行。不過，有學者認為機關代表之名額宜有一定比例之限制，以免喪失其準司法之性質[50]。

② 婦女代表：如鄉鎮市調解委員會明定委員之婦女保障名額，除了有鼓勵婦女參與外，可能並無特別作用，在行政調解組織中甚為少見，此為鄉鎮市調解委員會之特殊規定。

③ 學者專家代表：原則上所有的行政調解組織，無論是直接或間接聘派，均有一定之學者專家代表委員存在，尤其是以學識經驗為中心的委員會，更突顯其重要性。惟有學者[51]認

---

[50] 同註 22，《公害糾紛處理政策與法制之研究》，頁 194。整體而言，機關代表占委員會總數之一半以上（百分之五十一），而法律人士則僅占百分之十二，其他具有環境保護專長者占百分之十二，醫學代表占百分之九，公正人士占百分之十五，使調委會之性質具有濃厚之行政機關性（各縣市政府對調委會有絕對之主導權），鮮有準司法之性格。

[51] 邱聰智著〈公害糾紛處理法草案評議〉，刊於輔仁法學第 9 期，頁 87 以下。建議 1.實現類如法院之超然處理機構，提高調裁委員之任用資格（至少較地

為如欲實現類如法院之超然處理機構，除了應提高調解委員
之任用資格（至少較地方法院法官地位之崇隆，並儘量採專
任制度）外；並且要提高高級法律人才在調解委員會中之比
例（至少占二分之一），並舉辦調解委員之法律專業訓練（至
少包括民法、民事訴訟法、非訟事件及專業法規），可供實務
運作之重要參考。

④ 利益團體代表：屬於三方構成的委員會之行政調解組織，基
於平衡原則，均有所謂利益團體代表之委員存在。此種代表
性平衡情形，尚可分為下列二種類型：

a. 動態平衡：如勞資爭議調解委員會，於發生勞資爭議個案
時，始由當事人各選任 1 位調解委員組成調解會進行調解
者，屬之。

b. 靜態平衡：如消費爭議調解委員會，依照消保法第 45 條
第 2 項規定，消費爭議調解委員會委員可歸納為三類代
表，其中由於消費者保護團體與企業經營者所屬或相關職
業團體因彼此立場相對，為期委員會之運作公平，避免因
該二團體代表之委員人數不一致而發生任何偏頗之情
形，直轄市縣（市）消費爭議調解委員會設置要點除於第
2 點第 2 項規定其代表人數應一致外，並於第 6 點第 3 款
規定如其代表人數因出缺發生不一致時，應即補聘其缺
額，以確保其代表性的平衡，屬之。

筆者以為調解並非皆以訴之法律規定方式作為解決
當事人爭議之依據，而係居間協調解決，故有關消費爭議
調解委員會須有企業經營者或消費者保護團體代表一定

方法院法官地位之崇隆，並儘量採專任制度）、2.提高高級法律人才在調裁委
員會中之比例（至少占二分之一），並舉辦調裁委員之法律專業訓練（至少包
括民法、民事訴訟法、非訟事件及環保專業法規）、3.調裁委員中之法律人士，
從現任法官、現職大學法律系副教授以上，及現職推檢中，具有環保法素養
者遴選之、4.舉辦環保法務人員之考試及訓練，儲備襄助調裁委員之助理人才。

比例之規定，似無必要。因此所謂代表性平衡問題，事實
上僅存在於委員會組織本身而已，實際進行調解時，則不
必受此限制。換句話說，委員會成立時聘任委員之總員額
必須受此代表性平衡的限制；而在實際進行調解時，因調
解委員會之召開必須分函所有委員參加，委員是否前來出
席，端視其個人意願而定，不能因為出席委員不符合代表
性平衡，而否定該調解之合法性，亦可避免某類委員一方
以此作為抗爭之手段。

⑤ 民意代表：如鄉鎮市調解委員會，依鄉鎮市調解條例規定民
意代表得兼任調解委員，其名額不得超過調解委員會人數三
分之一，屬之，此亦為鄉鎮市調解委員會之特別規定。惟有
學者認為民意代表常具有黨派屬性，且行政行為及作用的
發動，原則上應由行政機關於立法機關之外獨立為之，故
民意代表以個人立場參加行政委員會並不恰當[52]。

3. 委員資格（消極資格）方面：目前僅有勞資爭議調解委員會、採
購申訴審議委員會、著作權審議及調解委員會及日本東京都消費
者受害救濟委員會等就委員之消極資格並未明文規定外，其他行
政調解組織均有一定之消極資格限制，爰分述如後。

(1) 身分上之消極資格

① 公務人員：關於公務人員能否兼任調解委員會委員問題，由
於調解委員會為一公務機關，應依照公務員服務法第14條：
「公務員除法令所規定外，不得兼任他項公職或業務。其依
法令兼職者，不得兼薪及兼領公費。」及同法第24條：「本

---

[52] 同註29，《行政委員會組織與功能之研究》，頁144以下。日本審議會與議會
有其不同之處，審議會做為民主的統制機構，本來就是以補助議會為目的，
因此，議員以個人立場參與審議會並不恰當。而且，議員常具有黨派屬性，
容易受到黨的束縛，無法自由表達意見，難以達成審議會本來的功能。此外，
審議會之中具有參與機關性質的審議會，關於行政作用（許認可等）的發動，
本來就應由行政機關於立法機關之外獨立為之。

法於受有俸給之文武職公務員，及其他公營事業機關公務人員，均適用之。」之規定辦理，而有下述二種結果：

　a. 法令未規定者：由於鄉鎮市調解條例並未明文規定公務人員可以兼任委員，因此，公務人員（包括公立教育人員在內）不得兼任鄉鎮市調解委員會委員。另外，鄉鎮市調解條例第 4 條並明文規定：「鄉、鎮、市長不得兼任調解委員。」另外，各級租佃委員會亦明定現任軍公教人員不得兼任為委員，均屬之。

　b. 法令有規定者：除了鄉鎮市調解委員會外，其他行政調解組織之法令均規定有所謂的機關代表委員及學者專家代表委員，因此公務人員可以兼任為委員。茲以消費爭議調解委員會為例，由於消保法第 45 條第 2 項業已明定調解委員會委員包括直轄市、縣（市）政府代表及消費者保護官在內，因此，該等人員依法可以兼任委員，惟其餘公務員則應仍受公務員服務法第 14 條不得兼任之限制。且消保法亦無明文限制直轄市、縣（市）政府首長不得兼任消費爭議調解委員會委員之規定，因此，各該地方政府首長自得以各該地方政府代表之身分兼任委員。

② 民意代表：由於行政調解組織具有行政公務性質，除非法令有特別規定民意代表可以兼任為委員外，原則上民意代表不得兼任為委員。

　a. 法令未規定者：一般行政調解組織均未規定民意代表可以兼任為委員。茲以消費爭議調解委員會為例，有關民意代表可否兼任委員問題，由於直轄市、縣（市）議員則因另無法令可以兼任委員之明文規定，仍應受地方制度法第 53 條規定不得兼任各該直轄市政府、縣（市）政府及其所屬機關事業機構任何職務或名義之限制。由於消費爭議調解委員會為各該地方政府所屬機關，因此，直轄市、縣（市）

議員即使想以消費者保護團體代表、企業經營者所屬或相關職業團體代表之身分兼任委員，因其仍具有議員之身分，除非比照鄉鎮市調解條例方式，修改消保法或其相關法令明文規定其可以兼職，否則依法仍不得兼任委員。

b. 法令有規定者：鄉鎮市民代表可以兼任為鄉鎮市調解委員會之委員，此為鄉鎮市調解條例之特別規定。鄉鎮市民代表依地方制度法第 53 條規定，原仍受到限制不得兼任為委員，惟為借重鄉鎮市民代表在地區上的影響力，因而同意其可以兼任委員，為此，鄉鎮市調解條例特別於 84 年 6 月 29 日修正增列第 4 條之 1 條文規定：「民意代表得兼任調解委員，其名額不得超過調解委員會人數三分之一。」以資解決。

③ 住民：鄉鎮市調解委員會另有一特殊之住民資格要件，為其他行政調解組織所無。依鄉鎮市調解條例第 3 條第 1 項規定，須居住於該鄉鎮市轄區內之住民，始有被推薦為調解委員之資格；目前雖擬納入聘任為調解委員後，其戶籍始遷出至他鄉鎮市居住，並不影響調解委員資格，予以修正適度放寬，但由於地方人才原則上並不充裕，似此地域性限制，對其人才之進用勢必有所影響。

(2) 受刑事處分之消極資格：由於調解委員屬於刑法上公務員，故在刑事上不得具有下列任何一款之消極資格，規定之文字雖略有差異，惟其目的並無不同。

① 曾受一年有期徒刑以上刑之裁判確定者。但過失犯罪或受緩刑宣告者，不在此限：鄉鎮市調解委員會、消費爭議調解委員會、公害糾紛調處委員會、醫療糾紛調解委員會等採之。

② 曾犯貪污罪，經判刑確定者：鄉鎮市調解委員會、消費爭議調解委員會、醫療糾紛調解委員會等採之。

③ 曾受保安處分或感訓處分之裁判確定者：鄉鎮市調解委員會、消費爭議調解委員會、醫療糾紛調解委員會等採之。

④ 褫奪公權，尚未復權者：鄉鎮市調解委員會、消費爭議調解委員會、醫療糾紛調解委員會、各級租佃委員會等採之。

(3) 受民事宣告之消極資格：由於調解委員屬於刑法上公務員，故在民事上不得具有下列任何一款之消極資格，規定之文字雖略有差異，惟其目的並無不同。

① 受破產宣告確定，尚未復權者：鄉鎮市調解委員會、消費爭議調解委員會、公害糾紛調處委員會、醫療糾紛調解委員會等採之。

② 受禁治產宣告，尚未撤銷者：鄉鎮市調解委員會、消費爭議調解委員會、公害糾紛調處委員會、醫療糾紛調解委員會、各級租佃委員會等採之。

③ 因身心障礙致不能執行職務者：公害糾紛調處委員會採之。

(4) 受懲戒處分之消極資格：由於調解委員屬於刑法上公務員，故在行政上不得具有下列任何一款之消極資格。

① 任公務員而受撤職或休職之處分者：公害糾紛調處委員會採之。

② 依法停止任用或受休職處分，尚未期滿者：消費爭議調解委員會採之。

(5) 其他之消極資格：約有下列二種。

① 未成年人：醫療糾紛調解委員會採之。

② 現在學校肄業學生：各級租佃委員會採之。

③ 其他：一個委員會的委員是否可以兼任其他委員會的委員？有無兼任數之限制？委員的年齡有無限制？委員的學歷有無限制？委員的經歷有無限制？目前尚無委員會予以規定。

4. 目前委員甄選標準過於空泛：雖然行政調解組織之委員，絕大部分均規定有一定之積極資格及消極資格，但其甄選的標準仍過於

空泛，許多均只規定「學者」、「專家」、「社會公正人士」等等，雖有助於委員的聘請，但較易流為酬庸性質，而有所聘非人的批評。

二、調解委員在任用上（任期、聘任、解聘）之比較

有關調解委員組織上（人數、資格、類別）之比較，已見上述，接著筆者要進一步就調解委員在任用上（任期、聘任、解聘）之規定，予以比較分析說明如後。

（一）現行調解組織概述

除消費爭議調解委員會外，現行調解組織委員有關任期、聘任、解聘之規定，依委員名額由少到多的次序臚列如後。

1. 勞資爭議調解委員會：主要規定於勞資爭議處理法第 12 條及第 13 條。

   (1) 任期：因係屬個案處理之任務性委員會，故其委員以該個案之處理期限為其任期。

   (2) 聘任：依委員性質而有二種不同聘任方式。

   ① 主管機關指派之委員：由主管機關選定指派。

   ② 當事人選定之委員：由當事人雙方於一定期限內各自選定一人後，向主管機關具報。逾期不為具報者，主管機關得依職權代為指定之。

   (3) 解聘：並無特別規定，解釋上應有下列二種情形。

   ① 任務完成解聘。

   ② 任務中解聘。

2. 鄉鎮市調解委員會：主要規定於鄉鎮市調解條例第 3 條及第 8 條。

   (1) 任期：任期 4 年。

   ① 連任無次數限制：現任調解委員得連任。

② 補聘任期：補聘之任期，均至原任期屆滿時為止。

(2) 聘任

① 一般聘任：由鄉鎮市長推薦送請鄉鎮市民代表會同意後聘任。

② 補聘：調解委員出缺，得補聘其缺額。但出缺人數達總人數三分之一以上，而所餘任期在 1 年以上者，應予補聘。

③ 續聘：現任調解委員之連任，由鄉鎮市長報縣政府核准，逕予續聘。

(3) 解聘

① 任期屆滿解聘：並未明文規定，乃為解釋之當然。

② 任期內解聘：其因故解聘者，亦應送請原同意機關（鄉鎮市民代表會）後為之。但調解委員經通知而不出席調解，全年達總數二分之一以上者，應予解聘，免經鄉鎮市民代表會同意。

3. 採購申訴審議委員會：主要規定於採購申訴審議委員會組織準則第 3 條及第 12 條。

(1) 任期

① 當然委員：申訴會主任委員及副主任委員各 1 人，為申訴會之當然委員，須隨其職務之異動而變更，並無一定之任期。

② 聘任委員：任期 2 年，期滿得續聘之。

(2) 聘任：申訴會委員為無給職。但得依規定支給兼職酬勞。

① 當然委員：申訴會主任委員及副主任委員各 1 人，由主管機關或直轄市、縣市政府就其高級人員派兼之，為申訴會之當然委員。

② 聘任委員：由主管機關或直轄市、縣市政府聘任。

(3) 解聘

① 任期屆滿解聘：並未明文規定，乃為解釋之當然。

② 任期內解聘：並無特別解聘之規定。

4. 公害糾紛調處委員會：主要規定於公害糾紛處理法第 5 條及第 6 條。

(1) 任期：調處委員會委員之任期為 3 年，連聘得連任。調處委員會委員出缺時，其繼任人之任期至原任期屆滿之日為止。

(2) 聘任：委員由直轄市長、縣市長遴聘之。另依台北市政府公害糾紛調處委員會組織規程第 10 條規定，非該市府兼任之委員，得依規定支給出席費、研究費或交通費。

(3) 解聘：雖無特別解聘之規定。但依台北市政府公害糾紛調處委員會組織規程第 9 條則加以明文規定，本會委員之解聘，由主任委員報請市府核定後為之。

5. 醫療糾紛調解委員會：主要規定於醫療糾紛處理法草案第 7 條。

(1) 任期：委員任期 3 年，連聘得連任。

(2) 聘任：僅規定委員之特別聘任資格（積極資格），由各直轄市、縣（市）主管機關遴聘之，惟並無補聘之規定。解釋上如有補聘之需要，即可比照一般聘任程序辦理，惟補聘之任期，以補足原委員之任期為限。

(3) 解聘：並無特別解聘事由之規定，此為其立法上之缺漏，因為如發生調解委員具有消極資格或調解委員因故請辭或死亡等情形，解釋上即應予解聘，此時均可能發生補聘之問題。

6. 各級租佃委員會：主要規定於縣市政府及鄉鎮市公所耕地租佃委員會組織規程第 3 條、第 4 條、第 7 條及第 8 條。

(1) 任期

① 2 位當然委員之任期：因必須具有一定之職務身分，始能擔任當然委員，故應隨職務變動而去職，並無一定之任期。

② 9 位其他委員之任期：4 年。

(2) 聘任

① 縣市政府耕地租佃委員會委員：由縣市長遴聘具有資格之人士擔任，並發給 9 位其他委員聘書。

　　② 鄉鎮市公所耕地租佃委員會委員：由鄉鎮市長遴聘具有資格
　　　之人士擔任，並發給 9 位其他委員聘書。
　(3) 解聘：
　　① 任期屆滿解聘：各級租佃委員會委員任期屆滿二個月前，縣
　　　市長或鄉鎮市區長應完作下一屆委員之遴聘手續，並將名冊
　　　一份報請內政部或縣市政府備查。
　　② 任期內解聘：聘任之當然委員如職務變動，或其他委員之身
　　　分變更、因故不能擔任或不適任時，應重新遴聘，補足原委
　　　員任期。
7. 著作權審議及調解委員會：主要規定於經濟部智慧財產局著作權
　審議及調解委員會組織規程第 3 條及第 8 條。
　(1) 任期：1 年。
　(2) 聘任：由局長聘派之。調解委員為無給職，但非本機關之兼任
　　　委員得依規定支給交通費或研究費。
　(3) 解聘：並無特別規定，解釋上應有①任期屆滿解聘、②任期中
　　　解聘等二種情形，不另贅述。

（二）消費爭議調解委員會

　　消費爭議調解委員會有關委員任期、聘任、解聘之規定，主要規定
於消保法第 45 條及直轄市縣（市）消費爭議調解委員會設置要點（簡稱
設置要點）第 2 點、第 4 點至第 7 點、第 12 點。
1. 任期：消費爭議調解委員會委員之任期，消保法並未予以明文
　規定。
　(1) 一般任期：2 年。鑑於消費爭議調解委員會之委員因非屬政治
　　　性職位，似不必考慮與直轄市、縣（市）長 4 年任期配合之問
　　　題，而依照目前一般委員會委員之任期絕大部分為 2 年之體
　　　例，並參考日本東京都消費者受害救濟委員會之委員任期及補

聘等規定[53]，因此，設置要點第 4 點乃規定其任期為 2 年，惟連聘得連任。

(2) 補聘任期：委員之任期原則上應以一般任期作為計算標準。行政院消保會遴聘委員出缺補聘時，為期每屆委員之任期一致，依照通例，規定其繼任人之任期至原任期屆滿之日為止。

(3) 連任任期：消費爭議調解委員會之委員，僅有委員類別之分，並尊重各類委員之專業，無須在任期上予以連任限制之必要，故連聘得連任，並無任期限制。

2. 聘任：消費爭議調解委員會之委員經聘任後，雖係屬無給職，但得依規定支領出席費或車馬費。

(1) 一般聘任：消費爭議調解委員會因係屬直轄市或縣（市）所屬之二級行政組織，故其委員應由直轄市長或縣（市）長遴聘之。

消費爭議調解委員會委員之聘任程序甚為簡單，無需經過民意機關之同意，可由直轄市、縣（市）長直接聘任即可；惟聘任時應注意各類代表名額之限制。依照消保法第 45 條規定，消費者保護官雖然為調解委員會當然之成員，惟程序上仍應經聘任委員之程序。

另外，如果發生原任委員任期終了，而下屆委員尚未產生之情形，鄉鎮市調解委員會在實務運作上，認為原任委員仍可繼續處理調解業務，可供參考。

(2) 補聘：消費爭議調解委員會委員之補聘要件，依照設置要點第 6 點規定，只要發生下列任一情形時，即應補聘其缺額，以免影響調解委員會之運作，並確保其公正立場。

---

[53] 日本東京都消費生活條例第 29 條。日本東京都消費者受害救濟委員會，委員的任期為 2 年，但可連任。補聘委員的任期，以前任委員之任期屆滿之日為止。均由東京都知事任命之。

① 委員總數未達 7 人者：依消保法第 45 條第 1 項規定，消費爭議調解委員會置委員 7 至 15 名，如果委員總數未達最低限者，即屬違法，應即辦理補聘。

② 第 2 點規定之各類代表，其中一類全部出缺者：依消保法第 45 條第 2 項規定，消費爭議調解委員會應由機關代表（直轄市縣市政府代表、消費者保護官）、消費者代表（消費者保護團體代表）、業者代表（企業經營者所屬或相關職業團體代表）等三類代表組成之，如果缺少某一類委員者，亦屬違法，亦應辦理補聘。

③ 消費者保護團體與企業經營者所屬或相關職業團體之代表人數不一致者：依消保法第 45 條第 2 項規定，消費爭議調解委員會委員可歸納為三類代表，其中由於消費者保護團體與企業經營者所屬或相關職業團體因彼此立場相對，為期委員會之運作公平，避免因該二團體代表之委員人數不一致而發生任何偏頗之情形，如果消費者保護團體與企業經營者所屬或相關職業團體之代表人數不一致者，因與立法意旨不合，亦應辦理補聘。

(3) 備案：由於消費爭議調解委員會進行調解所為之調解成立，依消保法第 46 條規定，調解成立調解書經送法院備查後，即發生與法院確定判決同一效力之結果，影響甚大，故其委員之聘任及解聘，應有一定之備案程序。

依設置要點規定，直轄市或縣（市）政府應於遴聘委員之日起 15 日內檢送委員姓名、學歷、經歷及所屬機關或團體等資料，分別報行政院消費者保護委員會、管轄法院或其分院及地方法院檢察署或其分院檢察署備案。

3. 解聘：設置要點第 5 點經參考鄉鎮市調解條例第 8 條及公害糾紛處理法第 7 條規定，明定調解委員會委員獨立行使職權，非有下

列各款情形之一者，不得於任滿前予以解聘。因此，解聘之情形亦有下列二種。

(1) 任期屆滿解聘：委員之任期原則上應以一般任期作為計算標準，故在每屆委員任期屆滿時，即應辦理次屆委員之聘任事宜，當屆委員則因任期屆滿而當然解聘，無須再有任何解聘程序或動作。

(2) 任期屆滿前解聘：為確保委員能夠獨立行使職權，特別規定委員於在職期間，非有下列各款情形之一，不得於任滿前予以解聘。

　① 涉刑案而被判刑確定者：主要有下列二種情形。

　　a. 受有期徒刑以上刑之判決確定者：不問有無被遞奪公權與否，只要受有期徒刑以上刑之判決確定，即不得再任為委員。

　　b. 受保安處分或感訓處分之裁判確定者：受保安處分或感訓處分確定者，即應執行，當然不得再任為委員。

　② 行為能力受限制者：主要有下列二種情形。

　　a. 受破產或禁治產之宣告者：受破產或禁治產宣告者，其本身之行為能力即受限制，無力為他人進行調解，自不宜再任為委員。

　　b. 因身心障礙致不能執行職務者：雖未受破產或禁治產宣告，但因身心障礙致不能執行職務者，亦無力為他人進行調解，自不宜再任為委員。

　③ 受行政處分受限制者：任公務員而受撤職或休職之處分者。調解委員屬於刑法上公務員，如現任委員因已失擔任公職之身分，即無法授權其再來執行公權力，當然不得再任為委員。

　④ 其他原因受限制者：主要有下列二種情形。

　　a. 全年出席調解委員會議未達應出席次數二分之一以上者：委員會屬於合議制組織，需要所有委員全力配合，始

能順利運作，故需對無法配合之委員，不宜再任為委員俾加以限制。

b. 自原代表機關或團體離職者：所謂離職，包括職務變更、退休、死亡等，凡已失去其原兼任委員之要件者，即為職務有所變更，均屬之。為維持委員會之運作公平，避免因該二團體代表之委員人數不一致而發生任何偏頗之情形，必須對於離職者限制其不得再任為委員。

(3) 備案：由於消費爭議調解委員會進行調解所為之調解成立，依消保法第 46 條規定，調解成立調解書經送法院備查後，即發生與法院確定判決同一效力之結果，影響甚大，故其委員之聘任及解聘，應有一定之備案程序。

有關解聘之備案程序依設置要點規定，因與聘任之備案程序相同，故不另贅述。

（三）檢討與比較

行政調解委員會，旨在排解權益糾紛，其調解結果具有類似司法之作用，非僅傳統行政權之發揮，因而調解委員會地位及職權之保障，包括調解委員之任期、聘任、解任、待遇等問題在內，均非常重要，甚至可視為行政調解制度能得否發揮之前提。

至於委員的保障，包括執行職務的保障及身分的保障二種，委員應依法獨立執行職務，非有法定事由不得於任滿前予以解聘，此為執行職務的保障；至於委員應有一定的任期，享有一定的權利，此為身分的保障。

1. 任期方面：調解委員會委員因屬聘任性質，故均有任期制。委員任期的長短與能否連任，對委員議事心態具絕對性的影響。

(1) 一般任期：委員之任期，期間應力求適當，如果任期太短，將使得委員更換過於頻繁，無法發揮應有功能；如果任期太長，將使得委員人選流於僵化，無法注入新活力而發展新局。筆者

認為行政調解組織主要提供公眾參與公共職務機會，則其委員任期不宜過長，原則上以不超過二年為宜。

① 1 年：著作權審議及調解委員會採之。

② 2 年：消費爭議調解委員會、採購申訴審議委員會，均採之。

③ 3 年：公害糾紛調處委員會、醫療糾紛調解委員會，均採之。

④ 4 年：鄉鎮市調解委員會、各級租佃委員會，均採之。

⑤ 其他：勞資爭議調解委員會採之。為了特定個案而成立之調解委員會，其委員任期當然隨任務的完成而告結束。

(2) 補聘任期：所有行政調解組織補聘委員之任期，均規定至原任委員任期屆滿之日為止，並無例外。

(3) 連任任期

① 不得連任：經查目前現行所有行政調解組織，尚未有明文規定其委員不得連任之情形。

② 可以連任：與民選首長可以連選得連任一次之情形不同，調解委員因係屬諮詢性委員性質，特別著重其身分、專業及經驗累積等特性，宜予久任，故可以連聘連任，且無連任次數之限制。

　　a. 明文規定可以連任者：鄉鎮市調解委員會、消費爭議調解委員會、採購申訴審議委員會、公害糾紛調處委員會、醫療糾紛調解委員會等，均屬之。

　　b. 並未限制不得連任者：勞資爭議調解委員會、各級租佃委員會、著作權審議及調解委員會等，均屬之。

2. 聘任方面：調解委員會委員因均為兼職性質，故均以聘任方式為之。由於調解委員會屬於參與性或諮詢性的委員會，其委員人選及任用程序不宜限制太嚴格，應給予首長較大便宜權運用。

(1) 聘任方式：因委員均由行政主管機關聘任，故委員的產生方式，幾乎均由行政部門主導，且原則上均無送請民意機關同意之程序。

① 由主管機關聘任

　　a. 由主管機關逕行聘任委員組成委員會：鄉鎮市調解委員會、消費爭議調解委員會、採購申訴審議委員會、公害糾紛調處委員會、醫療糾紛調解委員會、著作權審議及調解委員會等，採之。

　　b. 由主管機關聘任為委員納入委員名冊：勞資爭議調解委員會、法院調解等，採之。

② 由當事人選任：除機關代表及學者專家代表委員由主管機關逕行聘任外，如有當事人選任之代表委員，原則上應由該當事人選任，為其進行調解事宜。

　　a. 逕由當事人自行選任：各級租佃委員會採之。另外，醫療糾紛調解委員會為尊重當事人之意願，亦明定可由當事人合意另行指定調解委員。

　　b. 由當事人自委員名冊中選任：勞資爭議調解委員會、法院調解採之。由行政機關得預聘委員，以便後來就個案之需要，選任符合法定人數之委員組成該案件之行政調解委員會。

　　　　另外，行政機關認有必要時，並得選任前述名冊以外之人為調解委員。而且，當事人對於調解委員人選有異議或兩造合意選任其他適當之人者，行政機關得另行選任或依其合意選任之，以尊重當事人之意願。

(2) 聘任程序：主要有三種不同程序。

　① 逕由行政機關聘任者：消費爭議調解委員會、採購申訴審議委員會、公害糾紛調處委員會、醫療糾紛調解委員會、著作權審議及調解委員會等採之。

　② 須經民意機關同意者：僅鄉鎮市調解委員會採之。其委員聘任之程序，依照鄉鎮市調解條例第 3 條規定，應由鄉、鎮、市長薦送鄉、鎮、市民代表會同意後聘任，提名時無庸加倍

提名；其因故解聘之程序亦同。另外並規定，如果調解委員
出缺人數達總人數三分之一以上，而所餘任期尚有一年以上
者，應補聘其缺額。

③ 聘任後須經報備者：鄉鎮市調解委員會、消費爭議調解委員
會採之。主要係因鄉鎮市調解委員會或消費爭議調解委員會
進行調解所為之調解成立，依鄉鎮市調解條例第 24 條或消保
法第 46 條規定，調解成立調解書經送法院備查後，即發生與
法院民事確定判決同一效力之結果，影響甚大，故其委員之
聘任及解聘，應有一定之備案程序。至於其他行政調解組織，
則因不具備此種效力，故無須採行此種報備程序。

3. 解聘方面：為發揮調解委員會之功能，對於無法勝任或不能稱職
之委員，宜有解聘之規定；惟為保障委員獨立行使職權之特性，
不受外界影響，非有法定解聘事由，不得予以解聘。

(1) 解聘事由：調解在本質上屬於準司法行為的一種，必須要求公
正公平，為期調解委員會委員得以獨立行使職權，儘量不受外
力干預，因此，鄉鎮市調解委員會、消費爭議調解委員會、公
害糾紛調處委員會等均特別規定，調解委員於在職期間，非有
法定解職事由，不得於任滿前予以解聘，以保障其身分地位。

① 受有期徒刑以上刑之判決確定者：消費爭議調解委員會、公
害糾紛調處委員會採之。

② 受保安處分或感訓處分之裁判確定者：消費爭議調解委員會
採之。

③ 受破產或禁治產之宣告者：消費爭議調解委員會、公害糾紛
調處委員會採之。

④ 任公務員而受撤職或休職之處分者：消費爭議調解委員會、
公害糾紛調處委員會採之。

⑤ 因身心障致不能執行職務者：消費爭議調解委員會、公害糾
紛調處委員會採之。

⑥ 全年出席調解委員會議未達應出席次數二分之一以上者：鄉鎮市調解委員會、消費爭議調解委員會採之。至該「會議總次數」之計算，實務上認為除應出席集體開會之調解會議次數外，尚包括一人逕行調解次數在內。

⑦ 自原代表機關或團體離職者：消費爭議調解委員會、勞資爭議調解委員會、各級租佃委員會採之。

(2) 解聘程序：委員解聘之程序，與聘任並無不同，原則上可以準用聘用之有關規定。

4. 補聘方面：為避免調解委員會運作上之困難，如發生委員出缺達一定程度時，應即補聘其缺額。委員係因出缺而補聘者，其任期當然以至原任期屆滿時為止。

(1) 補聘事由：委員具有解聘之事由，並發生解聘之結果，並不等同於一定要予以補聘其缺額，必須另外達到一定之要件始予補聘，故解聘事由與補聘事由應分別討論。由於現行行政調解組織甚多採用授權委員調解方式進行調解，而非以會議方式進行，不致影響其運作，故甚少就補聘事由予以明文規定，僅見諸於少數行政調解組織。茲以消費爭議調解委員會為例，只要發生下列任一情形時，即應補聘其缺額，以免影響調解委員會之運作，並確保其公正立場。

① 委員總人數未達 7 人（法定下限）者：消費爭議調解委員會採之。另外鄉鎮市調解委員會依照鄉鎮市調解條例第八條規定，委員出缺人數達總人數三分之一以上，而所餘任期尚有一年以上者，方始應補聘其缺額。換句話說，如果委員出缺人數未達總人數三分之一，或是所餘任期未達一年以上時，均無需補聘其缺額。

② 法定三類代表中，某類代表全部出缺者：消費爭議調解委員會採之。

③ 消費者保護團體與企業經營者所屬或相關職業團體之代表人數不一致者：消費爭議調解委員會採之。

(2) 補聘程序：委員補聘之程序，與聘任並無不同，原則上可以準用聘用之有關規定。

三、行政調解組織主席及幕僚單位之比較

（一）現行調解組織概述

一般委員會主席之產生，有由法律明文規定由該機關首長或負責幕僚作業之主管擔任者，如各級選舉委員會議之主席，均由各該選舉委員會的主任委員擔任；而訴願委員會議的主席，則由訴願委員會的主任委員擔任。現行行政調解組織之主席，亦有其一定之產生方式及權限，除消費爭議調解委員會外，爰分別說明如後。

1. 勞資爭議調解委員會
  (1) 主席方面：在組成之勞資爭議調解委員會，依勞資爭議處理法第 13 條規定，由直轄市、縣（市）主管機關代表中一人為主席。
  (2) 幕僚單位方面：實務上均由直轄市、縣市政府勞工局勞資關係科負責兼辦相關幕僚作業。

2. 鄉鎮市調解委員會
  (1) 主席方面：可分正式主席及臨時主席予以說明。
    ① 正式主席：鄉鎮市調解委員會議之主席，依照鄉鎮市調解條例第 2 條規定，由委員互選一人為主席。
    ② 臨時主席：調解委員會開會時，主席因故不能出席者，依照鄉鎮市調解條例第 7 條規定，由調解委員互推一人為臨時主席。
  (2) 幕僚單位方面：主要規定於鄉鎮市調解條例第 30 條。

① 祕書：1 人，由鄉鎮市長指派鄉鎮市公所內大學、獨立學院法律學系或其相關學系畢業或經公務人員法律相關類科考試及格之人員擔任。

② 幹事：業務繁重之鄉鎮市得置幹事若干人，由鄉鎮市長指派鄉鎮市公所內適當人員擔任。其設置基準，由內政部訂定之。

3. 採購申訴審議委員會

(1) 主席方面：申訴會置主任委員一人，綜理會務；置副主任委員一人，襄理會務；均由主管機關或直轄市、縣（市）政府就其高級人員派兼之。

① 正式主席：申訴會委員會議由主任委員召集之，並為主席。

② 臨時主席：主任委員未能出席時，由副主任委員代理之。

(2) 幕僚單位方面：主要規定於採購申訴審議委員會組織準則第10 條。

① 執行祕書：1 人，兼任。由主管機關或直轄市、縣（市）政府就其高級人員具法制專長者派兼之，承主任委員之命，處理日常事務。

② 工作人員：所需工作人員，就其法定員額內派充之，並得分科（股）辦事。

4. 公害糾紛調處委員會

(1) 主席方面：直轄市、縣（市）調處委員會之主任委員，依公害糾紛處理法第 5 條規定，分別由直轄市長、縣（市）長或其指定之適當人員兼任之。

(2) 幕僚單位方面：以臺北市政府公害糾紛調處委員會為例，依其組織規程第 5 條規定。

① 執行祕書：1 人，由臺北市政府環境保護局副局長兼任，承主任委員之命，處理該會業務。

② 工作人員：幹事 6 人，由市府環保局派員兼任，襄助執行祕書處理各項業務。

5. 醫療糾紛調解委員會

(1) 主席方面：由主管機關就委員中指定一人為主任委員。

(2) 幕僚單位方面：草案第7條第3項規定：「調解委員會之組織基準及會議，由中央主管機關定之。」

6. 各級租佃委員會

(1) 主席方面：各級租佃委員會每三個月開會一次，必要時得召開臨時會，分別由縣（市）政府地政科（局）長或鄉（鎮、市、區）長召集之。

① 正式主席：由縣（市）政府地政科（局）長或鄉（鎮、市、區）長擔任主席。

② 臨時主席：如縣（市）政府地政科（局）長或鄉（鎮、市、區）長因故不能出席，應由其指定委員一人為主席。

(2) 幕僚單位方面：實務上均由各級租佃委員會地政主辦單位負責兼辦相關幕僚作業。

7. 著作權審議及調解委員會

(1) 主席方面：本會置主任委員一人，由經濟部智慧財產局局長兼任。

① 正式主席：本會會議由主任委員召集並為會議主席。

② 臨時主席：主任委員因故不能出席時，由主任委員指定委員一人為主席。

(2) 幕僚單位方面：經濟部智慧財產局著作權審議及調解委員會組織規程第4條，下列人員均由該局業務有關人員調兼之。

① 執行祕書：1人

② 工作人員：置祕書3人、幹事2人至6人。

（二）消費爭議調解委員會

有關消費爭議調解委員會之主席及幕僚單位，分別說明如後。

1. 主席方面：可分正式主席及代理主席予以說明。

(1) 正式主席：採法定制：消費爭議調解委員會之主席亦採法律指定制，依照消保法第 45 條第 2 項規定，以消費者保護官為主席；如有一位以上之消費者保護官者，並指定其中一名消費者保護官為主席。

　　消費爭議調解委員會如由不具有消費者保護官之委員擔任主席，所為的調解結果，將於法不合，調解書法院當然不會予以核定。如果主席因故不能執行職務時，應有職務代理之規定，其理由為：

① 職務代理之必要性：消保官在調解委員會扮演重要關鍵、且是不可或缺之角色，如有因故未能執行職務之情形，應有補充規定之必要，以避免調解委員會無法運作。事實上以現有地方政府，除台北縣政府設置三名消保官外，餘均僅設置一名消保官之情形，消保官因故未能執行職務之情形，可能會經常發生。故宜有職務代理之規定。

② 職務代理之目的：本條規定之重點，不在解決舊有調解案件之處理，或調解行政事務之進行，而係在解決新進調解案件之分配及調解委員之指派問題。

(2) 代理主席：正式主席因故不能執行職務者，代理主席產生方式有二：

① 調解委員會主席因故未能執行職務時，應由具有消費者保護官身分者，代行其職權：配合消保法第 45 條調解委員會以消保官為主席之規定，並基於非消保官不能執行消保官之職權，消費爭議調解辦法第 11 條第 1 項爰明定主席因故未能執行職務時，應由具有消保官身分者代行職權。

② 直轄市、縣（市）政府因故無消費者保護官擔任調解委員會主席時，得報經行政院消費者保護委員會指派該會或鄰近直轄市、縣（市）政府之消費者保護官代行之：行政院消保會有指揮消保官行使職權之權，為期調解事件之順利進行，消

費爭議調解辦法第 11 條第 2 項爰明定，如直轄市、縣（市）政府因未置、出缺或迴避結果等情形，致轄區另無消保官擔任調解委員會主席時，得報請行政院消保會指派消保官代行其職權。在指派時，並應注意地方政府層級問題，原則上直轄市政府消保官因故無法執行職務時，應指行政院派消保會消保官代理之。

(3) 主席之權限：可分就一般行政業務權限及調解業務權限予以討論。

① 主席行政業務上之一般權限：主要約有下列三種。

　a. 綜理會務：消費爭議調解委員會由擔任主席之消費者保護官，綜理該會事務及指揮監督所屬員工。

　b. 召集調解委員會議：消費爭議調解委員會之調解委員會議，由擔任主席之消費者保護官依實際需要隨時召集之。

　c. 指定個案調解委員：經調解委員會議之授權，擔任調解委員會議主席之消費者保護官，得於每件調解個案經徵詢兩造當事人同意之程序後，指定調解委員一人或數人逕行調解。

② 主席調解業務上之權限：依消費者保護官執行職務應行注意事項第 35 點規定，擔任主席的消費者保護官有遂行調解之必要行為或措施決定之權限，包括

　a. 調解期日及調解會議召集日期之指定。

　b. 調解委員（一人或數人）逕行調解人選之指定。

　c. 調解程序不公開案件之准駁。

　d. 調解委員迴避案件之准駁。

　e. 第三人參加調解程序案件之准駁。

　f. 勘驗案件之准駁。

　g. 調解有關文書之核閱及決定。

　h. 其他為遂行調解之必要行為或措施。

③ 代理主席之權限：在代理期間，其權限與正式主席同，不另贅述。

2. 幕僚單位方面：主要規定於直轄市縣（市）消費爭議調解委員會設置要點（簡稱設置要點）第 10 點：「本會行政事務，由直轄市或縣（市）長指派各該機關法制單位或其他單位人員兼辦之。」其主要立法理由[54]為：

(1) 基於業務運作需要考量，原則上應指派法制單位人員兼辦其行政事務：調解業務具有準司法業務性質，消保會在研擬設置要點第 10 點時，即全盤考量其業務實際運作需要情形，並經邀請相關機關代表及學者專家多次開會研商，與會代表均一致認為其行政事務允宜由法制單位辦理為妥，故於設置要點第 10 點明定，其行政事務原則上應指派法制單位人員兼辦之。

(2) 基於尊重地方自治考量，例外亦可指派其他相關單位人員兼辦其行政事務：調解委員會之行政事務原則上本應指派法制單位人員兼辦，惟為尊重地方自治首長職權，乃於設置要點第 10 點後段特別增列規定，如直轄市或縣市長基於特別考量，其行政事務仍得指派其他單位人員兼辦之，以為例外之規定。

消費者保護官雖貴為消費爭議調解委員會之主席，但因調解委員會之行政事務，依照設置要點第 10 點規定，係由該地方政府首長指派各該機關法制單位或其他相關單位人員兼辦之，消費者保護官並非各該單位法定之主管，將來在實務運作上是否會有所窒礙難行之處，亦有待進一步研究。

（三）檢討與建議

1. 主席：主席肩負行政調解組織成敗之重責大任，影響功能發揮甚鉅，故其人選非常重要。

---

[54] 行政院消保會 86 年 3 月 15 日消保法字第 00314 號函。

(1) 產生方式：主席產生方式主要約有下列三種類型。

　① 由主管機關指派：消費爭議調解委員會、勞資爭議調解委員會、採購申訴審議委員會、公害糾紛調處委員會、醫療糾紛調解委員會、各級租佃委員會、著作權審議及調解委員會等採之。

　　a. 機關首長兼任主任委員：由機關首長擔任調解組織的主任委員，可以樹立委員會的聲望並維繫委員會的安定性，提高該組織的地位，以及較易聘請學者專家參與的作用，但也容易影響議事的傾向，且首長公務繁忙常無暇兼顧，值得斟酌。

　　b. 非機關首長兼任主任委員：由於層次較低，可能會影響行政調解組織的運作。

　② 由委員互選：目前僅鄉鎮市調解委員會採之，以選舉方式產生主席，可能比較符合民主需求，但也無法避免因選舉所可能產生派系或其他後遺症，故一般行政組織甚少採之。

　③ 其他方式：無。

(2) 任期：主席原則上有一定之任期限制，其情形主要有下列二種。

　① 具有委員身分者：與委員之任期一致。

　② 未具委員身分者：應隨本職職務之變更而變更。

2. 代理主席：所謂代理主席，除了在個別調解會議擔任臨時主席之外，尚包括一般行政事務之代行主席職權在內。

(1) 產生方式：代理主席產生方式，主要約有下列三種類型。

　① 由正式主席指派：採購申訴審議委員會、各級租佃委員會、著作權審議及調解委員會等採之。

　② 委員互選：鄉鎮市調解委員會採之，較符合委員間被尊重感或參與感，也較能發揮委員會的獨立性。

　③ 其他方式：消費爭議調解委員會採之，主要係因主席必須由具有消費者保護官身分者為之。如果原機關另有消費者保護

官者，由原機關指派；如果原機關未另有消費者保護官者，可函請行政院消費者保護委員會指派消費者保護官代行其職權。

(2) 任期：因代理主席並非為正式主席，故其任期原則上應與其代理期間一致，不因其是否具有委員身分而有所不同。

3. 其他問題探討：主要有下列二個問題。

(1) 調解前置要件問題：消費爭議調解，在「申訴兩級制」及「申訴是申請調解的必要前提條件」下，消費者保護官既然是「第二級申訴」的受理機關，經其處理而未能獲得妥適處理之申訴，卻由其擔任申請調解時之消費爭議調解委員會主席，調解結果能否公允或擺脫消費者保護官在處理申訴時之原有見解，頗有疑問。由消費者保護官擔任主席，這是對消費者不利的規定。解決之道在於：消費者只有捨調解而直接提起消費訴訟，則消費爭議之調解制度豈非形同設；否則在遭遇實際案件時，應有「迴避」之規定與適用事宜，則消費者保護官應非只有一名。

(2) 由行政首長兼任主任委員問題：調處委員會主任委員，原則上由直轄市、縣市首長兼任，有學者[55]認為容易使人誤解為行政兼理司法，甚而懷疑調處委員之獨立超然，其司法意義之薄弱，似乎低於鄉鎮市調解。

四、行政調解組織主管機關之比較

行政調解組織之主管機關，尚可分為行政業務主管機關及調解業務主管機關兩方面加以討論。

---

[55] 同註51，〈公害糾紛處理法草案評議〉，頁81。

（一）行政調解組織之行政業務主管機關方面

1. 現行調解組織概述：除消費爭議調解委員會外，現行行政調解組織之行政業務主管機關如後。

    (1) 勞資爭議調解委員會：其行政業務主管機關分別為

    ① 中央主管機關：行政院勞工委員會。

    ② 地方主管機關：直轄市、縣（市）政府。

    (2) 鄉鎮市調解委員會：有關鄉鎮市調解之主管機關，鄉鎮市調解條例雖未明文規定，然依 85 年 9 月 23 日法務部及內政部會銜發布之鄉鎮市調解業務督導辦法第 2 條規定[56]，已予補充規定如次：鄉鎮市調解委員會之行政事務監督之主管機關，共有下列中央及地方二級主管機關。

    ① 中央主管機關：內政部。

    ② 地方主管機關：可依其地方轄區之不同，可再分為

    　　a. 直轄市級之主管機關：為直轄市政府。

    　　b. 縣（市）級之主管機關：為縣（市）政府。

    　　c. 鄉（鎮、市）級之主管機關：為鄉（鎮、市、區）公所。

    (3) 採購申訴審議委員會：其行政業務主管機關分別為

    ① 中央主管機關：行政院公共工程委員會。

    ② 地方主管機關：直轄市、縣（市）政府。

    (4) 公害糾紛調處委員會：其行政業務主管機關分別為

    ① 中央主管機關：行政院環境保護署。

    ② 地方主管機關：直轄市、縣（市）政府。

---

[56] 鄉鎮市調解業務督導辦法第 2 條：「鄉鎮市調解之行政事務監督之主管機關，在中央為內政部，在直轄市為直轄市政府，在縣（市）為縣（市）政府，關於調解法規疑義之解釋以及調解業務監督之中央主管機關為法務部。（第 1 項）各地方檢察署（以下簡稱地檢署）對轄區內各鄉鎮市之調解業務，負責直接督導，必要時得會同各該鄉鎮市之上級行政監督機關辦理之。（第 2 項）」

(5) 醫療糾紛調解委員會：依醫療糾紛處理法草案規定，醫療糾紛之調解，係由直轄市、縣（市）主管機關設置之調解委員會為之，惟該法所稱之主管機關包括：
① 中央主管機關：行政院衛生署。
② 地方主管機關：直轄市、縣（市）政府。
(6) 各級租佃委員會：其行政業務主管機關分別為
① 中央主管機關：內政部。
② 地方主管機關：直轄市、縣（市）政府。
(7) 著作權審議及調解委員會：其行政業務主管機關分別為
① 中央主管機關：經濟部（智慧財產局）。
② 地方主管機關：直轄市、縣（市）政府。

2. 消費爭議調解委員會：有關消費爭議調解委員會之行政業務主管機關，主要有下列二種。
(1) 中央主管機關：有關消費爭議調解業務之主管機關問題，消保法及本設置要點與消費爭議調解辦法均未予明文規定，目前在實務上，係均以行政院消費者保護委員會擔任其中央主管機關，惟筆者以為行政院消費者保護委員會依消保法規定，係將之定位為政策審議及監督機關，主要職掌為監督主管機關妥為執行消保工作，本身不是執行機關。因此，即使要將行政院消費者保護委員會視為消費爭議調解委員會之中央主管機關，亦僅能作為消費爭議調解委員會在組織及行政上之中央主管機關。
(2) 地方主管機關：可依其地方轄區之不同，可再分為
① 直轄市級之主管機關：為直轄市政府。
② 縣市級之主管機關：為縣市政府。

（二）行政調解組織之調解業務主管機關方面

調解業務與一般行政業務不同，並有其不同於行政業務之專業性，因而可否具有不同的主管機關，即有討論之空間。

1. 現行調解組織概述：現行調解組織之調解業務主管機關，在地方係由各該設置之地方政府為其主管機關，殆無例外；比較值得探討的是，其調解業務之中央目的事業主管機關與其行政業務之中央目的主管機關有無不同。以下謹就其調解業務（除消費爭議調解委員會外）之中央目的事業主管機關予以討論，併此敘明。

   (1) 勞資爭議調解委員會：行政院勞工委員會。

   (2) 鄉鎮市調解委員會：法務部。

   　　關於鄉鎮市調解法規疑義之解釋，以及調解業務監督指導，依「鄉鎮市調解業務督導辦法」第 2 條第 1 項後段規定，其中央主管機關為法務部；至於地方主管機關，依其層級分別仍為各該直轄市、縣市政府及鄉鎮市公所。另外，依「鄉鎮市調解業務督導辦法」第 2 條第 2 項規定，法務部所屬各地方檢察署，對轄區內各鄉鎮市之調解業務，負責直接督導，必要時得會同各該鄉鎮市之上級行政監督機關辦理之。

   (3) 採購申訴審議委員會：行政院公共工程委員會。

   (4) 公害糾紛調處委員會：行政院環境保護署。

   (5) 醫療糾紛調解委員會：行政院衛生署。

   (6) 各級租佃委員會：內政部。

   (7) 著作權審議及調解委員會：經濟部（智慧財產局）。

2. 消費爭議調解委員會：消費爭議調解委員會，不分中央或地方層級，在目前實務上均仍以其行政事務之主管機關，亦即分別以行政院消保會、直轄市或縣（市）政府作為其調解業務之主管機關。

   　　惟因為調解業務事涉準司法性質，進行調解時，除行政專業外，尚關涉法務專業，一般行政機關事實上很缺乏這方面的專業，較無法充分發揮這方面的功能，地方主管機關因係個案的執行機關，可能比較不會產生問題，但是對於一個必須統合全部消

費爭議調解業務之中央主管機關，在這方面如無專業，可能動輒
得咎，一點也大意不得。故筆者認為即使要將行政院消保會視為
消費爭議調解委員會之中央主管機關，亦僅能作為消費爭議調解
委員會在組織及行政上之中央主管機關。

（三）檢討與比較

1. 行政調解組織之行政業務主管機關方面：可分就中央主管機關及
   地方主管機關兩方面加以討論。
   (1) 中央主管機關：計有如下 7 個中央主管機關。
      ① 以內政部為中央主管機關者：包括鄉鎮市之調解組織、耕地
        租佃爭議之調解組織、建築爭議之處理組織、九二一災區不
        動產爭議之調處組織、不動產爭議之調處組織等。
      ② 以經濟部為中央主管機關者：包括著作權爭議之調解組織、
        積體電路電路布局權爭議之調解組織。
      ③ 以交通部為中央主管機關者：拒絕離機爭議之調解組織。
      ④ 以行政院勞工委員會為中央主管機關者：勞資爭議之調解
        組織。
      ⑤ 以行政院公共工程委員會為中央主管機關者：採購爭議之調
        解組織。
      ⑥ 以行政院環境保護署為中央主管機關者：公害糾紛之處理
        組織。
      ⑦ 以行政院衛生署為中央主管機關者：醫療糾紛之調解組織。
      ⑧ 以行政院消保會為中央主管機關者：消費爭議之調解組織。
   (2) 地方主管機關：可依其地方轄區之層級不同，可再分為
      ① 直轄市級之行政調解組織：以直轄市政府為其主管機關。
      ② 縣市級之行政調解組織：以縣市政府為其主管機關。
      ③ 鄉鎮市級之行政調解組織：如鄉（鎮、市、區）公所耕地租
        佃委員會、鄉（鎮、市、區）調解委員會，以鄉（鎮、市、

　　區）公所為其主管機關。由於鄉鎮市層級較低，故以鄉鎮市公所為主管機關者較為少見。

2. 行政調解組織之調解業務主管機關方面：可分就中央主管機關及地方主管機關兩方面加以討論。

(1) 中央主管機關：目前除了鄉鎮市調解委員會係以法務部為其調解業務之中央主管機關外，其餘行政調解組織均以原行政業務之中央主管機關為其調解業務之中央主管機關。

　　　行政調解委員會之行政調解業務，因進行調解時除行政專業外，尚關涉法務專業，例如是否符合調解之形式要件或實質要件[57]，對於調解是否適當影響甚鉅，理應加以重視。惟現行除了鄉鎮市調解委員會以外之其他行政調解委員會，均以其行政業務主管機關兼為調解業務主管機關，可以說是以行政專業為主，至於法務方面之專業，則主要來自於具有法學背景之學者專家委員及各該主管機關之法制單位所提供之意見，是否足夠，或是否妥適，實在值得進一步探討。因此，筆者認為行政調解組織之調解業務中央主管機關，建議比照鄉鎮市調解組織之模式，由法務部擔任為宜。

(2) 地方主管機關：目前所有地方層級之行政調解組織，均仍以其行政事務之主管機關，作為其調解業務之地方主管機關。由於地方主管機關因係個案的執行機關，可能比較不會產生問題，故無加以深入探討之必要。

3. 其他問題探討：主要為對於行政調解組織應為如何監督及各行政調解組織彼此間應如何分工，以及如何獎勵行政調解組織等三個問題。

(1) 行政調解組織的監督：主管機關對於行政調解組織可以下列之監督。

---

[57] 民國 86 年 2 月 14 日司法院 86 院台廳民三字第 03609 號函修訂「法院適用鄉鎮市調解條例應行注意事項」第 4 點規定。

① 行政監督：行政調解組織既屬行政機關之內部單位，主管行政機關對該組織當然具有行政監督之權限。惟僅能在行政事務上予以監督，而不應介入調解個案的進行，加以任何的干涉或下達任何個別的指令，以維護行政調解組織之中立專業性。有關行政監督之權限，應由行政業務之主管機關為之。惟行政機關不應介入個案性的議事運作，以保持行政中立之立場。

② 立法監督：依民主政治之原則，行政機關應向立法機關負責，行政調解組織既為行政組織，亦不能例外。惟為確保行政調解組織獨立行使職權，不受任何不當的干涉，行政調解組織無須就調解個案向立法機關負責，立法監督應僅限於預算及政策方向，始得為之，以保持其獨立性。

③ 監察監督：依我國憲制，監察機關職司對行政機關之監察權限，行政調解組織自亦在監察監督範圍內。惟為確保行政調解組織獨立行使職權，不受任何不當的干涉，監察機關僅能就調解進行時在程序上有無瑕疵或人員有無疏失，於事後加以監督。主要應集中在事後的監督，而且不應要求出席報告並接受詢問，以保持其獨立性。

④ 司法監督：為保障人民訴訟權益，依三權分立之體制，均將訴訟權劃歸為司法機關辦理，行政權不得侵害司法權。由於調解涉及人民私權糾紛之處理，為確保調解不侵害人民在憲法上之訴訟權，法律均明定調解成立應送請法院審核之程序，始發生其效力，即屬司法監督。有關司法監督之權限，在行政機關部分應由調解業務主管機關先行把關，較為妥適。

(2) 各行政調解組織間宜作必要之分工：原則上各行政調解組織間，各有所司，但其分際並非十分明確，彼此之間如未具有所謂前置關係者，即有可能為人所濫用，除因而浪費行政資源外，

並造成各行政調解組織間之困擾，故宜作必要之協調及分工。
其原則略有：

① 組織層級上之分工：參考訴訟審級之設計，依行政調解組織
之層級，作不同調解層級之配置，即將低層級之行政調解組
織，作為高層級行政調解組織之前置要件。此項工作，因涉
及行政調解之組織及權限問題，應由行政調解組織之行政業
務主管機關負責協調處理。

② 調解作用上之分工：參考訴訟案件一事不再理原則，只要
是經過調解之案件，無論其是否調解成立或不成立，也不
論其所聲請行政調解之組織為何，均不得再向任何行政調
解組織聲請調解。此項工作，因涉及行政調解之程序及效
力問題，應由行政調解組織之調解業務主管機關負責協調
處理。

(3) 辦理行政調解績優之獎勵：行政調解組織屬於內部單位，行政
機關即應加以重視，對辦理調解業務績優之相關人員及調解組
織，允宜加以必要之獎勵，分述如次：

① 對調解人員之獎勵方面：目前僅有鄉鎮市調解委員會，由其
中央行政業務主管機關內政部與中央調解業務主管機關法務
部，於民國 89 年 4 月 11 日會銜訂定發布「鄉鎮市調解績優
人員獎勵要點」，就辦理績優之調解委員及其他協助辦理調解
業務人員予以獎勵，以提高調解工作人員之士氣，有效發揮
調解之功能。

② 對調解組織之獎勵方面：目前亦僅有鄉鎮市調解業務中央主
管機關法務部於 91 年 4 月 29 日函頒「法務部鄉鎮市調解獎
勵金核發要點」，由法務部每年編列預算支應鄉鎮市調解獎勵
金，獎勵績優之鄉鎮市調解委員會，以增進調解業務績效，
有效疏減訟源。

　　另外，鄉鎮市調解條例第 31 條第 2 項：「為加強調解業務之推展，中央、直轄市及縣（市）主管機關得按各鄉鎮市調解委員會之實際需要，予以補助。」並明文規定各級主管機關應對鄉鎮市調解委員會予以補助，可見政府對鄉鎮市調解委員會之重視。不過，同樣均屬行政調解之組織，辦理行政調解類似之業務，何以其他行政調解組織，均無類似鄉鎮市調解委員會之獎勵規定，由於其間之差別太大，實難不令人懷疑其他各該行政調解業務之主管機關，是否確實重視各該行政調解業務，亟應早日加以比照辦理才是。

參、結論

　　綜合上述，筆者爰提出說明及建議，作為本文之結論如後。

一、行政調解組織比較表

　　我國行政調解組織各有其組織上之特色，爰就其重點歸納比較如下表。

二、行政調解組織法制化之必要性

　　有固定之調解組織，才能推動調解業務，故為了使行政調解組織能合理有效的運作，並能達成原始的設置目的，行政調解委員會之組織與程序該法制化，又為了兼顧彈性與一致性，應制定行政調解委員會組織通則及調解程序，以便行政調解委員會有所遵循。

行政調解組織名稱		消費爭議調解委員會	鄉鎮市調解委員會	醫療糾紛調解委員會	勞資爭議調解委員會	著作權爭議調解委員會	採購申訴審議委員會	公害糾紛調處委員會	各級耕地租佃委員會
名額	下限	7人	7人	9人	3人	15人	7人	9人	11人
	上限	15	15至25人	31人	5人	21人	25人	21人	11人
委員類別、限制及身分、變更補聘	機關代表	消保官及本機關代表	無（限制鄉鎮市長不得兼任委員）	無	主管機關代表	本機關及有關機關代表	本機關代表	本機關及有關機關代表	主管機關代表
	團體代表	消保團體代表	無	無	無	無	無	無	當地農會代表
	學者專家	學者及專家	無	無	無	學者及專家	無	環境保護及法律與醫學等學者專家	無
	其他類別	業者代表	具法律知識及信望素孚之公正人士	具醫學及法學等專業知識及素孚信望之公正人士	由雙方當事人自行選定之調解委員	無	具法律或採購專門知識之公正人士	社會公正人士	佃農委員及自耕農委員與地主委員
	限制及身分	消保團體代表及業者代表名額應求一致	民意代表名額不得超過全體委員三分之一	無	雙方當事人各選定一人	無	機關代表不得超過全體委員五分之一	學者專家及社會公正人士不得少於全體委員三分之二	各類委員均明定其名額
	身分變更補聘	機關代表身分變更補聘	無	無	機關代表身分變更補聘	機關代表身分變更補聘	機關代表身分變更補聘	機關代表身分變更補聘	機關代表身分變更補聘

委員聘任之程序	由主管機關逕行聘任	須經民意機構同意之程序	由主管機關逕行聘任	由主管機關逕行聘任	由主管機關逕行聘任	由主管機關逕行聘任	由主管機關逕行聘任	由主管機關逕行聘任
委員任期	2 年	4 年	3 年	臨時遴任	1 年	2 年	3 年	4 年
主任委員之主席或主席之產生方式	由消保官兼任主席	由委員互選一人為主席	由主管機關指定一人為主任委員	由主管機關代表為主席	由智財局局長兼任主席	由主管機關派兼之	由地方首長或其指定人選兼任主席	由主管機關代表兼任主席
中央主管機關　行政業務	行政院消保會	內政部	行政院衛生署	行政院勞委會	經濟部	行政院工程會	行政院環保署	內政部
中央主管機關　調解業務	行政院消保會	法務部	行政院衛生署	行政院勞委會	經濟部	行政院工程會	行政院環保署	內政部

（一）制定組織通則之必要性

目前所有行政調解之組織，無論其名稱為調解、調處或裁決，均屬內部單位，均以合議制行政委員會型態存在，本質上應屬參與性之行政委員會，無一例外。筆者認為如果能有一個統合的組織設置法令依據，當更符合依法行政之要求，目前所有行政調解組織之法令依據各有不同，且均甚為簡略，無法符合實際需要，因此有學者研訂「行政機關介入私權爭議作業須知草案」第 4 條 [58]，雖其法令位階不足，但足可供進一步研訂通則之參考。

（二）行政調解組織應有一定之組織定位

為滿足組織之經濟及專業上之需要，行政調解委員會、行政調處委員會或行政仲裁機構之組成採個案任務編組的方式彈性為之。行政機關可依其人力條件規劃之。筆者認為雖然行政機關所設置之行政調解組織，其設置目的係以組織之功能為主要考量，而不在乎其具否行政機關之要件，故在型態上即甚有彈性。不過，為有效發揮行政機關調解之功能，所有的行政調解組織，除了組織法令可以不必嚴格要求之外，均

---

[58] 同註 5，「行政機關介入私權爭議之研究」，頁 142 及 143。行政機關介入私權爭議作業須知草案第 4 條：「為辦理行政調解、行政調處或行政仲裁，行政機關除得為一般私權爭議設置行政調解委員會、行政調處委員會或行政仲裁機構外，並得為特別私權爭議設置專門之行政調解委員會、行政調處委員會或行政仲裁機構。（第 1 項）行政調解委員會、行政調處委員會或行政仲裁機構之組成，行政機關得預聘委員或仲裁人，以便後來就個案之需要，選任符合法定人數之委員或仲裁人組成該案件之行政調解委員會、行政調處委員會或行政仲裁庭。行政機關認有必要時，並得選任前項名冊以外之人為調解委員、調處委員或仲裁人。（第 2 項）當事人對於前項調解委員人選有異議或兩造合意選任其他適當之人者，行政機關得另行選任或依其合意選任之。（第 3 項）行政機關預聘之調解委員、調處委員或仲裁人人數、資格、任期及其聘任、解任等事項，由行政機關定之。（第 4 項）」

應給予必要的人力配置，以有效推動其業務，以及獨立的預算（即可資識別為組織專用的預算，在預算書上編為「項」或「目」），以彰顯其地位。

（三）因應實際運作之需要

鑑於行政調解之成立係以協議為基礎，所以其調解委員宜朝最大限度滿足當事人之希望規劃，因此可以建立調解委員名冊，儘量羅致相關的學者專家，提供專業知識，以因應實際運作需要。

三、行政調解組織應力求專業化

行政調解組織正副首長的設置情形、委員人數、委員任命過程、委員任期長短與連任限制、委員組成比例、委員專職與待遇、委員的資格限制、委員的行為規範、委員的身分保障等皆有必要加以探討。

（一）專業程序

行政調解原則上必須有其專屬並且周延之規定，作為處理爭議之一定程序，該專業程序應為行政程序法之特別法。有關此部分，因與行政調解之組織較無直接關聯，筆者將另專文予以論述。

（二）專業人員

各個行政調解制度均有其設定之專業目的，一般公正人士已無法符合專業需要，故必須容納專業委員提供專業見解。另外在承辦人員、承辦單位或負責人員方面，如能由專業人士出任，效果更佳。例如在消費爭議之調解方面，我國消費者保護法特別引進瑞典消費者保護官制度，並以之作為推動消費爭議調解之主要角色，日本對此亦有專案研究，我國其他特別行政調解有無比照辦理之必要，亦值得進一步研究。

（三）統一之專業主管機關

各個行政調解制度係由各個目的事業主管機關所設置，雖有其權限專業上之考量，但均屬行政調解之本質則並無不同，需要一個統一之專業主管機關提供法務或法制上見解，以免造成多頭馬車現象，有無比照行政程序法由法務擔任主管機關方式辦理之必要，亦值探討。

四、行政調解組織應確保委員之獨立性及專業性

有專業之調解委員，才能有效發揮調解功能。除了在行政調解組織的組成委員當中，學者專家的比例應更大幅提高，並減少行政官員人數，以免受到行政權的主導，影響其獨立性及專業性外，並應進行下列探討。

（一）委員原則上應為專職

委員專職與否，確與其組織地位、委員人數、幕僚多寡、集會次數與議事效率等等有密切關係。行政調解組織以目前業務量而言，似仍可同意由行政官員、學者專家、其他相關人士等，皆以「兼職」身分參與，因其多另有其他正式工作。兼職的委員，一般均僅支領出席費或車馬費，惟有學者[59]對於兼職委員不表贊同，其理由亦值得注意。

（二）委員身分應予保障

行政調解組織對於調解個案原則上不受行政權介入的行政監督，也不接受民意機關直接質詢的立法監督，至於監察監督主要應集中在事後

---

[59] 同註51，〈公害糾紛處理法草案評議〉，頁82。衡諸目前國內人力情況，無論是公務界、學術界、科技界、乃至企業界，稍有地位之人，幾乎是無人不忙，而且地位越高、企圖心越強者，似乎是越忙得不可開交，調解委員既多為兼任，如此而能聘到理想人士，又如何能求其多注心力，故吾人嘗言，以臨時拼湊之業餘無給職位，有負如此重任，謂其真能有效處理公害糾紛，豈非過於樂觀。

的監督,而且不應要求出席報告並接受詢問[60]。因此有關委員的選任方式、委員的任期及連任與否、委員的資格、委員的專任及待遇、委員的保障及免職等有關事項,均應以最明確的方式明定於設置法令中,以保障委員的尊嚴及獨立性。

(三)委員選任應有一定程序及標準[61]

委員的選任方式,原則上可由主管機關首長自行任命即可,惟為避免酬庸或所任非人之批評,委員在選任時,除必須遵循一定公開、公正之選任程序外,對於所選任的委員,並須要求具有一定的積極資格及未具有一定的消極資格,否則即不得予以聘任,對於聘任後發生無法勝任或不能稱職之委員,亦應有一定之解聘及補聘機制,以資補充。

---

[60] 同前註。委員的保障免職規定,行政調解組織應以最明確的方式明定於設置法令,以保障委員的尊嚴及獨立性。調解委員會所職司者,既有如法院,則調解委員之職權及地位,應類如法官而受保障。惟有關其地位、職權之保障規定,是否已足,亦值商榷。

[61] 同註 22,《公害糾紛處理政策與法制之研究》,頁 194。雖為保障其專業性,而設有一定之資格(積極資格)限制,然因欠缺一套遴選標準及程序,故於實際運作上,亦流於浮濫或具有酬庸性質,使委員素質參差不齊,難期發揮其應有之功能,另獨立性不足,更為本制之最大缺失。

第四章　行政調解在程序運作上之比較

──以消費爭議調解為中心[*]

前　言

　　行政調解問題甚多，筆者曾先後針對行政調解進行一系列之探討，其中有關行政調解之理論基礎問題，詳見第一章「我國行政機關 ADR 制度之理論探討──以行政調解制度為中心」[1]、有關行政調解之當事人、調解事件、時序上定位、管轄及費用等制度上規定，詳見第二章「行政調解在制度設計上之比較」[2]、有關行政調解之組織定位及組織成員上之相關規定，詳見第三章「行政調解在組織架構上之比較」[3]，本文則著重於行政調解在程序運作上之比較探討。

　　有關行政調解在程序運作上情形，本文擬分就行政調解在調解進行前、調解進行時、調解進行後等三個程序運作上進行討論，由於行政調解之類型甚多，不及一一論述，筆者擬以消費爭議調解之程序運作為論述基礎，再與其他調解程序運作情形加以比較。在探討時，如與前述各章有重複之處，因篇幅有限，則儘量予以省略，併此敘明。

---

[*]　本文原為〈消費爭議調解與其他調解在程序運作上之比較〉刊載於消費者保護研究第十三輯，民國 96 年 12 月，頁 1 至頁 84，行政院消費者保護委員會編印。

[1]　請見前述第一章「我國行政機關 ADR 制度之理論探討（以行政調解制度為中心）」。

[2]　請見前述第二章「行政調解在制度設計上之比較（以消費爭議調解為中心）」。

[3]　請見前述第三章「行政調解在組織架構上之比較（以消費爭議調解為中心）」。

壹、行政調解在調解進行前相關程序方面之比較

雖然行政調解之類型甚多，惟無論何種行政調解類型，在行政調解進行之前，首先均需要對行政調解事件加以分析，無一例外。通常一個行政調解事件，定必涉及行政調解之當事人（人的因素）、行政調解之事件類型（事的因素）、行政調解之期間及時效（時的因素）、行政調解之管轄（地的因素）、行政調解之費用（物的因素）等五項基本問題，此部分詳見第二章「行政調解在制度設計上之比較」，不另贅述；因此，本章節筆者擬僅針對調解之申請、調解之準備（含調解之廻避）等二個程序加以討論比較。

一、調解申請程序之比較

民事糾紛，本質上屬於一種私權爭議，原則上須尊重當事人之意願，否則公權力機關不宜強力介入，此即法院所謂「不告不理」原則。調解，其目的亦在協助解決民事糾紛，為訴訟外解決爭議之一種機制，雖較訴訟簡便，但亦宜有一定之機制規定。且為尊重當事人之意願，在調解之發動方面，允宜比照訴訟規定採不告不理，即不申請不調解之原則辦理；但法律有特別規定者，不在此限[4]，因此，有學者即逕將之納為調解通則之明文規範[5]。至調解之申請，原則上應由糾紛當事人提起，惟在特定情形下，例外亦可由其配偶代為申請調解[6]。

---

[4] 勞資爭議處理法第9條第3項：「主管機關對於勞資爭議認為必要時，得依職權交付調解，並通知勞資爭議當事人。」

[5] 行政院研究發展考核委員會委託，黃茂榮主持，行政機關介入私權爭議之研究，頁142，2000年8月。行政機關介入私權爭議作業須知草案第3條第1項：「當事人就其私權爭議有應經行政調解、行政調處或行政仲裁之協議者，行政機關得依聲請開始行政調解、行政調處或行政仲裁程序。但法律有明文規定就一定之私權爭議，行政機關得為行政調解、行政調處或行政仲裁者，得依職權為之。」

[6] 法務部84.11.07.法84律決字第25840號函：「關於調解事件因請求權人陷於

　　所謂行政調解之申請，係指從申請人向調解委員會申請開始到調解委員會受理為止，其間主要有當事人之申請及調解委員會之處理（審查、補正、受理或不受理）等二個程序。

（一）行政調解申請之比較

　　行政調解，係屬一種不具處分性之 ADR 機制，在發動程序上大多比照法院對民事訴訟採不告不理原則，原則上均須由當事人提出申請；而且，為確保公正有效處理私權爭議，所有的行政調解制度，包括消費爭議調解在內，對於調解之申請，均有其一定之程序及要件規定。對於行政調解之申請，本文為避免重複，擬僅就其在申請時所需具備之要件、方式及內容加以討論及比較。

1. 申請調解之要件：行政調解法規均規定申請須符合一定之要件。

　　　　行政調解之申請，依各該行政調解之特性及目的，如鄉鎮市調解限為民事及告訴乃論刑事案件、勞資爭議調解限為勞資爭議案件、著作權爭議調解限為著作權爭議案件等，均有其一定之本質要件規定，以資遵循，此即為申請行政調解之一般要件；而在一般要件之外，如有附加一些程序上之要件者，即為申請行政調解之特別要件，如消費爭議調解之申請，必須先履行申訴之程序者，屬之。茲以消費爭議調解為例，說明並比較如下：

　　　　對於消費爭議調解之申請，依照消費者保護法第 44 條規定，應同時符合下列一般要件及特別要件，如有任一要件不符者，則可能發生消費爭議調解辦法第 4 條規定不受理之結果。

(1) 一般要件：即應符合消費爭議案件之特性，包括申請之當事人（限為消費者）、申請之案件（限為消費事件）、申請之對象（限

無意識狀態，而未能行使請求權，以致造成家庭負擔影響生計，其配偶代為聲請調解，參照最高法院 36 年上字第 5356 號判例意旨，似可認為維持家庭生活必需行為，包括於日常家務之內，而得由其配偶依民法第 1003 條第 1 項之規定，代理聲請調解請求賠償，無庸本人再以意思表示授權。」

為企業經營者）等均應具備一定之要件，俾與其他調解事件予以區隔，故將之納為消費爭議調解申請之一般要件。

(2) 特別要件：消費爭議調解辦法第 2 條第 1 項：「消費者對於消費爭議事件，經依本法第 43 條規定申訴未獲妥適處理者，得向直轄市或縣（市）消費爭議調解委員會（以下簡稱調解委員會）申請調解。」明文規定調解之申請要件，除了主體限為消費者與企業經營者，客體限為因消費關係所生之爭議等一般要件外，並應先經申訴後，始能向消費爭議調解委員會申請調解之程序，故將此等前置程序納為消費爭議調解申請之特別要件。

消費者保護法為加強行政協助解決消費爭議之效果，特別規定應先經申訴之程序，僅在申訴處理結果不滿意時，始可申請消費爭議調解，即將申訴規定為消費爭議調解之前置程序。此種調解前置程序為消費爭議調解所獨具，其他行政調解在申請時，絕大部分均未有所謂前置程序之特別要件規定，只要申請人有需要，無須再履行任何程序即可提起。

2. 申請調解之方式：絕大部分之行政調解，均採書面申請主義。

一般行政調解之申請，其申請方式，如果相關行政調解法規並未加以規定者，解釋上應依行政程序法第 35 條規定[7]辦理，即口頭或書面申請均無不可；惟如行政調解法規已明文排除口頭申請方式，規定僅採書面申請方式為之者，亦無不當，因已符合上述行政程序法第 35 條但書「法規另有規定」之要件，目前絕大部分行政調解法規，均採此模式辦理，消費爭議調解亦不例外。茲以消費爭議調解辦法第 3 條第 1 項規定為例，說明並比較如下：

(1) 採書面申請之理由：目前絕大部分的行政調解法規，例如著作權爭議調解辦法第 4 條、公害糾紛處理法第 14 條、勞資爭議處

---

[7] 行政程序法第 35 條：「當事人依法向行政機關提出申請者，除法規另有規定外，得以書面或言詞為之。以言詞為申請者，受理之行政機關應作成紀錄，經向申請人朗讀或使閱覽，確認其內容無誤後由其簽名或蓋章。」

理法第 9 條、醫療糾紛處理法草案第 10 條、採購履約爭議調解暨收費規則第 7 條，均採書面申請主義；主要係因該調解成立，具有一定之法律上效果，尤其是消費爭議調解如果成立，該調解書具有與法院確定判決同一之效力，故為期審慎，並避免舉證上之困擾，消費爭議調解辦法，乃比照民事訴訟法並參考其他調解法令相關規定後，明定消費爭議調解之申請，採用書面申請之模式辦理。至於所謂書面，其範圍應隨科技發展而有所擴充，可參考民事訴訟法第 153 條之 1 規定，解釋上除了一般之書面外，應包括以傳真或網路等方法傳送申請調解。因此，消費者如僅以口頭或電話申請者，消費爭議調解委員會將不予受理。

　　目前兼採口頭申請之行政調解，僅鄉鎮市調解採之，依鄉鎮市調解條例第 9 條：「聲請調解，由當事人向鄉鎮市調解委員會以書面或言詞為之，言詞聲請者，應製作筆錄。」規定，以言詞（即口頭）聲請者，應製作筆錄，以代書面聲請；惟此種規定不如上述行政程序法規定內容來得周延，似宜配合修正。另外，筆者認為行政機關基於為民服務之立場，本應儘量予民方便，過去行政調解之所以不採言詞申請方式，主要係因其內容過於簡略，深恐衍生其他問題，反易造成困擾，現今如能落實上述行政程序法規定內容，即可有效避免此類麻煩，故將來相關行政調解法規有關行政調解申請之規定，應儘快參考行政程序法上述規定，修法將言詞申請方式納入。

(2) 申請與聲請，在實質上並無不同：所謂「申請」，依辭海註釋，係指下級對上級的請求；辭海雖無「聲請」一詞，惟民間習用已久。筆者認為二者用詞雖有不同，但其實質意義相同，均在請求他人處理事情。

　　目前司法機關一般均採用「聲請」一詞，例如和解方案之聲請（民訴第 377 條之 1）、法院調解之聲請（民訴第 405 條）；

而行政機關一般則均採用「申請」一詞，例如著作權爭議調解辦法第 4 條、公害糾紛處理法第 14 條、勞資爭議處理法第 9 條、醫療糾紛處理法草案第 10 條、採購履約爭議調解暨收費規則第 7 條、消費爭議調解辦法第 3 條等行政調解法規，以及行政程序法第 35 條均採之，但鄉鎮市調解之聲請（鄉鎮市調解條例第 9 條），仍沿用聲請，則為例外。二者在實質上雖無不同，惟為避免造成民眾困擾，筆者認為將來宜予檢討統一用語。有鑑於行政程序法為所有程序之基本法，而調解委員會既係行政機關所設置，即應遵循行政程序法規定用語為宜，故筆者擬統一以「申請」為之，併此敘明。

3. 申請調解之內容：須具備必要之內容。

當事人申請行政調解時，除了申請方式有書面或口頭方式不同之外，其申請內容之簡詳情形，亦會因人而異，具有某種程度上之差異。對於申請之內容，調解委員會雖無法比照訴訟狀強求其一致，惟在實務上一致認為仍應有其最低限度之要求，即至少應表明「調解事由」及「爭議情形」，此則為所有行政調解法規之共通規定，俾利調解委員會進一步處理。

基於申請之內容越詳細，對於調解委員會提供之幫助越大，因此，一般行政調解法規均明文規定採書面申請主義，要求當事人提出申請書，並且原則上均要求申請人在其「申請書」上應記載下列事項：

(1) 當事人：即主體。行政調解之當事人，包括申請人及相對人兩造。

　① 調解之申請人：行政調解之申請人，在普通行政調解事件（例如鄉鎮市調解），並無任何身分或資格限制，一般均係指受害人一方而言；惟特別行政調解，則須受行政機關本身權限之限制，原則上必須具有一定之身分或資格，例如勞資爭議之

調解（申請人限為勞工）、消費爭議之調解（申請人限為消費者）等，可為例證。

　　大部分行政調解相關法規對於申請行政調解時，在申請書上有關當事人之記載，多不予區分其申請人及相對人，而逕以當事人稱之，一般並規定其應記載「當事人之姓名、性別、年齡、職業及住所或居所；當事人為機關、學校、公司或其他法人或團體時，其名稱及事務所或營業所。」惟消費爭議調解對於當事人兩造，特別將當事人區分為「申請人」及「相對人」，並予以分別規定其記載事項。消費爭議調解之申請人，依消費爭議調解辦法第 3 條第 2 項第 1 款規定，應記載「申請人姓名、性別、出生年月日及住（居）所。」由於消費者保護法並未明定法人不得為消費者，故此之申請人應包括法人在內。筆者認為，依上述規定文字，如果採取嚴格解釋，則因法人並無性別、出生年月日等內容，可能誤導此之申請人似以自然人為限，文字似應酌予修正將法人納入為宜。

② 調解之相對人：行政調解之相對人，在普通行政調解事件（例如鄉鎮市調解），並無任何身分或資格限制，一般均係指加害人一方而言；惟在特別行政調解，則須受行政機關本身權限之限制，原則上必須具有一定之身分或資格，例如勞資爭議之調解（相對人限為資方）、醫療糾紛之調解（相對人限為醫療院所）、採購履約爭議之調解（相對人限為政府機關）、消費爭議之調解（相對人限為企業經營者）等，可為例證。

　　大部分行政調解相關法規對於申請行政調解時，在申請書上有關當事人之記載，多不予區分其申請人及相對人，而逕以當事人稱之，已見前述；一般並規定其應記載「當事人之姓名、性別、年齡、職業及住所或居所；當事人為機關、學校、公司或其他法人或團體時，其名稱及事務所或營業

所。」惟消費爭議調解對於當事人兩造，特別將當事人區分為「申請人」及「相對人」，並予以分別規定其記載事項，已見前述。對於消費爭議調解之相對人，依消費爭議調解辦法第 3 條第 2 項第 2 款規定，該企業經營者應依其組織型態不同而有不同之記載內容。如為個人業者（即自然人），應記載相對人之姓名、性別及住（居）所；如為機關、學校、公司或其他法人或團體者（即非自然人），應記載其名稱及事務所或營業所。

(2) 代理人：即當事人之代理人，包括法定代理人及委任代理人二種。

① 法定代理人：申請人如為未成年人者，因未成年人依民法規定不具有完全行為能力，故屬不能獨立以法律行為義務者，依民事訴訟法第 45 條規定，並無訴訟能力，依法應由其法定代理人或向其法定代理人為之，如未由法定代理人代理者，均屬於應補正事項，例如鄉鎮市調解業務督導辦法第 8 條第 1 項、公害糾紛處理法施行細則第 13 條第 2 款[8]、採購履約爭議調解暨收費規則第 11 條第 5 款[9]等，均採之。

消費爭議調解之法定代理人問題，消費爭議調解辦法第 2 條第 2 項業已明定：「消費者為未成年人者，應由其法定代理人代為調解行為。」至所謂未成年人，解釋上並不包括未成年人而已婚者及經法定代理人允許獨立營業之情形在內。

② 委任代理人：行政調解如能委任具有專業能力者為之，對於當事人之權益，當較有保障，故並無加以限制之必要；惟此

---

[8] 申請有「申請人或相對人為無行為能力人或限制行為能力人」之情形者，為申請不合法。

[9] 「當事人無行為能力或限制行為能力，未由法定代理人合法代理者」，應酌定相當期間命其補正。

之委任，須以特別委任為之[10]。另因調解結果事關當事人權益甚鉅，允宜採書面委任為原則，例如著作權爭議調解辦法第 5 條、鄉鎮市調解業務督導辦法第 8 條第 2 項、醫療糾紛處理法草案第 9 條（對代理人之人數及資格並加以限制[11]）、採購履約爭議調解暨收費規則第 8 條（並於第 9 條明定其代理權限[12]）等，均明定應以書面委任為之；且為避免因代理人之身分不明，因而造成糾紛，似亦宜參考訴願法第 34 條規定，明定調解代理人應於最初為調解行為時，向受理機關提出委任書。

　　有關消費爭議調解之委任代理人問題，依消費爭議調解辦法第 2 條第 3 項規定：「消費者得委任代理人代理調解行為；代理人應於最初為調解行為時，向調解委員會提出委任書。」雖已採用書面委任及參考訴願法明定其委任書之提出時機，尚稱妥適；惟並未如同醫療糾紛處理法草案第 9 條規定對代理人之人數及資格並加以限制，仍屬美中不足之處，筆者認為至少應對代理人之人數予以必要限制，以免因人數過多而影響調解之進行；另外，有關委任之內部及外部法律關係，亦未如同採購履約爭議調解暨收費規則第 9 條予以明定，遇有爭議時，筆者認為在解釋上應悉依民法有關委任之規定辦理。

---

[10] 法務部 91.12.17.法律字第 0910045452 號函略以：再按調解有和解性之法律行為，必須有特別委任始得為之。

[11] 醫療糾紛處理法草案第 9 條：「醫療糾紛之調解，當事人得委任代理人。但以三人為限。（第 1 項）非律師或與當事人無親屬關係而為前項代理人者，調解委員會得禁止之。（第 2 項）第一項代理人之委任或終止，當事人應以書面向調解委員會提出。（第 3 項）」

[12] 採購履約爭議調解暨收費規則第 9 條：「調解代理人就其受委任事件，有為一切行為之權。但捨棄、認諾、撤回、和解及選任代理人，非受特別委任不得為之。（第 1 項）對前項代理權加以限制者，應於委任書表明。（第 2 項）」

③ 代理人之記載內容：行政調解在申請書上有關代理人部分，一般均規定有法定代理人或委任代理人者，應記載其代理人之姓名、性別、年齡、職業及住所或居所。

消費爭議調解申請時，申請人有法定代理人或委任代理人者，依消費爭議調解辦法第3條第3款規定，應記載其代理人之姓名、性別、出生年月日及住（居）所。筆者認為，依上述規定文字，如果採取嚴格解釋，則因法人並無性別、出生年月日等內容，可能誤導此之申請人似以自然人為限，其中法定代理人固以自然人居多，在適用上可能較無問題；然在委任代理人方面，大多係委任律師等專業人士擔任代理人，該等專業人士多設有個人事務所或聯合事務所，此種規定可能剝奪該等專業人士受委任為代理人之機會，文字似亦應酌予修正納入為宜。

(3) 調解事由及請求內容：行政調解之申請，均有其一定的目的，亦即請求協助調解之事由。因此，行政調解之法規，均規定申請人在申請書上必須就其調解事由及請求內容加以必要之說明，俾利調解有一具體方向可資判斷及參考。例如鄉鎮市調解條例第9條第2項（調解事由及爭議情形）、著作權爭議調解辦法第4條第3款及第4款（調解事由及爭議要點）、公害糾紛處理法施行細則第3條第3款及第4款（請求事項與公害糾紛原因及事實）、勞資爭議處理法第10條第4款（爭議之要點）、醫療糾紛處理法草案第10條第3款及第4款（糾紛之要點及請求事項）、行政機關介入私權爭議作業須知草案第3條第2項（標的之法律關係及爭議之情形）[13]等，可為明證。

消費爭議調解之申請，依消費爭議調解辦法第3條第4款規定，申請人在申請書上，應記載「調解事由及請求內容」，亦即申請人必須具體說明調解之事由及請求之內容，如請求之目

---

[13]　同註5，行政機關介入私權爭議之研究，頁142。

的及希望處理結果等，俾利調解委員會得以進一步處理調解相關事宜。

(4) 其他：為期行政調解得以順利圓滿進行，在申請書上，行政調解法規多規定與行政調解有關之其他重要事項，例如供調查之證據及附屬文件（公害糾紛處理法施行細則第 3 條）、選定調解委員之姓名、性別、年齡、職業及住所或居所（勞資爭議處理法第 10 條）等，亦宜列為必要記載事項。

消費爭議調解之申請，依消費爭議調解辦法第 3 條第 5 款規定，申請人在申請書上，另應記載「爭議及申請未獲妥適處理之情形」，亦即申請人在內容上，必須具體說明發生何種爭議及未獲妥適處理情形，俾利調解委員會判斷是否符合「調解前置程序」之受理要件；另外，申請人如有其他有用之資料，例如民事訴訟法第 116 條第 1 項第 5 款規定供證明或釋明用之證據等，對調解之進行亦有幫助，希望申請人能夠提供。

（二）行政調解申請處理之比較

對於行政調解之申請，調解委員會接到申請書後即應進行處理，在處理上包括下列審查、補正及受理或不受理等三個程序。

1. 行政調解申請之審查：為期將來調解得以順利進行，對於調解進行時所需之必要條件，在申請時，調解委員會即須加以必要之審查。審查之程序，主要有形式審查及實質審查二種，實質審查之進行，一般均置於程序審查之後辦理，如採購履約爭議調解暨收費規則第 5 條即予明定[14]，可資佐證。

(1) 形式審查：即形式要件之審查。調解委員會收受調解之申請後，應即進行形式要件之審查，即審查調解申請之必要條件，在形

---

[14] 採購履約爭議調解暨收費規則第 5 條：「對於調解事件，應先為程序審查，其無程序不合法之情形者，再進而為實體審查。（第 1 項）前項程序審查，發現有程式不合而其情形可補正者，應酌定相當期間通知申請人補正。（第 2 項）」

式上是否已然具備。所謂形式要件之審查，主要在審查瞭解調解申請案件之人（當事人能力、適格與代理等問題）、事（民事、一事不再理等問題）、時（時效、先置程序等問題）、地（管轄問題）、物（證物、收費等問題）等有否瑕疵，相關論述詳見第二章「行政調解在制度設計上之比較」，另外，法院適用鄉鎮市調解條例應行注意事項四之（一）規定所列之項目，亦可供其他行政調解委員會在形式審查上之參考。

形式審查主要係以調解申請是否符合法定要件作為其判斷標準，一般行政調解只要審查其是否符合前述之一般要件即可；但對於消費爭議調解之申請，尚須審查其有無經過申訴前置程序之特別要件，併此敘明。

(2) 實質審查：即實質要件之審查。調解委員會在形式要件審查無瑕疵後，如有必要，即可進行實質要件之審查，即審查調解申請案件是否有進行調解之必要性。所謂實質要件之審查，依民事訴訟法第 406 條第 1 項第 1 款規定[15]，主要在審查瞭解調解申請案件如有不能調解或顯無調解必要或調解顯無成立之望等情形，因無進行調解之必要，調解委員會即可不予受理。

實質審查主要係以有無調解成立可能原則作為其判斷基準，如屬不能調解之事件，例如調解內容有無違反公序良俗或法律上強制、禁止規定、調解內容是否關於公法上權利之爭議、調解內容之法律關係是否不許當事人任意處分等[16]，均屬之；或是下列顯無調解成立可能之事件（民事訴訟法第 406 條第 1 項第 1 款），則不可以申請行政調解，否則調解委員會即可不予受理：

---

[15] 民事訴訟法第 406 條第 1 項第 1 款規定：依法律關係之性質，當事人之狀況或其他情事可認為不能調解或顯無調解必要或調解顯無成立之望者，法院得逕以裁定駁回之。

[16] 法院適用鄉鎮市調解條例應行注意事項第四之（二）規定。

① 當事人已表明不接受調解之事件：包括行政調解法規明定須經當事人表示同意而未同意（鄉鎮市調解條例第 10 條、著作權爭議調解辦法第 6 條），或明定當事人拒絕即不予受理（民事訴訟法第 406 條第 1 項第 1 款、積體電路電路布局鑑定暨調解委員會設置辦法第 10 條第 1 項、採購履約爭議調解暨收費規則第 11 條第 8 款）等二種情形在內。

② 調解機關已調解未成立之事件：包括經本調解機關調解未成立，或經其他法定調解機關調解未成立（民事訴訟法第 406 條第 1 項第 2 款、採購履約爭議調解暨收費規則第 11 條第 3 款、消費爭議調解辦法第 5 條第 6 款但經相對人同意重行調解者不在此限）等二種情形在內。

筆者在此要特別說明的是，行政調解與當事人向其他機關或法院聲請之調解間無優劣位之關係，故為避免調解程序之衝突或浪費，調解委員會在進行實質審查時，務必要查明該私權爭議是否已起訴或另有其他程序在進行中，並應依下列程序[17]進行處理：

① 停止行政調解程序：當事人就同一案件如已依鄉鎮市調解條例向鄉鎮市調解委員會聲請調解，或已依民事訴訟法向法院聲請調解者，於當事人提出撤回該調解聲請之書面證明前，調解委員會應停止行政調解程序。

② 通知其他機關停止其程序：當事人就同一案件如已事先向調解委員會申請調解，然後再向法院起訴或鄉鎮市調解委員會等申請調解，致另有其他程序在進行中者，調解委員會應通知法院或其他相關機關停止其程序；並於行政調解終結時，應將其終結結果通知法院或其他相關機關。

---

[17] 同註 5，行政機關介入私權爭議之研究，頁 142。行政機關介入私權爭議作業須知草案第 16 條及第 17 條。

2. 行政調解申請之補正：當事人在申請行政調解時，可能因不懂法令規定，導致調解之申請發生瑕疵，此時調解委員會不宜逕予不受理，允宜給予補正機會。因此，行政調解法規一般均規定調解之申請，在內容或程序上如發生重大瑕疵，且屬可以補正者，應由調解委員會定相當期間通知申請人，於該期間內必須加以補正，以資因應。例如公害糾紛處理法第 18 條、採購履約爭議調解暨收費規則第 11 條、消費爭議調解辦法第 4 條均明定有補正之規定，以資辦理之依據。至於所謂相當期間，只要客觀上認為該項期間不致太短或太長，即為相當。對於消費爭議調解之申請，亦有補正之規定，茲以消費爭議調解辦法第 4 條[18]規定為例，說明並比較如下：

(1) 申請調解書，未依法規定記載者：此為法定記載之瑕疵，即內容瑕疵。調解申請書如果法定記載事項，不管是形式應載事項或實質應載事項，只要記載不足，勢將無法進行調解程序。所謂記載不足，包括下列二種情形：

① 形式記載不足：係指漏未記載法定應載項目，與法定項目不符。如漏未記載爭議及申訴未獲妥適處理之情形、申請人或代理人未簽名或蓋章等，即屬之。

② 實質記載不足：係指法定應載項目雖有記載，但記載之內容不足。如申請人或代理人之基本資料記載不足、或無具體相對人、或未說明爭議及申訴未獲妥適處理之情形、或無具體內容者，均屬之。

(2) 代理瑕疵：代理之瑕疵，包括下列二種情形：

① 法定代理之瑕疵：未成年人之調解申請，應由其法定代理人代理，已見前述。消費爭議調解辦法第 2 條第 2 項更明文規

---

[18] 消費爭議調解辦法第 4 條：「申請調解，有下列情形之一者，調解委員會應定相當期間命其補正：一、申請調解書，未依前條規定記載者。二、無具體相對人或內容者。三、未成年人申請調解，未經法定代理人代為者。四、由代理人申請調解，未附具委任書者。五、其他經調解委員會認為應予補正者。」

定，未成年人為無調解能力，如欲申請調解，必須由法定代
理人為之。故未成年人未透過法定代理人而自行申請調解
者，即屬應補正事項。

② 委任代理之瑕疵：當事人委任代理人代理調解行為，並由代
理人申請調解者，為期審慎，消費爭議調解辦法第 2 條第 3
項規定，代理人應於最初為調解行為時，向調解委員會提出
委任書，以供查驗。故於代理人申請調解時，如未附具書面
委任書，即屬應補正事項。

(3) 其他經調解委員會認為應予補正者：此為其他程序之瑕疵。其
他有瑕疵可補正，並經調解委員會認為應予補正之事項，解釋
上包括下列情形：

① 口頭申請：如申請人非以書面申請者，亦屬應予補正範圍，
惟應以口頭方式告知補正；其補正方式仍應以書面為之。

② 份數不足：如申請人未依據相對人之人數提出繕本或附屬文
件等。

③ 重行調解：消費爭議調解辦法第 4 條第 1 項第 5 款重行調解
之申請，需經相對人同意。該相對人之同意，究為成立要件，
抑或生效要件？如係成立要件，則應由申請人先行取得該相
對人之同意後始得申請，如漏未檢附同意書，即屬應行補正
事項，應補正而逾期未補正者，即不予受理；如係生效要件，
即應由調解委員會進行徵詢相對人是否同意之程序，如未獲
同意，始能不予受理。惟為避免浮濫，應以前說為是。目前
其他行政調解甚少就重行調解予以規定，筆者認為為避免爭
議，似應儘快予以增訂。

3. 行政調解申請之受理及不受理：一般行政調解之法規均規定，對
於行政調解之申請，經審查後認為有不可補正之缺失，或有缺失
經限期補正而逾期未予補正者，均予以駁回而不予受理。調解之
申請，經審查後如無上述瑕疵，調解委員會即應受理。至於有關

受理及不受理之原因及理由，以及相關之討論及比較，詳見第二章「行政調解在制度設計上之比較」，不另贅述。

4. 行政調解申請之效力：消費爭議事件本質上係屬私法上的民事事件，其中甚多是與財產權有關的民事事件，例如房屋買賣、郵購買賣、訪問買賣或分期付款買賣所發生的糾紛等。在與財產有關之糾紛中，除了物權糾紛外，如果是屬於債權的糾紛，則必然涉及到債權請求權的消滅時效期間問題，由於事關消費者重大權益，確有加以說明之必要。依照民法第 125 條、第 126 條及第 127 條規定，債權請求權之消滅時效分別為十五年、五年及二年，請求權如果經過消滅時效完成後，依照民法第 144 條規定，債務人可以拒絕給付[19]。至消費者保護法使用「申請」二字，僅為法制作業用語不同，表明其對象為行政機關，似不生解釋歧異之結論。

所謂「調解」，解釋上並不以民事訴訟法規定之調解為限，凡其他法令有聲請調解或調處之規定，而在性質上應認為與起訴有同一效力者，均應包括在內（最高法院 48 年度臺上字第 722 號、第 936 號判例意旨參照）。例如依耕地三七五減租條例、勞資爭議處理法或鄉鎮市調解條例聲請調解或調處者，均發生時效中斷之效力[20]。因此，當事人申請行政調解後，依照民法第 129

---

[19] 有關行政調解消滅時效及其期間計算法據問題，參見前述第二章「行政調解在制度設計上之比較」。

[20] 法務部 94.12.15.法律決字第 0940048486 號書函：關於消費者依據消費者保護法第 44 條之規定，向直轄市或縣（市）消費爭議調解委員會「申請」調解，(1)按民法第 129 條第 1 項及第 2 項第 2 款規定，消滅時效因聲請調解而中斷，至所謂「調解」不以民事訴訟法規定之調解為限，凡其他法令有聲請調解或調處之規定，而在性質上應認為與起訴有同一效力者，均應包括在內（最高法院 48 年度臺上字第 722 號、第 936 號判例意旨參照）。例如依耕地三七五減租條例、勞資爭議處理法或鄉鎮市調解條例聲請調解或調處者，均發生時效中斷之效力。(2)向直轄市或縣（市）消費爭議調解委員會「申請」調解者，依消費者保護法第 46 條準用鄉鎮市調解條例第 24 條第 2 項規定及消費爭議調解辦法第 30 條第 2 項規定，經法院核定之調解書，與民事確定判決有同一

條第 2 項第 2 款、第 133 條及第 137 條規定，該調解之申請，即
具有中斷請求權消滅時效之效力，尚可分述如下：

(1) 原則：時效重行起算。解釋上從該調解之申請時起，至調解成
立之日止，均發生時效中斷之效力，調解成立則為時效中斷之
終止事由，該時效應自調解成立之日起，重行起算。

(2) 例外：時效視為未中斷。如果發生①調解委員會對該調解之申
請不受理或予以駁回，或②當事人撤回該調解之聲請：例如採
購履約爭議調解暨收費規則第 28 條（撤回調解）：「調解之申請
經撤回者，視為未申請調解。（第 1 項）前項撤回，申訴會應通
知他造當事人。（第 2 項）」，或③調解不成立（詳見後述）等三
種情事之一者，其原有請求權之消滅時效，則視為沒有中斷。

二、調解準備程序之比較

行政調解之申請符合申請要件及管轄規定經審查同意受理後，調解
委員會應為如何之準備程序，俾利調解程序能夠順利展開，亦應有加以
討論比較之必要。所謂調解準備程序，係指調解委員會受理調解申請後，
為正式開展調解實際進行所需辦理之程序，主要為調解進行之準備（含
同意進行調解、調解進行之準備作業、指定期日及通知到場等）、調解委
員之迴避等二個程序，爰分別說明如後。

（一）調解進行準備程序之比較

一般而言，調解進行之準備程序，通常包括下列同意進行調解、調
解進行之準備作業、指定期日及通知到場、確定調解處所等相關程序：

1. 同意進行調解之程序：調解原則上應尊重當事人意思，調解委員
   會不得強制調解，故屬任意調解之一種，但法規另有特別規定者，

之效力，揆諸上開說明，自應發生時效中斷之效力。

不在此限[21]。例如消費爭議事件應得當事人（尤其是相對人）之同意，消費爭議調解委員會始得進行調解。如果企業經營者拒絕進行調解者，調解委員會不得逕依消費者之陳述而作成決定，消費者僅得另行起訴。

調解如果要進行下去，必須先取得當事人之同意，此之所謂當事人，包括申請人及其相對人在內。在理論及實務上，對於申請人之調解「申請」，可擬制為同意調解之意思表示，因此，無須另行取得其同意；至於其相對人，則有必要另行取得其同意之意思表示。即使行政調解法規對此並未明定，但在解釋及實務運作上，均仍須履行此一程序。茲以消費爭議調解為例，雖然消費爭議調解辦法對此並未明文規定，但消費爭議調解仍應得到當事人之同意，始得進行調解。如果相對人（企業經營者）拒絕進行調解者，調解委員會不得逕依申請人（消費者）之陳述而作成決定，消費者僅得另行起訴。

行政調解法規對於調解委員會取得調解相對人同意進行調解方式之規定，經歸納主要有下列二種：

(1) 徵詢他造之同意：無論是透過下列之口頭或書面徵詢程序，只要取得他造同意之意思表示，調解委員會即可進行調解相關程序。

① 口頭徵詢同意：例如鄉鎮市調解條例第 10 條：「民事事件應得當事人之同意，刑事事件應得被害人之同意，始得進行調解。」原則上係採口頭徵詢方式辦理，只要在調解期日當天經過口頭徵詢相對人之同意，並記明於筆錄即可，無須再履行任何程序[22]；如果相對人並未明示反對並有實際配合調解進行之行為時，亦可視為默示同意。

---

[21] 依勞資爭議處理法第 11 條：「勞資爭議之調解，直轄市或縣（市）主管機關，應於接到當事人申請調解或依職權交付調解之日起七日內，組成勞資爭議調解委員會處理之。」規定，該項調解之進行，無需取得他造當事人之同意。

[22] 法務部 75.09.16.法 75 律字第 11343 號函：調解委員會調解筆錄及調解書均已

② 書面徵詢同意：例如著作權爭議調解辦法第 6 條：「主管機關受理調解之申請後，應將調解申請書繕本送達他造當事人，並通知於限期內為是否接受調解之表示，逾期不為表示者，視為拒絕調解。」積體電路電路布局鑑定暨調解委員會設置辦法第 10 條亦有類似之規定，均係採書面徵詢方式辦理。

(2) 取得他造之答辯書：為期審慎，有些行政調解法規，除了他造同意之意思表示以外，更進一步具體規定應先取得他造之答辯書後，才能進行調解相關程序。例如採購履約爭議調解暨收費規則第 10 條：「他造當事人應自收受調解申請書副本之日起十五日內，以書面向申訴會陳述意見，並副知申請人。」公害糾紛處理法施行細則第 4 條第 3 項亦有類似規定。此為比照民事訴訟法一般訴訟程序規定，筆者認為為期調解得以圓滿順利進行，似有擴大推廣之必要。

2. 決定調解進行之相關作業：調解委員會受理調解之申請後，即應緊接著辦理下列決定將來調解進行之模式、負責之調解委員等相關作業程序：

(1) 決定調解進行模式：一般而言，行政調解之調解進行模式，主要有下列會議調解與授權調解兩種。

① 會議調解：此為傳統之調解模式。在過去，調解委員會受理調解事件後，原則上均採行召開調解會議來進行調解，即「會議調解」，這就是一般調解的方式。目前對於需要表決（即多數決）的重大事件之決定，一般均仍採會議調解模式進行，以昭慎重。

　　會議調解因需進行多數決程序，故應召集全體調解委員參加，而所有的委員均應親自出席會議，不得委任他人代理，此本為解釋上當然之結果，惟仍有極少數例外情形[23]，

有同意接受調解之記載，其已成立之案件，無須另取得當事人之同意附卷。

23　直轄市縣（市）不動產糾紛調處委員會設置辦法第 6 條第 2 項：「委員應親自

故勞資爭議處理法第 22 條、縣（市）政府及鄉（鎮、市、區）公所耕地租佃委員會組織規程第 11 條、採購申訴審議委員會組織準則第 7 條等，乃予明文規定，以免解釋上產生爭議。如非親自出席，除法令有特別規定者外[24]，解釋上受委任之他人僅屬列席性質，不列入出席人數，並不得參與會議發言及表決。

至於有關調解會議之開議進行，原則上行政調解法規亦均規定有最低出席人數之限制，其最低之出席比例，主要有下列二分之一及三分之一的區別，至於會議的議決，另並應經出席委員過半數的同意行之，可否同數時，則取決於主席。

a. 應有二分之一以上出席者：例如縣（市）政府及鄉（鎮、市、區）公所耕地租佃委員會組織規程第 12 條、直轄市、縣（市）（局）建築爭議事件評審委員組織規程第 11 條、直轄市縣（市）不動產糾紛調處委員會設置辦法第 6 條、勞資爭議處理法第 16 條等，均規定應有調解委員過半數出席，始得開會。

b. 應有三分之一以上出席者：例如公害糾紛處理法第 14 條、鄉鎮市調解條例第 6 條等，均規定應有調解委員三分之一以上出席，始得開會。至於消費爭議調解，依直轄市、縣（市）消費爭議調解委員會設置要點第 9 點，亦採應有委員合計三分之一以上之出席，不得開會之規定；惟該合計三分之一以上之出席委員，並無所謂代表性平衡問題存在[25]。

出席前項會議。但由機關代表兼任之委員，如未能親自出席時，得指派代表出席，並通知本會。」

[24] 直轄市縣（市）不動產糾紛調處委員會設置辦法第 6 條第 3 項：「前項指派之代表列入出席人數，並參與會議發言及表決。」

[25] 拙著〈消費爭議調解概論〉，刊於消費者保護研究第二輯（1996 年 1 月），行政院消費者保護委員會編印，頁 215。惟所謂代表性平衡問題，事實上僅存在

② 簡易調解（即授權調解）：此為新興之調解模式。行政調解之成立，係以當事人雙方之協議為基礎，故調解之進行模式，應著重於儘可能取得雙方之協議，而不在乎是否採行會議調解模式，且以會議調解模式，由於需要一定比例委員的出席及過半數的決議，可能造成調解協議的取得困難及時間上的拖延，對當事人反而不利，因而絕大部分的行政調解機關有逐漸擴大採行簡易調解之趨勢。

　　所謂簡易調解制度，係指無需以召開調解正式會議方式進行，而採授權調解委員進行的調解，包括所有用會議以外方式所進行的調解在內，惟因屬一種特別調解模式，基於依法行政原則，應有法令為其依據，始得為之；進行簡易調解時，原則上並無調解委員出席最低人數比例之限制。

a. 授權調解之本質：調解非仲裁或裁判，在理論上無需強制以開會方式為之，故調解之進行，在實務上多採以授權調解方式辦理。所謂授權調解，類似受命法官之情形，在本質上屬於一種職務分配之規定。

b. 授權調解之必要：謹按調解，旨在有效疏減訟源，並未影響當事人應有之訴訟權益，只要雙方當事人對於調解結果均無異議，調解效果即已達成，不因其調解方式為會議調解或授權調解而有不同。且查調解申請案件日益增多，調解委員會事實上無法均以會議調解之方式為之。因此，本諸會議調解之精神，增列於一定條件下，亦得為授權調解之規定，事實上確有其必要性。

c. 授權調解之方式：簡易調解之授權方式，主要有下列二種：

　(a) 調解會議授權之簡易調解：行政調解法規明文規定，可指定調解委員逕自進行調解者，屬之。例如鄉鎮市調解條例第 6 條、醫療糾紛處理法草案第 11 條、著作權爭議

───────────

於委員會組織本身而已，實際進行調解時，則不必受此限制。

調解辦法第 3 條、公害糾紛處理法施行細則第 10 條等，
均規定調解委員會可以指定調解委員（一至三人）進行
調解，而無需以會議調解模式為之。

(b) 當事人同意之簡易調解：在調解會議授權之簡易調解
後，如果再經當事人同意，簡易調解亦可僅由一位調解
委員行之。例如鄉鎮市調解條例第 6 條、醫療糾紛處理
法草案第 11 條、著作權爭議調解辦法第 19 條第 2 項、
公害糾紛處理法施行細則第 10 條等，均規定即使僅有一
位調解委員亦可進行調解。

消費爭議調解之進行模式，係採調解會議授權之簡易調
解模式辦理簡易調解。有關授權調解之運作模式，茲以費爭
議調解辦法第 8 條[26]規定為例，說明並比較如下：

a. 授權調解之取得：需經每屆調解委員會全體調解委員三分
之二以上之出席，出席委員二分之一以上之同意。每屆調
解委員會委員之任期為二年，但消保官為法定調解委員，
不必隨調解委員之任期而更動，故原則上應取得每屆授權
方式為之。

此種授權方式與鄉鎮市調解不同。鄉鎮市調解委員會
之簡易調解，只要經兩造當事人之同意，即可由調解委員
一人逕行調解，調解成立時，並應作成調解書；而消費爭
議調解委員會之簡易調解，則必須先經委員會議授權，但
無須經兩造當事人之同意，即得由調解委員會主席定調解
委員一人或數人逕行調解。此種授權模式，主要係因消費
爭議調解委員會委員具有四種代表類別，如果能先經調解
委員會議授權之程序，可以強化其合法公正性。

---

[26] 消費爭議調解辦法第 8 條：「調解委員會得經全體委員三分之二以上之出席，
出席委員二分之一以上之同意，授權調解委員會主席，指定調解委員一人或
數人逕行調解。」

  b. 授權調解之決定：授權由擔任調解委員會主席之消保官決定是否以授權調解方式為之。基於調解委員會進行調解並非行政公權力之執行，至多僅為一種行政指導，因此在不能也不宜以會議決議方式進行調解時，應儘量採授權方式為之。

  c. 調解人選之指派：授權由擔任調解委員會主席之消保官指定適當調解委員人選。在指定時，調解委員會主席可以視調解案件之輕重複雜情形，並參酌委員之專業背景後，再指定最適當之調解委員一人或數人逕行調解。

  d. 授權調解之審閱：授權調解之調解書，在程序上均應送經擔任調解委員會主席之消保官之審閱。本人意見認為：擔任調解委員會主席之消保官之審閱，僅為程序上幫忙性質，由於事涉將來調解內容是否能有效執行問題，亟需高度法學知識，利用行政程序做一篩選機制，未經此行政程序，即無法用印或發文，俾有效避免將來法院不予核定之結果。至其審核內容，屬於內規性質，為避免浮濫，該審閱內容，如有必要，應參考勞資爭議處理法第 38 條規定及法院審核原則，於消費者保護官執行職務應行注意事項中予以明定。

(2) 確定調解委員：調解委員會在決定調解進行模式後，除應由全體調解委員參加之會議調解外，即應確定負責進行調解之調解委員人選。由於甚多調解委員會均係以任務編組方式進行調解，大多預聘委員或將符合人選之調解委員列冊，以便後來就個案之需要，選任符合法定人數之委員組成該案件之行政調解委員會，必要時，並得選任前項名冊以外之人為調解委員，民事訴訟法第 406 條之 2、行政機關介入私權爭議作業須知草案第 4 條第 2 項[27]等，均採此規定。另外，調解委員之確定，除

---

[27] 同註5，行政機關介入私權爭議之研究，頁 142。行政機關介入私權爭議作業須知草案第 4 條第 2 項：「為行政調解委員會、行政調處委員會或行政仲裁機

了選定及指定調解委員以外，尚有指定先行調查的委員，爰分別說明如後。

① 選定調解委員：有些行政調解法規規定，調解委員可以由當事人來選定，此即所謂選定調解委員。選定調解委員之主要理由，在於行政調解之成立係以協議為基礎，所以負責之調解委員宜最大限度滿足當事人之希望，俾有助於調解成立。選定調解委員，應有法令為其依據，否則即不得為之，例如消費爭議調解辦法對此因未明文規定，解釋上當事人即無選定調解委員之權利。至於有關當事人選定調解委員之方式，主要有下列二種：

a. 當事人逕行選定調解委員：即調解委員以由當事人選定為原則，由主管機關指定為例外。例如勞資爭議處理法第 12 條第 1 項：「勞資爭議由當事人申請或由主管機關依職權交付調解時，其爭議當事人，應於接到主管機關通知之日起三日內各自選定調解委員，並將調解委員之姓名、性別、年齡、職業及住所或居所具報。」同條第 2 項並規定在當事人逾期不選定時，主管機關始得依職權代為指定之。

b. 當事人另行選定調解委員：即調解委員以由主管機關指定為原則，當事人選定為例外。例如行政機關介入私權爭議作業須知草案第 4 條第 3 項：「當事人對於前項調解委員人選有異議或兩造合意選任其他適當之人者，行政機關得另行選任或依其合意選任之。」另外，民事訴訟法第 406 條之 1 第 3 項亦有類似規定[28]，可供參考。

構之組成，行政機關得預聘委員或仲裁人，以便後來就個案之需要，選任符合法定人數之委員或仲裁人組成該案件之行政調解委員會、行政調處委員會或行政仲裁庭。行政機關認有必要時，並得選任前項名冊以外之人為調解委員、調處委員或仲裁人。」

[28] 民事訴訟法第 406 條之 1 第 3 項：「當事人對於前項調解委員人選有異議或兩

② 指定委員先行調查：為期調解之順利進行，有些會在正式調
解會議之前，指定委員進行先期調查工作。例如勞資爭議處
理法第 14 條、公害糾紛處理法施行細則第 21 條等，均有調
解委員會得於調解期日前，指定委員先行審查之規定；另外，
民事訴訟法第 406 條之 1 第 2 項亦有類似規定[29]，可供參考。
指定委員先行調查，無須法令為其依據，調解委員會即可視
實際需要情形依職權為之，例如消費爭議調解辦法對此雖未
明文規定，但如有需要，並非不可指定委員先行調查。

③ 指定調解委員：行政調解委員會為進行調解之實際需要，除
前述法規另有規定得由當事人選任調解委員外，解釋上本即
有指定調解委員之權限，無庸另為特別規定，但予以特別規
定者，例如消費爭議調解辦法第 8 條、積體電路電路布局鑑
定暨調解委員會設置辦法第 10 條、採購申訴審議委員會組織
準則第 8 條等，亦無不可。在此要說明的是，調解委員會指
定調解委員，係屬其合法權限運作，除了該委員具有後述應
行迴避問題，否則原則上當事人不得對之提起異議。

3. 指定調解期日及通知到場：調解委員會決定調解模式及確定調解
委員人選後，即須辦理下列指定調解期日、確定調解處所及通知
當事人到場之作業程序：

(1) 指定調解期日：調解在調解期日進行，為避免調解久延不決，
影響當事人權益，宜有調解期日決定之相關規定。所謂調解期
日，係指準備進行調解之日期而言。茲以消費爭議調解辦法第
7 條[30]為例，說明並比較如下：

造合意選任其他適當之人者，法官得另行選任或依其合意選任之。」
[29] 民事訴訟法第 406 條之 1 第 2 項：「調解由法官選任調解委員一人至三人先行
調解，俟至相當程度有成立之望或其他必要情形時，再報請法官到場。但兩
造當事人合意或法官認為適當時，亦得逕由法官行之。」
[30] 消費爭議調解辦法第 7 條：「調解委員會受理調解申請後，應即決定調解期日，
通知當事人或其代理人到場，並將申請書之繕本一併送達於相對人。（第 1 項）

① 調解期日決定權人：負責該調解事件之調解委員。一般而言，調解委員會就該事件應先指定主辦之調解委員，再由該調解委員決定進行調解之期日。例如民事訴訟法第 407 條、鄉鎮市調解條例第 12 條、著作權爭議調解辦法第 8 條、公害糾紛處理法施行細則第 9 條、勞資爭議處理法第 15 條、醫療糾紛處理法草案第 12 條、採購履約爭議調解暨收費規則第 12 條等，均有類似規定。

② 調解期日決定期限：自受理之日起，不得逾三十日。為避免調解久延不決，影響當事人權益，調解期日之決定宜有時限。此之所謂調解期日，包括調解委員會決定之調解期日及於該期日進行調解而言，兩者應同受該期限之限制；非謂在該期限內去決定一個調解期日，而所決定要進行調解之調解期日可以不受該期限之限制。

　　至於有關調解期日決定期限之規定，主要有下列三種：

a. 三十日期限：除消費爭議調解辦法第 7 條第 2 項外，尚有公害糾紛處理法施行細則第 9 條、醫療糾紛處理法草案第12 條等，亦採相同規定。

b. 十五日期限：僅鄉鎮市調解條例第 12 條採之。

c. 未明定期限：如採購履約爭議調解暨收費規則第 12 條，並未明定其時限，僅規定應速定期調解期日者，屬之。

　　雖然有關調解期日決定期間之限制規定，原則上是一種訓示規定，但因行政調解法規對此規定不一，且為有效提昇調解效率，筆者認為應配合調解實務運作需要，並參考行政程序法第 51 條有關處理人民申訴案期限之規定，予以統一規定為三十日之必要。

前項調解期日，自受理申請之日起，不得逾三十日。但經當事人之一方申請延期者，得於十日內延長之。（第 2 項）」

③ 另定調解期日：調解期日原則上應由調解委員逕行決定期
日，但為期調解之順利進行，有些行政調解法規特別規定可
以延期另定調解期日，例如消費爭議調解辦法第 7 條第 2 項
但書「但經當事人之一方申請延期者，得於十日內延長之」
規定，得申請延期（即另定調解期日）。鄉鎮市調解條例第
12 條第 2 項但書特別規定「民事事件當事人自請延期者，得
延長十日」、、勞資爭議處理法第 15 條但書「但必要時或經
爭議當事人雙方同意者，得延長至十五日」等，亦均明定當
事人因故得申請延期（即另定調解期日）。至申請延期，雙方
當事人均有權為之，無須得他方之同意，並無須以書面為之；
如有一方當事人不便出席時，透過電話諮詢，即可另訂調解
期日。另外，對於另定期日之次數，則無限制之必要，賦予
調解委員會彈性運用，俾提高調解成立之機會。

(2) 確定調解處所：調解雖有一般調解及簡易調解之分，惟調解進
行時，必須要有一個處所，俾通知兩造當事人前來進行調解，
尤其是會議調解更為顯然。因此，調解委員在指定調解期日之
時，亦應同時確定調解之處所，一併通知當事人屆時到場。

　　一般而言，調解程序原則上均應於主管機關辦公場所或其
指定場所為之。例如鄉鎮市調解條例第 16 條、著作權爭議調解
辦法第 9 條、公害糾紛處理法第 17 條、積體電路電路布局鑑定
暨調解委員會設置辦法第 12 條、採購申訴審議委員會組織準則
第 13 條等，均予明文規定。因此，調解委員會可視實際需要情
形決定調解處所，以利調解之進行，並不以於固定的處所進行
調解為必要。至於消費爭議調解之進行，依照消費爭議調解辦
法第 10 條規定，調解可以於該直轄市、縣（市）政府或其他適
當之處所行之，亦無需固定處所。

(3) 通知當事人到場：主辦之調解委員於決定調解期日後，應連同
調解申請書之繕本，以調解委員會名義送達通知雙方當事人或

其代理人到場。茲以消費爭議調解辦法第 7 條第 1 項規定為例，說明並比較如下：

① 通知到場之相對人：所有行政調解法規均規定，應通知雙方當事人或其代理人，無一例外。

② 通知之時限：一般行政調解法規對此均無規定，解釋上只要在調解期日前通知即可；惟醫療糾紛處理法草案第 12 條第 1 項「由主管機關於調解期日五日前，將通知送達當事人或其代理人」及公害糾紛處理法施行細則第 9 條第 2 項「第一次調處期日之通知，應於七日前送達」對此則有特別規定，在辦理該等調解時，即應受其拘束。

③ 通知之方式及內容：通知之方式及內容，雖然行政調解法規甚少予以規定，惟解釋上行政調解之通知應以書面為之，並應記載下列內容：

　　a. 必要內容：有關通知之內容及必要資料，可參考公害糾紛處理法第 9 條：「調處委員會收到調處申請書後，應於一個月內訂定調處期日，並製作調處通知，記載到場之日、時及處所，送達於當事人。其經調處委員面告調處日、時及處所請其到場並載明紀錄者，與送達通知有同一之效力。當事人曾以書面陳明屆期到場者，亦同。」規定辦理。

　　b. 不到場之法律效果：鑑於當事人如無正當理由，於調解期日不到場者，應無成立調解之意願，為免程序延滯，徒費事功，故宜參考民事訴訟法第 407 條第 4 項規定，此項通知書，並應記載不到場時之法定效果。

（二）調解委員迴避之比較

迴避制度主要在確保程序之公正性，司法程序固有其需要，行政程序亦不能例外[31]。雖然公務員服務法第 17 條亦有迴避之規定，惟有關公

---

[31] 李震山著，行政法導論，頁 253 及頁 254：迴避制度與公正程序關係密切，因

務員迴避之具體內容，直至行政程序法予以規定後，始較為完備周延，並符合其特定目的[32]。對於行政程序之進行，除應力求其公正、公平外，公務員處理行政事件時，也必須公正無私，始能確保當事人之權益，並維護行政機關之威信，此即迴避制度之主要立法目的。至於迴避之原因，依行政程序法規定，主要可歸納為「避免職務利益與個人利益衝突」及「避免預設立場或預存主見」兩種類型。由於行政程序法具有行政普通法性質，在其他行政法規並未另予明文規定之情形下，解釋上均可引用行政程序法規定作為適用上之依據。

　　由於行政調解屬於行政機關的一種行政指導性質的行政行為，為避免調解委員執行職務有偏頗之虞，及確保調解委員會之公信力，亦應有迴避制度之規定。本節擬將行政調解之迴避，依行政程序法第 32 條及第 33 條規定之自行迴避、申請迴避與職權命為迴避三大類型，分別說明如後。

1. 自行迴避：所謂自行迴避，係指公務員於行政程序中有法定自行迴避之原因時，應自行簽准迴避處理或涉及某具體之行政事件。申言之，公務員知悉其有應迴避之事由時，應主動、自行迴避處理該行政事件，以樹立公正之決定基礎。

　　為「任何人不得就自己的案件當裁判官」，並以司法院大法官釋字第 601 號說明行政程序之迴避與司法程序之迴避有其異同。司法院大法官釋字第 601 號解釋理由書：「國家任何公權力之行使，本均應避免因執行職務人員個人之利益關係，而影響機關任務正確性及中立性之達成，是凡有類似情形即有設計適當迴避機制之必要，原不獨以職掌司法審判之法院法官為然（行政程序法第 32 條、第 33 條、公務員服務法第 17 條參照）。惟司法審判係對爭議案件依法所為之終局判斷，其正當性尤繫諸法官執行職務之公正與超然，是迴避制度對法院法官尤其重要。司法院大法官行使職權審理案件，自亦不能有所例外。」

[32] 蔡茂寅、李建良、林明鏘、周志宏，行政程序法實用，頁 65 至頁 69，2001年第二版。行政程序法上之迴避制度，存在之主要目的在於確保行政程序中，行政機關能公正地履行其作為義務（duty to act fairly），避免球員兼裁判，或有瓜田李下之不公正嫌疑，與訴訟法上之迴避制度（例如：民事訴訟法第 32 條至第 39 條規定），主要係確保裁判之公正性，使當事人對於裁判結果產生信賴具有相類似之目的。

　　自行迴避之迴避原因，尚可依迴避條款類型區分比較如下：

(1) 將「避免職務利益與個人利益衝突」及「避免預設立場或預存主見」兩種條款均列為自行迴避原因者：此為廣義之自行迴避規定。例如行政程序法第 32 條、採購申訴審議委員會組織準則第 13 條、醫療糾紛處理法草案第 13 條，均採之。尚可區分如下：

① 「避免職務利益與個人利益衝突」條款方面：例如行政程序法第 32 條第 1 款（本人或其配偶、前配偶、四親等內之血親或三親等內之姻親或曾有此關係者為事件之當事人時）、第 2 款（本人或其配偶、前配偶，就該事件與當事人有共同權利人或共同義務人之關係者）；採購申訴審議委員會組織準則第 13 條第 1 項第 1 款（該事件涉及本人、配偶、三親等以內血親或姻親或同財共居親屬之利益者）；醫療糾紛處理法草案第 13 條第 1 項第 1 款（本人或其配偶、直系血親、家屬為當事人）等規定，均採之。因與本人及其親屬的利害關係有關，可能產生職務與個人利益之衝突，故明定為應自行迴避之原因。

② 「避免預設立場或預存主見」條款方面：例如行政程序法第 32 條第 3 款（現為或曾為該事件當事人之代理人、輔佐人者）、第 4 款（於該事件，曾為證人、鑑定人者）；採購申訴審議委員會組織準則第 13 條第 1 項第 2 款（曾為該採購之承辦或監辦人員）、第 3 款（曾參與該事件之異議處理者）、第 4 款（本人或其配偶與機關、廠商或其負責人間現有或三年內曾有僱傭、委任或代理關係者）、第 5 款（有其他情形足認其有不能公正執行職務之虞者）；醫療糾紛處理法草案第 13 條第 1 項第 1 款（本人或其配偶、直系血親、家屬為當事人之法定代理人）、第 2 款（與當事人或其法定代理人服務於同一醫療機構）等規定，均屬之。因曾辦理過相關事件，可能先入為主，為避免預設立場，故明定為應自行迴避之原因。

(2) 僅列「避免職務利益與個人利益衝突」為自行迴避原因者：此
　　 為狹義自行迴避規定。尚可區分如下：

　① 包括本人及其家屬在內：例如公害糾紛處理法第 17 條（「調
　　　 處委員對於調處事項涉及本身或其家屬時，應自行迴避）、消
　　　 費爭議調解辦法第 10 條第 1 項（調解委員會委員對於調解事
　　　 項涉及本身或其同居家屬時，應自行迴避）等，屬之。

　② 僅以本人為限：例如縣（市）政府及鄉（鎮、市、區）公所
　　　 耕地租佃委員會組織規程第 13 條（各級租佃委員會委員對於
　　　 有利害關係之議案，應迴避之）、直轄市縣（市）不動產糾紛
　　　 調處委員會設置辦法第 7 條（本會委員對其本身具有利害關
　　　 係之議案，應自行迴避）等，屬之。

(3) 未有自行迴避規定者：例如鄉鎮市調解條例、著作權爭議調解
　　 辦法等，因均未有自行迴避，而僅有申請迴避之規定，解釋上
　　 調解委員即無須自行迴避，而應由當事人以申請迴避方式為之。

2. 申請迴避：所謂申請迴避，係指當公務員具有迴避之法定原因，
　　 卻不主動立即自請迴避時，當事人得向公務員所屬機關申請其迴
　　 避。申言之：申請迴避乃係公務員被動、強制地迴避該事件之處
　　 理，以補救公務員怠於自行迴避所衍生之問題。

　　　申請迴避之原因，主要有下列二種：

(1) 有應自行迴避原因而不自行迴避者：例如行政程序法第 33 條第
　　 1 項第 1 款（有前條所定之情形而不自行迴避者）、公害糾紛處
　　 理法施行細則第 12 條（調處委員有本法第 17 條所定情形而不
　　 自行迴避者）、醫療糾紛處理法草案第 13 條第 2 項（調解委員
　　 未依前項規定迴避者）、採購申訴審議委員會組織準則第 13 條
　　 第 2 項（前項人員應行迴避而未迴避者）、消費爭議調解辦法第
　　 10 條第 2 項（前項情形，經當事人聲請者，亦應行迴避）等有
　　 自行迴避規定者，如未自行迴避，當事人即可作為申請迴避之
　　 理由。

(2) 執行職務有偏頗之虞者：例如行政程序法第 33 條第 1 項第 2 款（有具體事實，足認其執行職務有偏頗之虞者）、公害糾紛處理法施行細則第 12 條（調處委員有事實足認其執行職務有偏頗之虞者）、醫療糾紛處理法草案第 13 條第 2 項（調解委員足認其有偏頗之虞者）等，除有自行迴避規定外，另外再附加申請迴避之規定，俾期調解程序之進行及結果，更具有公正性。另外，其他未有自行迴避規定之行政調解，則多以此項理由作為申請迴避之規定，例如鄉鎮市調解條例第 13 條（調解委員對於調解事項涉及本身或同居家屬時，經當事人聲請，應行迴避）、著作權爭議調解辦法第 9 條第 3 項（調解委員對於調解事項涉及本身或其同居家屬時，經當事人申請，應行迴避）等，均屬之。

　　對於調解委員迴避之申請，調解委員會之處理程序如下：

(1) 申請：當事人申請時，應符合下列要件。

　① 須敘明理由：對於調解委員之申請迴避，依行政程序法第 2 項規定，應由當事人舉其原因及事實，向調解委員會為之，並應為適當之釋明，所謂釋明係指當事人所舉出之原因及事實，行政機關毋庸調查即可大概明瞭，並使行政機關得到比較低（與證明相較）確定者而言，申言之，只要使行政機關達成「合理之懷疑」程序，即已盡其釋明之義務。不過，為避免當事人濫用申請迴避之規定，行政程序法設有須釋明「具體事實」之要件，所以若當事人空言主張公務員有偏頗之虞，並不合乎申請迴避之要件。

　　　迴避制度雖淵源於訴訟與訴願制度之相關規定，但移植於行政程序法中，對於避免公務員利益衝突與預設立場，並增進行政行為之信賴程度，有其正面積極之價值，固應加以肯定。但是訴訟制度上曾經發現有被濫用迴避之不良紀錄，所以將來對於公務員承辦人員較少之機關，宜特別注意當事人濫行申請迴避，所可能造成行政機關重大困擾之問題，（例

如：與承辦機關所有人皆發生刑事訴訟關係）或利用申請迴避制度，以達成「保全」之效果，妥善因應，未雨綢繆。

② 須向調解委員會提出：對於調解委員迴避之申請，只有調解委員會基於行政監督權限，才有權予以處理，故當事人須向調解委員會提出申請，才能發生申請之法定效力。

(2) 審查：調解委員會接到當事人提出調解委員迴避之申請後，應即進行審查及相關作業程序：

① 審查：調解委員會進行審查時，並得請被申請迴避之公務員，對於該申請得提出意見書。

② 停止行政程序：依行政程序法第 33 條第 4 項：「被申請迴避之公務員在其所屬機關就該申請事件為准許或駁回之決定前，應停止行政程序。但有急迫情形，仍應為必要處置。」此種「暫行停止程序」（或凍結停止程序效力），即具有程序法上之保全效力，使程序關係暫時凍結。此種原則規定與訴願法第 93 條採取原則上不停止執行之規定，大不相同。

(3) 決定：對於調解委員迴避之申請，調解委員會經審查程序完成後，即應作成下列決定：

① 申請無理由者：駁回。此時申請之當事人在解釋上，可依行政程序法第 33 條第 3 項：「不服行政機關之駁回之決定者，得於五日內提請上級機關覆決，受理機關除有正當理由外，應於十日內為適當之處置。」辦理；申請之當事人若對該最終決定仍不服時，應依行政程序法第 174 條規定，僅得於對實體決定聲明不服時一併聲明之，而不得單獨對迴避申請聲明不服。

② 申請有理由者：同意。此時調解委員會即應另行指定調解委員。

3. 命為迴避：所謂命為迴避，係指調解委員會認為有必要時，依職權強制要求調解委員迴避。

(1) 制度更為周延：公務員有申請迴避事由，但卻未自行迴避亦未由當事人申請迴避時，為避免公務員利益衝突或預設立場，該公務員所屬機關發現該公務員有自行迴避之事由時，基於行政監督立場，得依職權命公務員為迴避，作成過濾不公正決定的第三道防線，從而縱使公務員自身（第一道防線）、或當事人（第二道防線）皆未發現承辦公務員具有法定申請迴避之事由，公務員所屬機關亦得發揮其監督權限，依職權命公務員迴避。此種三層過濾安全裝置較訴願法之規定來得合理精密。

(2) 事實上有其必要性：行政機關與公務員在實務上亦常忽略迴避制度之遵守，尤其是客觀上若有具體事實，足認公務員執行職務有偏頗之虞時，更應主動、積極自請迴避，以免滋生事端，而受當事人質疑行政決定過程有違「正當法律程序」之嫌。因此，命為迴避之規定，即有其必要性。

(3) 實務上運作情形：一般而言，調解委員會（主任委員）本有指定調解委員之權限，在指定之前，即可審酌適當人選予以指定；而在指定之後，如發現有不當之處，當然亦有命為迴避之權限，此本即為解釋上當然之理，然為避免爭議，有些法規仍予以明定，例如行政程序法第 33 條第 5 項（公務員有前條所定情形不自行迴避，而未經當事人申請迴避者，應由該公務員所屬機關依職權命其迴避）、採購申訴審議委員會組織準則第 13 條第 2 項（前項人員應行迴避而未迴避者，由主任委員令其迴避）、公害糾紛處理法施行細則第 12 條（調處委員有本法第 17 條所定情形而不自行迴避，或有事實足認其執行職務有偏頗之虞者，主任委員應依職權，為迴避之決定）等，均屬之。

4. 檢討比較：消費爭議調解委員會依據消費爭議調解辦法第 10 條[33]規定，對調解業務之迴避，委員及擔任主席的消費者保護官，原

---

[33] 消費爭議調解辦法第 10 條：「調解委員會委員對於調解事項涉及本身或其同居家屬時，應自行迴避。（第 1 項）前項情形，經當事人聲請者，亦應行迴避。

則採自行迴避制，例外可由當事人申請迴避，係採取雙軌的迴避制。凡具有法定應迴避事由時，其無需再經當事人提出聲請，即應迴避者，為自行迴避；其需再經當事人提出聲請，並經調解委員會核定，方行迴避者，為申請迴避。主席自行迴避者，依消費爭議調解辦法第 11 條[34]規定，仍應由具有消費者保護官身分者擔任主席。

(1) 迴避順序：本條採先自行迴避及後聲請迴避之規定，係參考鄉鎮市調解條例第 13 條規定，如調解事項涉及本身或同居家屬時，調解委員應自行迴避；如不自行迴避，經當事人聲請時，亦應行迴避。主要係因當事人恐難得知調解委員與調解事項之親屬關係，故採先自行迴避後採聲請迴避制度。而在調解委員有應行迴避事由而未經自行迴避或申請迴避者，消費爭議調解法雖無命為迴避之規定，但如有必要，解釋上似無不可由調解委員會主席或其上級機關基於行政監督立場，依職權命其迴避。

(2) 迴避親屬範圍：調解委員對調解之進行及結果，因僅係站在居間協助之立場，並非公權力之執行，並無任何強制力，與訴訟行為不同，當事人如對於調解結果不滿意，自可反對調解成立，故即使嚴格限制其迴避之親屬範圍，對其亦不致有太大之不利影響。因此，消費爭議調解辦法第 11 條明文規定，消費爭議調解委員會之主席及委員，對於調解事項涉及「本身有利害關係」或「同居家屬有利害關係」時，始應自行迴避。所謂「本身」，係指調解委員本人及所營事業而言；至所謂「同居家屬」，只要具有家長與家屬關係，並且在同一戶口內者，均屬之，當然也包括各該人所營事業在內。

（第 2 項）」

[34] 消費爭議調解辦法第 11 條：「調解委員會主席因故未能執行職務時，應由具有消費者保護官身分者，代行其職權。（第 1 項）直轄市、縣（市）政府因故無消費者保護官擔任調解委員會主席時，得報經行政院消費者保護委員會指派該會或鄰近直轄市、縣（市）政府之消費者保護官代行之。（第 2 項）」

　　　　無論是鄉鎮市調解委員會委員或消費爭議調解委員會委員，當事人均無法因調解事項涉及其姻親時聲請該委員迴避，許是因為調解為任意調解，在調解進行時，調解委員仍應尊重當事人之意願，不致產生太大的偏頗之故；而且即使調解成立，但調解委員有應迴避而不迴避時，不滿意之當事人自可依法向法院提起撤銷調解之方式辦理，仍有救濟途徑。因此，消費爭議調解辦法有關迴避之規定，除無須增列其他足認調解委員會委員執行職務有偏頗之虞者，得聲請迴避之規定外，亦不必如同民事訴訟法第 32 條第 2 款規定，擴及於本身、配偶、八親等內血親或五親等內姻親，或行政程序法第 32 條第 1 款及第 2 款規定，擴及於本人或其配偶、前配偶、四親等內之血親或三親等內之姻親或曾有此關係者[35]。

(3) 其他：鄉鎮市調解條例第 13 條有關調解委員聲請迴避之規定，無論委員或主席均一體適用，並無區別；惟消費爭議調解辦法第 10 條除可由當事人申請迴避外，並為確保消費者保護官擔任調解委員會議主席之公正立場，規定委員應迴避之情形時，無須經過當事人聲請核准之程序，即應自行迴避。由於進行調解時並無調解委員比例原則之適用，故調解委員迴避之結果，並不致影響調解委員會調解之進行。

　　　　在此需要特別說明的是，消費爭議調解與其他行政調解不同之處，尚有消費者保護官具有一定之任用資格，且非消費者保護官不得執行消費者保護官職務，因此，如果發生消費爭議調解委員會主席迴避時，應由其他消費者保護官擔任主席；如該轄區已無消費者保護官可以擔任主席者，為避免調解事務無

---

[35] 【行政程序法草案意見表】民事訴訟事涉獨立審判，迴避規定宜從嚴，但對行政程序，尤其是鄉鎮地方自治之最基層，其人員與地方關係密切，且有上級主管之行政監督，若迴避規定太嚴，執行上可能有困難，對血親、姻親迴避範圍宜斟酌放寬。

法順利進行，依消費者保護官任用及職掌辦法第 8 條規定，該
地方政府得循報請行政院消費者保護委員會指派該會或鄰近直
轄市、縣（市）政府消費者保護官來擔任主席，以代行其職權
之程序辦理。

貳、行政調解在調解進行時相關程序方面之比較

　　有關行政調解如何進行之程序，屬於行政調解法規規定之主軸，茲
以消費爭議調解辦法為例，即分別規定於第 6 條、第 8 條及第 12 條至第
26 條，共計十七條，在全部三十三條條文中超過半數，可見其重要性，
惟其程序尚可分為一般程序及特別程序。筆者在此要特別說明的是，行
政調解之本質，本即屬任意調解，在未得當事人同意前，即無法進行調
解程序，不管是一般程序或是特別程序，均無例外。

一、調解進行一般程序之比較

　　關於調解進行之一般程序，主要係指在調解進行時，通常有哪些人
可以參與、進行時依法應注意哪些事項、以及進行之結果等應為哪些作
業程序。

（一）可以參與調解進行之人士

　　一般行政調解在進行時，除了當事人兩造應到場外，為彰顯對調解
之重視，並期調解之公正、公平起見，並應由調解委員親自進行調解[36]，

---

[36]　消費爭議調解辦法第 9 條：「調解委員應親自進行調解，不得委任他人代理。
　　（第 1 項）調解委員會得邀請公正或專業人士列席，擔任協同調解人。（第 2
　　項）」

所有調解程序均由調解委員指揮進行[37]，不得委任他人代為調解。所謂他人，包括其他調解委員在內。簡言之，非屬該調解委員會指定負責辦理之調解委員，例如其他未被選定之調解委員、或非依法聘任之調解委員[38]、或其他地區調解委員會之調解委員[39]、或其他行政調解委員會之調解委員等，均不得辦理是項調解業務。

另外，對於調解之進行，如有專業或實際上之需要，尚有下列協同調解人、輔佐人、參加調解人等，可以參與調解之進行；或是在兩造當事人之任何一方如超過一定之人數時，為期調解得以順利進行，尚可以選定當事人方式進行調解。

1. 協同調解：所謂協同調解，係指調解委員在進行調解時，由於調解涉及某些專業或特別情況，為期消費爭議事件調解程序之順利進行及達成調解之成立，亟需邀請調解委員及當事人以外之人士列席來協助調解。

   (1) 協同調解之立法目的：調解委員在調解時應親自進行調解，為使調解程序之順利進行，行政調解法規多規定，調解委員會得邀請公正或專業人士列席，或由當事人推舉人士列席，擔任協同調解人來協同調解，俾有效促進調解之成立。例如鄉鎮市調解條例第 14 條、消費爭議調解辦法第 9 條第 2 項，可為明證。

   (2) 協同調解人之資格：主要有下列二種類型。

      ① 由調解委員會邀請之協同調解人士：須具有公正或專業背景之人士。例如消費爭議調解辦法第 9 條第 2 項：「調解委員會

---

[37] 民事訴訟法第 407 條之 1：「調解委員進行調解時，由調解委員指揮其程序，調解委員有二人以上時，由法官指定其中一人為主任調解委員指揮之。」

[38] 法務部 88.12.20.法 88 律字第 047153 號函：鄉鎮市調解委員會進行調解係由調解委員負責辦理，本件當事人所推舉列席協同調解之人，非依法聘任之調解委員，自不得辦理調解事項。另外，「榮譽調解委員」亦非正式依法聘任之調解委員，僅能依法協同及輔助調解。

[39] 其他行政區之調解委員如擬參加協助調解，亦應依法由當事人推舉參與協同調解。

得邀請公正或專業人士列席，擔任協同調解人。」屬之。此類協同調解人為調解委員所推薦，且須為公正或專業之人士，其立場較為專業而中立，與當事人之輔佐人不同，原則上亦應親自參加，除非經調解委員之事先許可，亦不得委任他人代理。另外，依採購履約爭議調解暨收費規則第 14 條：「申訴會於調解時，得按事件需要，選任諮詢委員一人至三人，以備諮詢。」規定，另有諮詢委員之設置，其功能與協同調解不同。

② 由當事人自行推舉之協同調解人士：無須具有任何背景之人士。例如鄉鎮市調解條例第 14 條、著作權爭議調解辦法第 10 條均規定：「當事人兩造各得推舉一人至三人列席協同調解。」屬之。此類協同調解人，係由當事人雙方各得推舉一人至三人列席協同調解，推舉時，無須提出推舉書[40]。因無須任何資格限制，故當事人大多會推舉對自己有利之人士參加，其性質較接近當事人之輔佐人。

(3) 協同調解人數：調解處所空間不大，且為避免人多口雜，實際參加調解之人數，宜控制在一定數目以內，協同調解之人士，亦不例外。因此，鄉鎮市調解條例第 14 條及著作權爭議調解辦法第 10 條，均予明文設限為「當事人兩造各得推舉一人至三人」；至於未明文設限之行政調解法規，例如前述消費爭議調解辦法第 9 條第 2 項，在解釋上宜比照予以設限。另外，在鄉鎮市調解實務上，認為雙方推舉的協同調解人之人數不必相同，且推舉的時間並無一定的限制，而協同調解人並應以超然公正的態度協同調解，不宜偏袒當事人任何一方，當然更不得有以強暴、脅迫或詐術進行調解之行為，可供參考。

---

[40] 法務部 86.05.09 法 86 律決字第 13027 號函：查鄉鎮市調解條例及其相關法令，尚無規定當事人需提出協同調解人之推薦書，是以協同調解人除應在調解書上簽名外，似無需另提推薦書。

2. 參加調解：所謂參加調解，係指雖非當事人，但與該調解事件具有利害關係之第三人，在進行該調解事件時，得參加調解程序之謂也。

　　參加調解規定之目的，旨在簡化調解之次數，希望可以將與個案有關之其他關係人等予以集中辦理。為期調解能夠一次全部解決相關糾紛，且為避免有利害關係人會遭受到調解不測之損害，亟需邀請與該調解事件具有利害關係之第三人參加調解。茲以消費爭議調解辦法第 14 條[41]規定為例，說明並比較如下：

(1) 參加調解之要件：為避免有利害關係人會遭受到調解不測之損害，消費爭議調解辦法第 14 條第 1 項明定，與調解事件有利害關係之第三人，經調解委員會之許可後，得參加調解程序；而調解委員會亦得逕行通知其參加，以維護有利害關係第三人之權益。鄉鎮市調解條例第 15 條第 1 項、著作權爭議調解辦法第 11 條第 1 項、採購履約爭議調解暨收費規則第 17 條等，亦採相同規定。

① 須為第三人：即非該受理調解事件之當事人，在消費爭議調解時，並不以消費者為限。

② 須與該調解事件有利害關係：所謂利害關係，應由想參加調解之第三人提出必要之釋明，以資佐證。

③ 須經調解委員會之許可：調解委員會對此有審查許可之權限，如果同意，調解委員會並得逕行通知其參加調解程序。

(2) 加入為當事人之要件：消費爭議調解辦法第 14 條第 2 項規定，如果該有利害關係之第三人，經雙方當事人及其本人之同意後，並得加入為當事人，以擴大調解之效力範圍。鄉鎮市調解

---

[41] 消費爭議調解辦法第 14 條：「就調解事件有利害關係之第三人，經調解委員會之許可，得參加調解程序，調解委員會並得依職權通知其參加。（第 1 項）前項有利害關係之第三人，經雙方當事人及其本人之同意，得加入為當事人。（第 2 項）」

條例第 15 條第 2 項、著作權爭議調解辦法第 11 條第 2 項等，亦採相同規定。

① 該第三人須具備參加調解之要件：此為前置要件，調解委員會對此有審查許可之權限。

② 須經雙方當事人及其本人之同意：因係任意調解性質，故必須取得原來雙方當事人及該第三人本人之同意，始可；至何者同意在先，則並無限制。但依公害糾紛處理法第 19 條第 2 項及第 3 項規定，只要經調處委員會之許可，即可加入該調處程序為當事人，不必得到當事人之同意，僅調處委員會為許可時，應斟酌當事人之意見而已，此時該調處似已接近強制調處之性質。

(3) 可以參加調解之當事人範圍：包括下列三類人員。

① 其他消費者：該消費者除了可以自行申請消費爭議調解外，亦可以要求以參加調解之方式辦理。

② 非消費關係之第三人：該第三人因非消費者，雖不可以自行申請消費爭議調解，但可以參加調解之方式爭取其權益。

③ 屬於同一消費關係，但不在調解申請相對人範圍內之企業經營者：該業者能否以第三人名義，參加調解，成為相對人，基於調解旨在疏減訟源目的，解釋上應無任何限制之必要。

3. 調解輔佐人：所謂調解輔佐人，係指在調解進行中，由當事人邀請列席調解委員會，並輔佐當事人從事調解行為之人士。

調解時，當事人如因學識、語言等因素，致無法充分表達其意思，允宜有人加以輔助，以利調解之順利進行，規定當事人得偕同第三人列席調解委員會以輔助其到場陳述，確有其必要性。例如消費爭議調解辦法第 13 條[42]、鄉鎮市調解條例第 14 條、著

---

[42] 消費爭議調解辦法第 13 條：「雙方當事人各得偕同輔佐人一人至三人列席調解委員會。」

作權爭議調解辦法第 10 條等行政調解法規，均予明文規定。茲以消費爭議調解辦法第 13 條規定為例，說明並比較如下：

(1) 輔佐人之要件：輔佐人之基本規定。

  ① 權利主體：行政調解之權利主體為雙方當事人，輔佐人因非當事人，故輔佐人不得代表當事人單獨出席，而僅當事人可以偕同輔佐人列席調解委員會。

  ② 人數：比照前述協同調解規定之理由，每一當事人之輔佐人以一至三人為限。

(2) 補充說明：輔佐人之性質。

  ① 輔佐之立場：輔佐人由當事人自行指定，旨在輔佐其當事人表達意見及爭取應有權益，與該當事人站在同一立場，而非站在中立公正之立場；故與列席協同調解人屬於公正人士或專業人士，站在中立專業立場，列席協助調解委員進行調解不同。

  ② 輔佐之本質：輔佐人僅輔助當事人陳述，無法代理當事人進行調解行為，故輔佐人非屬代理人；另外輔佐人不必具有公正或專業之要件，亦非站在中立之立場，故非屬列席協同調解人。

  ③ 輔佐人之言責：消費爭議調解辦法雖未規定輔佐人之責任，惟可參考民事訴訟法第 77 條規定，對輔佐人所為之陳述，當事人或訴訟代理人不即時撤銷或更正者，視為其所自為，以資約束。

4. 選定當事人：所謂選定當事人，係指當事人之人數過多，選定當事人代表所有當事人實際參與調解之謂也。

  為避免實際參與調解之當事人過多，由於人多口雜，調解不易成立，再加上調解委員會之相關設施之空間有限，對實際參與人數宜加以限制，選定當事人規定有其必要性，故消費爭議調解辦法、公害糾紛處理法等行政調解法規均予明文規定。另外，依

行政程序法第 27 條規定，對於實際到場調解之當事人，得酌作人數限制，惟行政調解與行政程序在本質上仍有不同，因雙方當事人尚非全處在同等地位，故不宜全盤採用。茲以消費爭議調解辦法第 12 條[43]規定為例，說明並比較如下：

(1) 選定當事人之要件：包括

　① 須限為同一消費爭議事件：如非同一消費爭議事件，即應分別調解；公害糾紛處理法則以有共同利益者為限，且對多數有共同利益之公害糾紛當事人，就同一公害原因分別申請調處者，調處委員會得合併進行調處。

　② 須申請人數超過五人以上：申請人數必須超過五人，不包括五人在內；但公害糾紛處理法則無此人數下限之限制，只要是多數人即可。

　③ 須未共同委任代理人：如有共同委任代理人者，因其代理人之人數不會太多，此時即無選定當事人之必要。

　④ 選定當事人之人數：實際參與調解之人數越少，調解可能越容易成立，因此比照協同調解人數之理由，規定得選定一人至三人列席調解委員會；但公害糾紛處理法則無人數上限之規定。

(2) 選定當事人之原因：主要有下列二種。

　① 由當事人自行選定：原則上應經全部當事人之同意選定，始得代表全部當事人；如果部分當事人不同意選定者，選定當事人即無法代表該等不同意之部分當事人。

　② 由調解委員會建議選定：為利調解之進行，如有應選定而未選定當事人，而調解委員會認有礙程序之正常進行者，得定

---

[43] 消費爭議調解辦法第 12 條：「同一消費爭議事件之調解申請人數超過五人以上，未共同委任代理人者，得選定一人至三人出席調解委員會。（第 1 項）未選定當事人，而調解委員會認有礙程序之正常進行者，得定相當期限請其選定。（第 2 項）」

相當期限請其選定，故公害糾紛處理法第 21 條即明定：「調
處委員會認為多數有共同利益之人，以選定當事人進行調處
為當者，得建議或協助當事人為選定。」惟此種建議選定意
見，僅為行政指導性質，主要係因調解具有任意調解之本質，
不得予以任何強制。

(3) 選定當事人之效力：調解因非公權力之執行，並無強制拘束力，
故應視實際情況予以彈性辦理。如有選定當事人及其更換或增
減，應以書面為之，並通知相對人。選定之通知，於送達相對
人後，發生效力。被選定之人，對於撤回調處、達成協議或同
意調處方案，須經選定人以書面特別授權。

① 同意始受拘束：如果不同意者，儘可以不在調解書上簽名，
即不為調解效力之所及；如果同意者，則其在調解書上簽名
後，即應受該調解成立效力之拘束。

② 可分批處理：當事人如無選定意願，雖不可予以強制指定，
惟可採分批方式辦理，俾儘量促成調解成立。

（二）調解進行時應注意之程序

行政調解在進行時，由於調解為任意調解性質，再加上調解案件係
屬當事人私權事件，可能涉及隱私權益，例如調解是否以公開方式行之、
調解委員之態度、調解行為之限制、相關人員之保密義務等，對當事人
之權益影響甚大，為避免產生流弊[44]，並有助於調解成立，行政調解法規
多加以程序上之明文規定。

---

[44] 為加強保障當事人及第三人之隱私和業務祕密，民事訴訟法在修正時特別重
視下列二項原則：（一）明定當事人提出之攻擊或防禦方法，涉及當事人或第
三人隱私、業務祕密時，經兩造當事人合意或經當事人聲請，法院認為適當
者，得不公開審判，以避免當事人或第三人蒙受重大損害。（增訂第 195 條之
1）（二）卷內文書涉及當事人或第三人隱私或業務祕密者，為保護當事人或
該第三人，明定法院得依聲請裁定不准或限制當事人或第三人閱覽、抄錄或
攝影卷內文書。（修正第 242 條）

1. 調解進行之方式：為確保調解當事人權益，使其得於適當處所進行調解，並保障其隱私權，所有行政調解法規均將之納為調解進行之重要規定，主要包括調解進行之處所、程序是否公開及守密義務等。茲以消費爭議調解辦法第 15 條[45]規定為例，說明並比較如下：

   (1) 調解程序不公開原則：調解程序是否公開以及相關人員之守密義務，因事關人民之權利義務事項，原則上應以法令明文定之，故行政調解法規均對此加以規定。惟因調解與裁判不同，由於裁判為可受公評之事件，因此裁判之程序必須公開；而調解則純粹是一種私下解決私人糾紛之方法，因此調解著重在調解能否成立，比較不重視其程序是否公開，其原則如下：

   ① 調解程序以公開為原則：絕大部分調解行政法規，例如消費爭議調解辦法第 15 條第 1 項、鄉鎮市調解條例第 16 條第 1 項、公害糾紛處理法第 23 條、採購履約爭議調解暨收費規則第 13 條第 2 項、積體電路電路布局鑑定暨調解委員會設置辦法第 12 條第 1 項、民事訴訟法第 410 條第 2 項等均規定，調解程序原則上是公開的，其目的在確保程序進行之公正及公平性，以免遭人口實；但調解委員會如認為程序不公開對於當事人較為有利時，調解得不公開。

   ② 調解程序以不公開為例外：調解之程序，如果當事人希望調解不公開，應由當事人向調解委員會提出請求（鄉鎮市調解業務督導辦法第 9 條），或是調解委員會認為公開有妨礙調處之進行並經當事人同意者（公害糾紛處理法第 23 條），調解程序即可不公開。

---

[45] 消費爭議調解辦法第 15 條：「調解程序，於該直轄市、縣（市）政府或其他適當之處所行之，其程序得不公開。（第 1 項）調解委員、列席協同調解人及其他經辦調解事務之人，對於調解事件之內容，除已公開之事項外，應保守祕密。（第 2 項）」本條與消費者保護法第 45 條之 1 規定內容重複，併此敘明。

在此要特別說明的是，行政調解法規對於調解之程序，規定雖然係以公開為原則，以不公開為例外，但在實務運作，調解委員會為期調解順利進行及調解易於成立起見，調解程序反而是以不公開為原則，以公開為例外。

(2) 相關人員之守密義務：調解程序無論是否公開，相關人士均負有守密之義務，僅其程度上有所不同而已，非謂程序公開，即無守密義務之可言。對於調解案件應負守密義務者之範圍，茲以消費爭議調解辦法第 15 條第 2 項規定為例，說明並比較如下：

① 調解委員會相關人員：包括實際參與調解委員及經辦調解事務之人員。由於調解案件，性質上屬於處理私權爭議，並非行使公權力，且參與調解人員依法亦涉有保守祕密之義務，因此，所有行政調解法規對此等人員，均予明文規定應負守密之義務，無一例外。因此，對於調解個案相關資料，除非議會為行使其職權索取，經議會決議通過並正式行文，調解委員會似以不提供為宜[46]。

② 協同調解人員：凡是協助調解之人員，均屬於協同調解人員。包括由調解委員會所邀請列席擔任協同調解人員，因具有準公務員之角色，故依法應負守密義務。至於由當事人自行推舉之協同調解人員，則依鄉鎮市調解條例第 16 條第 2 項、著作權爭議調解辦法第 12 條規定，亦應負守密義務。另外，採購履約爭議調解暨收費規則第 40 條規定，尚及於諮詢委員及學者、專家亦應保守祕密，其範圍最廣。

---

[46]　行政院消保會 89.09.30.台 89 消保法字第 01103 號函解釋，刊於消費者保護法判決函釋彙編〈三〉，行政院消保會編印，頁 689。其內容略以：「消費者保護官處理申訴或調解案件，性質上屬於處理私權爭議，並非行使公權力，其內容僅涉及私權，與議員之施政質詢尚無必然的相關性，且依調解相關規定觀之，參與調解人員亦涉有保守祕密之義務，故若非議會為行使其職權索取相關資料，並經議會決議，似以不提供為宜。」

③ 法院相關人員：由於法院相關人員與行政調解進行並無必要
關聯，解釋上並不在消費爭議調解辦法第 15 條第 2 項規定之
守密範圍內，故均無行政調解法規守密義務規定之適用。至
於依民事訴訟法第 426 條規定之法院調解，法官、書記官因
經辦調解事件，知悉他人職務上、業務上之祕密或其他涉及
個人隱私之事項，亦應保守祕密。但對於依行政調解法規規
定，調解成立之調解書應經送請法院核定之程序，因非係由
法院自行經辦之調解事件，故無民事訴訟法第 426 條規定之
適用，僅能依公務人員任用法課其守密義務而已。

④ 當事人：所謂當事人，解釋上包括其代理人及輔佐人在內，
應否負守密義務，行政調解法規規定並不一致。

　　a. 無須負守密義務者：例如消費爭議調解辦法第 15 條第 2
項、公害糾紛處理法施行細則第 17 條第 2 項、鄉鎮市調
解條例第 16 條第 2 項、採購履約爭議調解暨收費規則第
40 條、縣（市）政府及鄉（鎮、市、區）公所耕地租佃委
員會組織規程第 23 條、民事訴訟法第 426 條等，因均無
明文規定將該等人員納入，故解釋上並無守密義務。

　　b. 須負守密義務者：例如著作權爭議調解辦法第 12 條、勞
資爭議處理法第 23 條、醫療糾紛處理法草案第 15 條、積
體電路電路布局鑑定暨調解委員會設置辦法第 13 條等，
均明文規定參加調解會議之人員均須負守密之義務，由於
當事人及其輔佐人均須參加調解會議，故解釋上均須負守
密之義務。

　　　　筆者認為：當事人在不違反鄉鎮市調解條例第 16
條第 2 項規定之前提下，得請求影印卷宗[47]。在調解程
序進行中，當事人均須全程參與，如不在依法應守密義
務之範圍內，是否妥適，亦值斟酌；為保護雙方當事人

---

[47] 法務部 72.07.18.法 72 律字第 8811 號函。

權益，將來行政調解法規似有修法將其納入並統一規定
之必要。

(3) 守密之範圍：行政調解法規有關守密之範圍規定，主要有下列
二種。

① 負面表列守密範圍：例如消費爭議調解辦法第 15 條第 2 項、
著作權爭議調解辦法第 12 條、鄉鎮市調解條例第 16 條第 2
項、公害糾紛處理法施行細則第 17 條第 2 項、勞資爭議處理
法第 23 條、縣（市）政府及鄉（鎮、市、區）公所耕地租佃
委員會組織規程第 23 條等，均規定對於調解事件，除已公開
者外，應保守祕密，為其守密之範圍。所謂已公開之事項，
係指調解之委員、調解之雙方當事人及調解之期日與調解之
處所等相關程序而言，至於調解之具體內容、及成立或不成
立之理由等，應不屬於已公開事項之範圍，而屬於應守密之
事項。既然是調解程序不公開，調解委員自然可以依法要求
所有參與調解程序進行之人不得錄音或錄影[48]。

② 正面表列守密範圍：例如採購履約爭議調解暨收費規則第 40
條、積體電路電路布局鑑定暨調解委員會設置辦法第 13 條、
民事訴訟法第 426 條，均規定因調解而知悉他人職務上、業
務上之祕密及其他涉及個人隱私之事項，應保守祕密。另外，
醫療糾紛處理法草案第 15 條「對於調解過程及其結果，應予

---

[48] 法務部 91.04.19.法律決字第 0910012138 號函：查鄉鎮市調解條例第 16 條第 2
項規定立法意旨，係因調解事件常涉及他人隱私或其他在會外斡旋不宜公開
之事項，為保全當事人之名譽或其他權益，乃參照民事訴訟法第 426 條之規
定意旨，明定調解委員、列席調解會議人員及經辦調解事務人員有保密義務。
至當事人得否於調解過程全程錄音、錄影或攝影，本條例並未有明定，經徵
詢部分縣（市）政府實務上運作情形，咸認為應經雙方當事人同意，並尊重
調解委員之意思，亦宜探求當事人請求之目的。又鑑於調解過程中，事涉當
事人個人隱私，及調解委員發揮之空間，且調解程序並無可供法院作為證據，
是以，調解過程中當事人請求全程錄音、錄影或攝影，目前似尚屬不宜。惟
相關意見業已錄供本部修訂本條例之參考。

　　保密」之規定，可能係因醫療糾紛希望不要公開之特性，以
　　免他人效尤，故其守密範圍最廣。

(4) 可以公開之例外：即使公開並不違反守密義務，主要有下列二
　　種情形：

① 依法令行使職權者：基於偵查不公開之原則，對於偵查中之
　　個別案件，除依法令或為維護公共利益或保護合法權益有必
　　要者外，原則上不得公開。依消費者保護法及其相關規定，
　　為保護消費者權益，促進消費安全、提昇消費品質所賦予消
　　費者保護官行使職權之依據，與刑事訴訟法第 245 條第 1 項
　　偵查不公開之原則，並無衝突，尚無排除上偵查不公開原則
　　適用之規定。因此，對於火災鑑定報告書，是否可以要求消
　　防機關提供問題，行政院消保會函釋[49]認為，如已涉及刑事

---

[49] 行政院消保會 90.09.24.台 90 消保法字第 01056 號函釋，（該函主要係參考法
務部 90.07.25.法 90 檢字第 011801 號函辦理），刊於消費者保護法判決函釋彙
編〈四〉，行政院消保會編印，頁 635。其內容略以：「一、按刑事訴訟法第
245 條旨在防止洩露偵查秘密，以避免偵查中之證據有遭受湮滅、偽造、變造
或有勾串共犯或證人或妨害他人名譽之虞，並保護訴訟當事人之隱私。故除
依法令或為維護公共利益或保護合法權益有必要者外，不得公開揭露偵查中
因執行職務知悉之事項。上開消費者保護法第 39 條、消費者保護官任用及職
掌辦法第 4 條第 3 款以及消費者保護官執行職務應行注意事項第 14 點等相關
法令，係為保護消費者權益，促進消費安全、提昇消費品質所賦予消費者保
護官行使職權之依據，與刑事訴訟法第 245 條第 1 項偵查不公開之原則，並
無衝突，尚無排除上偵查不公開原則適用之規定。二、次按行政機關持有及
保管資訊，固以公開為原則，限制為例外；惟關於行政資訊公開或提供有礙
犯罪之偵查、追訴、執行或足以妨害刑事被告受公正之裁判或有危害他人生
命、身體、自由、財產者，應限制公開或提供，為行政程序法第 44 條及行政
資訊公開辦法第 5 條第 1 項第 2 款所明定。依消費者保護官執行職務應行注
意事項第 14 點規定，消費者保護官執行職務，得請主管機關提供相關資料。
是消費者保護官請求調閱火災鑑定報告書一事，如係基於執行職務所需，自
屬權責範圍之內。惟火災鑑定報告書，如已涉及刑事案件之偵查，提供後是
否將違反偵查不公開一節，宜由負責偵查之檢察官或司法警察機關，依具體
個案認定之。」

案件之偵查,提供後是否將違反偵查不公開一節,宜由負責偵查之檢察官或司法警察機關,依具體個案認定之;法務部更進一步加以函釋[50]補充:至於提供資料究有無違反偵查不公開部分,如火災事件涉及刑案,已進入偵查階段,消防局自可聯繫請示承辦檢察官,在不妨害案件偵辦之情形下,似可請調解委員會具體敘明欲瞭解之內容,以節本、函文或其他適當方式答覆,而不宜全部拒絕提供。

② 利害關係人:對於鄉鎮市調解委員會調解成立之事件,其有關資料,依法務部函釋[51]:除兩造當事人外,第三人非具有法律上之利害關係,並經當事人同意及調解委員會許可,尚不得申請借閱或影印。

③ 學術研究者:對於國內外學術機構或個人從事鄉鎮市調解功能之研究,依法務部函釋[52]:如不涉及具體個案,在不違反

---

[50] 法務部 91.10.15.法律字第 0910035503 號函:一、按行政資訊公開辦法訂定之目的係為滿足人民知的權利及保障民眾權益,其適用對象依該辦法第 9 條規定:「中華民國國民及依法在中華民國設有事務所、營業所之本國法人、團體,得依本辦法規定請求行政機關提供行政資訊。」本件調解委員會並非上開規定適用對象,自無行政資訊公開辦法適用之問題。二、查鄉鎮市調解條例第 18 條第 1 項之立法意旨為調解委員主要在於勸導雙方讓步,以期達成協議,有關認定事實及調查證據,於鄉鎮市調解程序中,雖不必過於強調,惟如對事實不明瞭,亦無從擬定調解方案,亦不能否認調解委員進行調解時須審究事實真相,故規定「並得為必要之調查」。再者,第 2 項所定商請協助的範圍與第 1 項有關,但比較廣泛,不僅包括在調查證據時可邀請有關機關加以協助,其他依該條例處理之調解事項亦得請有關機關協助。是以,本件調解委員會自得商請消防機關為必要之協助。三、另按刑事訴訟法第 245 條第 1 項規定,偵查,不公開之。至於提供資料究有無違反偵查不公開部分,如火災事件涉及刑案,已進入偵查階段,消防局自可聯繫請示承辦檢察官,在不妨害案件偵辦之情形下,似可請調解委員會具體敘明欲瞭解之內容,以節本、函文或其他適當方式答覆,而不宜全部拒絕提供。

[51] 法務部 75.05.10.法 75 律字第 5593 號函。

[52] 法務部 76.08.11.法 76 律字第 9417 號函。

保密義務之範圍內，地方政府得衡酌事實需要自行決定，適度提供關於調解之資料。

2. 調解進行之原則：辦理調解時，雖應儘量使其調解成立，惟調解在進行時，仍應力求公平合理，俾兼顧調解兩造當事人雙方之權益。調解委員就調解之爭議事件，應站在中立立場，積極主動進行調解，並善用相關資源，儘量促成調解之成立。簡言之，調解委員進行調解時，應有一定之行為程序規範。

(1) 審查案件之原則：調解委員在調解前，須先審究事實之真相及雙方當事人爭議之所在，才有辦法進行調解；此為最關鍵之所在，故行政調解法規均予以明定。至於調解委員就調解事件進行審查瞭解後，才能酌擬公正合理辦法，力謀雙方之協和，以促成調解之成立；此為審查之當然後續行為，無需明文規定。另外，調解委員會如有必要，得商請有關機關協助，藉以解決相關專業或證據問題，當能更有效促成調解之成立，在行政調解法規上似應加以明定為宜。茲以消費爭議調解辦法第 23 條[53]規定為例，說明並比較如下：

① 調解應審究爭議所在：所有行政調解法規均規定，調解委員在進行調解前，應先審究事實真相及雙方當事人爭議之所在，俾據以酌擬公正合理辦法，以促成調解之成立。經參考鄉鎮市調解條例第 18 條第 1 項、公害糾紛處理法施行細則第 19 條、第 20 條及第 25 條、採購履約爭議調解暨收費規則第 16 條及第 18 條、醫療糾紛處理法草案第 16 條、民事訴訟法第 413 條等規定，歸納出主要之方式有下列三種情形，即使消費爭議調解辦法第 23 條對此並未詳細規定，惟在解釋上仍可參考辦理：

---

[53] 消費爭議調解辦法第 23 條：「調解應審究事實真相及雙方當事人爭議之所在。（第 1 項）調解委員會依本辦法處理調解事件，得商請有關機關協助。（第 2 項）」

　　　a. 書面審查：調解委員在進行調解前，應先蒐集相關資料進行書面審查，審究事實真相及雙方當事人爭議之所在，俾據以酌擬公正合理辦法。

　　　b. 聽取意見：如需進一步瞭解，可以聽取當事人之意見，詢問證人或鑑定人，或取得當事人、鑑定人及證人之書面意見。

　　　c. 必要調查：如有必要，並可實地察看現場或調解標的物之狀況，或進行勘驗或鑑定，不受當事人提出之證據及請求調查證據之拘束。至於在調解進行時，如有當事人提出應行勘驗或鑑定者，因勘驗或鑑定均需另請其他專業人員或專業機構辦理，均非調解委員會之行政費用，故應由當事人核實開支[54]。

　　② 商請有關機關協助：為期調解能夠成立，調解委員會應善用相關資源，如有需要專業協助時，調解委員會除得邀請列席協同調解人外，並得商請有關機關協助。對於調解委員會因進行調解之必要請求協助事項，如調閱鑑定書、企業經營者之經營資料等，其他相關機關非有法令上之正當理由（例如偵查不公開），否則不得拒絕。

(2) 進行調解之原則：調解程序由調解委員指揮進行，是否能夠調解成立，調解委員實居於關鍵角色，其重要性不言可喻。因此，許多行政調解法規，例如鄉鎮市調解條例第 19 條、著作權爭議調解辦法第 13 條、積體電路電路布局鑑定暨調解委員會設置辦法第 14 條、採購履約爭議調解暨收費規則第 19 條、醫療糾紛處理法草案第 18 條、公害糾紛處理法第 26 條等，均將調解委員進行調解時之態度及行為等應遵守之原則予以納入規定，以資規範，筆者並將之歸納為下列三點予以說明。惟消費爭議調解辦法認為此乃當然之理，故未予明定，將來似有增訂之必要。

---

[54] 請見前述第二章「行政調解在制度設計上之比較」。

　① 懇切之態度：調解委員進行調解時，應本和平、懇切之態度，讓雙方當事人均易於接受調解委員之調解意見，如此當可以有效促成調解之成立。

　② 適當之勸導：調解委員進行調解時，應詢明當事人兩造之意見，並徵詢列席協同調解人之意見，以示對當事人之尊重，如此對當事人兩造為適當之勸導時，其意見亦較易被接受。

　③ 酌擬公正合理辦法：調解委員進行調解時，除了聽取及詢明當事人兩造之意見，及就實際情況及爭議重點加以調解外，更可以酌擬公正合理辦法，力謀雙方之協和，促成調解之成立。

(3) 當事人陳述之效力：為避免當事人以調解中之陳述或讓步，作為將來訴訟之依據，導致當事人不敢全力配合調解，形成調解成立之障礙，因此，許多行政調解法規，如採購履約爭議調解暨收費規則第 29 條、醫療糾紛處理法草案第 17 條、民事訴訟法第 422 條等均明文規定，在調解程序中，調解委員所為之勸導及當事人所為之陳述或讓步，於調解不成立後提起仲裁或訴訟者，不得採為判斷或裁判之基礎，希望藉此有效促成調解之成立。惟消費爭議調解辦法對此未予明定，顯係疏漏，筆者認為將來實有增訂之必要。

(4) 調解行為之限制：調解委員進行調解時，依法不得為下列行為。

　① 處罰：處罰屬於一種行政處分，依法應有法令為其依據，否則不得為之。行政調解法規，均因調解屬於任意調解，而無所謂處罰之規定，反而是鄉鎮市調解條例第 19 條第 2 項明定：「調解事件，對於當事人不得為任何處罰。」更能彰顯任意調解之本質。

　② 行政監督：調解原則上應與屬於公權力性質之行政監督分開處理。以消費爭議調解為例，調解委員在調解進行中，對於不合作之當事人，尤其是企業經營者，如認為其行為可能危

　　　　害其他消費者之虞者，可另依消費者保護法及相關法令規定
　　　　行使行政監督權限，但不得在調解個案中為之。

　③ 違法調解：調解委員進行調解時不得為之行為，包括處罰當
　　　事人、發動個別行政監督及違法調解等，其中違法調解因具
　　　有犯罪行為性質，對當事人權益影響最大，故行政調解法規
　　　有特予明文規定之必要。調解為任意調解，兩造當事人如無
　　　意願接受調解之結果，調解委員會不得使其強制成立，即不
　　　得為強制調解，否則即屬違法調解；同時對於調解委員或列
　　　席協同調解之人，如有以強暴、脅迫或詐術進行調解，阻止
　　　起訴或其他涉嫌犯罪之行為，當事人得依法訴究。有關違法
　　　調解內容，茲以消費爭議調解辦法第 25 條[55]規定為例，說明
　　　並比較如下：

　　a. 違法調解之模式：本質上屬於犯罪行為，其模式包括以強
　　　　暴、脅迫或詐術進行調解；以強暴、脅迫或詐術阻止起訴；
　　　　以及其他涉嫌犯罪之行為。

　　b. 規範之對象：消費爭議調解辦法之規定，僅以具有公務員
　　　　角色之人員為規範對象，包括調解委員、列席協同調解人
　　　　在內，俾避免彼等人員濫用公權力，但不包括當事人及其
　　　　代理人、輔佐人，其適用範圍較狹。實不如公害糾紛處理
　　　　法施行細則第 18 條規定「調處進行中在場之人」，均適用
　　　　之；及醫療糾紛處理法草案第 21 條規定「調解過程中」
　　　　發生此種行為均適用，來得周延。

　　c. 犯罪之訴究：調解之進行屬於一種行政指導行為，不得有
　　　　任何違法之行為，否則當事人即得依法訴究其犯罪行為。

　　d. 違法之補救：因違法調解所成立之調解，當事人可依法定
　　　　程序向法院提起撤銷之。

---

[55] 消費爭議調解辦法第 25 條：「調解委員或列席協同調解人，不得以強暴、脅
　　迫或詐術進行調解，阻止起訴或其他涉嫌犯罪之行為。」

（三）調解進行結果應經之程序

　　所謂調解進行結果應經之程序，係指爭議事件在調解委員會進行調解時，如果雙方當事人都願意相互讓步，並能夠達成合意的情形者，調解即可成立。調解成立時，即應依法製作調解書；調解不成立時，原則上依申請發給調解不成立證明書。

1. 調解成立時：應製作調解書。所有行政調解法規均規定，調解成立時，應製作調解書，且該調解書不宜以影印方法製作，消費爭議調解亦不能例外。消費爭議事件經調解成立者，依照消保法第46條規定，應作成調解書。至於調解書之應記載事項，茲以消費爭議調解辦法第26條[56]規定為例，說明並比較如下：

   (1) 一般調解書之應載內容：依一般程序調解成立，其調解書應記載下列內容，並應由當事人及出席調解委員簽名、蓋章或按指印；惟著作權爭議調解辦法第14條規定，除當事人或其代理人、調解委員外，尚及於有關列席人員均須簽名或蓋章。另外，依司法院函釋[57]：調解書僅由出席調解委員簽名蓋章即可，至於該委員會主席是否簽名蓋章，並不影響調解之成立。

   ① 人：與調解有關之相關人等之基本資料。

   　a. 當事人或其法定代理人、參加調解之利害關係人：在調解書上簽名，即為調解成立效力所及之對象。另外，著作權爭議調解辦法第14條、公害糾紛處理法第29條、醫療糾

---

[56] 消費爭議調解辦法第26條：「調解成立時，調解委員會應作成調解書，記載下列事項，並由當事人及出席調解委員簽名、蓋章或按指印：一、當事人或其法定代理人之姓名、性別、出生年月日、住（居）所。如有參加調解之利害關係人時，其姓名、性別、出生年月日、住（居）所。二、出席調解委員及列席協同調解人之姓名。三、調解事由。四、調解成立之內容。五、調解成立之場所。六、調解成立之年、月、日。（第1項）依本法第45條之3第2項或第45條之5規定視為成立調解者，其調解書無需當事人簽名、蓋章或按指印，但應記載當事人未於法定期間提出異議或提出異議又無正當理由不到場之事由。（第2項）」

[57] 司法院76.06.24.76祕台廳（一）字第01461號函。

紛處理法草案第 22 條、積體電路電路布局鑑定暨調解委員會設置辦法第 15 條等，均將委任代理人亦納入記載，規定較為周延。

b. 出席調解委員及列席協同調解人：在調解書上簽名，即為調解守密義務之對象。另外，著作權爭議調解辦法第 14 條將「列席調解會議者」亦納入記載，其範圍最廣。

② 事：調解事由，俾作為將來「一事不再理」認定之範圍。

③ 時：調解成立之年、月、日，作為調解成立之日期判定依據。

④ 地：調解成立之場所。

⑤ 物：調解書，上面記載調解成立之內容，俾作為將來作為強制執行之標的。

(2) 特別調解書之應載內容：依特別程序（詳見後述）調解成立，其調解書應記載下列內容，並僅由出席調解委員簽名、蓋章或按指印即可。另外，公害糾紛處理法第 29 條亦採同樣規定。

① 一般內容：與前述一般程序調解書相同之內容。

② 特別內容：由於依消費者保護法第 45 條之 3 第 2 項及第 45 條之 5 規定視為調解成立，與一般調解成立之情形不同，故其調解書另應載明該視為調解成立之具體事由，但無需當事人於調解書簽名、蓋章或按指印。

(3) 其他：調解成立時，尚須注意下列事項：

① 多數當事人：調解事件如有多數申請人或多數相對人時，該等人員均應於調解書上簽名或蓋章，否則不為調解成立效力之所及。

② 製作時間：調解書不限於當場製作，調解成立之調解書，亦不必於調解成立當場簽名或蓋章。因簽名或蓋章僅屬一種形式上之認證方式，因此，即使是嗣後再簽名或蓋章亦無不可；但其日期則應注意配合實際情形予以填註。

③ 份數：調解書應依當事人之人數製作，當事人每人均應發給一份，俾作為將來執行之依據。

2. 調解不成立時：依申請發給調解不成立證明書。調解後，對於調解不成立案件，調解委員除應作成調解筆錄外，消費爭議調解辦法第 27 條及鄉鎮市調解條例第 27 條均規定，調解委員會尚得因當事人之申請，發給調解不成立證明書；而醫療糾紛處理法草案第 27 條則因醫療糾紛之調解係屬訴訟之前置程序，故規定由調解委員會依職權發給當事人調解不成立證明書。另外，公害糾紛處理法施行細則第 25 條對於調解不成立案件，規定係採依職權作成調處不成立之通知，送達當事人方式辦理。茲以消費爭議調解辦法第 27 條[58]規定為例，說明並比較如下：

   (1) 採申請主義：調解不成立證明書，除了採調解為訴訟前置程序之行政調解（如醫療糾紛調解），可作為已完成起訴要件之證明外，原則上並無任何法定效力，為避免浪費資源，故規定須經當事人提出申請，調解委員會始發給調解不成立之證明書。惟如係調解當事人一造行方不明，未受合法送達，無法進行調解程序，應不得發給調解不成立證明書。

   (2) 發給期限：經當事人申請後七日內，調解委員會應發給調解不成立之證明書，惟該七日期限為一訓示規定。

   (3) 調解不成立之效力：調解不成立，原則上對現狀並未產生任何影響。其效力可參考民事訴訟法第 422 條規定，調解程序中，調解委員所為之勸導及當事人所為之陳述或讓步，於調解不成立後之本案訴訟，不得採為裁判之基礎。至於調解案件調解不成立時，是否起訴亦應由當事人依民事訴訟法規定為之，調解委員會不宜也不能將之移送法院。

3. 調解之文書：調解應使用一定之文書，此之文書包括筆錄在內，並應妥為保存，以供查考。

---

[58] 消費爭議調解辦法第 27 條：「調解不成立者，當事人得申請調解委員會發給調解不成立之證明書。（第 1 項）前項證明書，應於申請後七日內發給之。（第 2 項）」

(1) 調解文書及筆錄之製作：調解進行後，應製作筆錄及相關文書，消費爭議調解辦法對此並未明定，爰參考其他行政調解法規說明如下：

① 調解文書之格式：目前僅採購履約爭議調解暨收費規則第 42 條明定「其有關書表格式，由主管機關定之」，可供該調解委員會據以辦理。消費爭議調解辦法對此並未明定，目前係由行政院消保會參考鄉鎮市調解之文書格式予以訂定辦理。

② 調解筆錄之製作：目前僅採購履約爭議調解暨收費規則第 21 條、縣（市）政府及鄉（鎮、市、區）公所耕地租佃委員會組織規程第 14 條、民事訴訟法第 421 條等，對於調解案件，明文規定應製作調解筆錄，其他行政調解法規雖然法規並未明定，惟實務上均有製作調解筆錄。至於調解筆錄之應記載內容，包括記載調解成立、不成立、調解方案及期日之延展暨附記事項。即使是對於調解不成立案件，按目前調解委員會處理調解業務程序，仍應作成調解筆錄。

(2) 調解卷宗之保存：行政調解法規對此之規定主要有下列二點：

① 編訂卷宗：依檔案法規定，應每一文號編訂卷宗；調解事件之文書，應就每一事件編訂卷宗。目前僅採購履約爭議調解暨收費規則第 6 條予以明定，其他行政調解法規雖均未予規定，惟大多以檔案法為其處理依據。另外，調解委員會調解筆錄及調解書均已有同意接受調解之記載，其已成立之案件，無須另取得當事人之同意附卷。

② 保存期限：有關消費爭議調解事件卷宗之保存期限，消費者保護法及其相關法規並未明文規定，似可準用鄉鎮市（區）民刑事調解事件卷宗保存期限。其有關規定辦理如下：

a. 調解成立經法院核定者，自法院核定之日起，法院不予核定者，自法院通知不予核定之日起，不動產事件為二十年，其他事件為十五年。

b. 調解不成立者，自不成立之日起三年。

c. 調解之聲請因不合法而被駁回者，自調解委員會決議駁回其聲請之日起三年。

d. 撤回調解之聲請者，自調解委員會收到撤回書或製作撤回筆錄之日起三年。

二、調解進行特別程序之比較

除了上述調解進行一般程序之外，有些行政調解法規，例如公害糾紛處理法第 27 條、政府採購法第 85 條之 4、消費者保護法第 45 條之 2 至之 5 等，均參考民事訴訟法第 417 條規定，尚有調解進行特別程序之規定。筆者認為：既稱調解，依調解之本質，即應屬任意調解，並無所謂強制調解存在之空間，除非修改或捨棄「調解」用語。雖然有人稱此為準強制調解之規定，惟事實上在調解進行中，只要當事人有異議，調解即無法成立，因此調解進行之特別程序規定，並非準強制調解之規定，而應正名為調解進行特別程序規定，以與上述調解進行一般程序有所區隔。

調解進行之特別程序，其立法目的旨在減少調解進行一般程序所造成調解不成立之比例，希望藉助調解進行特別程序，使其增加調解成立之機會，促使調解委員會得以發揮更大之功能。茲以消費爭議調解進行之特別程序為例，依據消費者保護法規定，可將此特別程序歸納為下列「不能合意但已甚接近之特別調解」、「小額消費爭議未到場之特別調解」等兩種情形，予以說明分析及討論比較。

（一）不能合意但已甚接近之調解進行特別程序

調解屬於任意調解性質，一定要得到雙方合意，調解才能成立；但是在調解中，就調解方案之內容有時當事人及參加調解之利害關係人一下子拿不定主意，如果遇到有一方不合意，而雙方意見已甚接近時，經

參酌民事訴訟法第 417 條規定，宜有特別程序使其調解儘量可以成立，以有效疏減訟源，此即一些行政調解法規規定調解進行特別程序存在之目的。此種特別程序與一般程序不同，基於依法行政原則，應有法律為其辦理之依據，否則即不生法定效力。目前除了消費者保護法外，尚有政府採購法第 85 條之 4、醫療糾紛處理法草案第 20 條、公害糾紛處理法第 27 條、勞資爭議處理法第 17 條、民事訴訟法第 417 條、行政機關介入私權爭議作業須知草案第 7 條等，亦均予以明文規定。對於雙方不能合意但已甚接近時，調解進行之處理程序如下：

1. 研提解決方案：調解事件雙方當事人既然不能合意，本應調解不成立；然因雙方意見已甚接近，調解甚有成立之可能，此時應由調解委員或調解委員會站在中立之立場，不待申請即可依職權研擬公正合理辦法之解決方案，分送兩造當事人表示意見，如果雙方均無異議，調解即可視為依該解決方案內容成立。茲以消費爭議調解辦法第 16 條[59]規定為例，說明並比較如下：

   (1) 解決方案應進行之程序：消費爭議調解之特別程序係依據消費者保護法第 45 條之 2 第 1 項規定辦理，其應進行之程序，依序分別為：

   ① 研擬方案：由調解委員先行研擬解決方案。調解委員在研擬時，得斟酌一切情形，並求當事人利益之平衡，於不違反當事人主要意思範圍內，提出解決方案。至於調解方案之研擬主體，行政調解法規規定並不一致，主要有由調解委員研擬

---

[59] 消費爭議調解辦法第 16 條：「關於消費爭議之調解，當事人不能合意但已甚接近，調解委員依本法第 45 條之 2 第 1 項規定提出解決方案時，應將其意旨及內容記明或附於調解筆錄，並應於取得參與調解委員過半數簽名同意後，作成解決方案書，送達雙方當事人。（第 1 項）前項解決方案書應記載下列事項：一、解決方案之內容。二、提出異議之法定期間。三、提出異議，應以書面為之。但親自至調解委員會以言詞提出異議者，應在調解委員會作成之紀錄上簽名或蓋章。四、異議之提出，以掛號郵寄方式向調解委員會提出者，以交郵當日之郵戳為準。五、未於法定期間提出異議之法律效果。」

（如消費爭議調解辦法第 16 條、醫療糾紛處理法草案第 20 條等採之）及由調解委員會研擬（如公害糾紛處理法第 27 條、勞資爭議處理法第 17 條、政府採購法第 85 條之 4、行政機關介入私權爭議作業須知草案第 7 條、民事訴訟法第 417 條等採之）等兩種類型。

② 記明筆錄：調解委員應將解決方案之意旨及內容，記明於調解筆錄或附於調解筆錄，以資佐證。

③ 取得其他調解委員同意：負責研擬之調解委員，應將該解決方案送請下列參與調解委員審閱，並取得參與調解委員過半數在調解筆錄上之簽名同意。

a. 獨任之調解委員：只要該調解委員之簽名同意即可。

b. 多數之調解委員：應取得參與調解委員之過半數簽名同意。例如公害糾紛處理法第 27 條規定應「經全體委員過半數之同意」，作成調處方案。

④ 作成方案書：調解委員應將解決方案作成解決方案書，方案書上並記載法定之必要記載事項。

⑤ 送達當事人：調解委員應準用民事訴訟法有關送達之規定，將解決方案書送達雙方當事人，如有參加調解之利害關係人，亦應通知之。

(2) 解決方案書之內容：解決方案書，依據消費者保護法第 45 條之 2 第 2 項規定，並參考行政程序法第 35 條及第 49 條規定，其內容應記載下列事項：

① 解決方案之內容：包括當事人、調解事由、調解機關、調解內容與研提方案之理由及依據等，均應載入成為內容。

② 異議之期間及效力：為期法律關係早日確定，行政調解法規對於該異議，宜有一定期間及於該期間內異議或未異議法定效果之規定。至於期間之計算，可參考民事訴訟法第 161 條「期間之計算，依民法之規定」規定辦理。

a. 法定期間：自解決方案書送達後十日之不變期間內為之，始期係採到達主義；至有關期間之計算，應依民法之規定。消費爭議調解辦法第 17 條、醫療糾紛處理法草案第 20 條第 1 項、政府採購法第 85 條之 4 第 2 項、行政機關介入私權爭議作業須知草案第 8 條第 1 項、民事訴訟法第 418 條等，均採同樣規定。另外，勞資爭議處理法第 17 條：「勞資爭議調解委員會之調解方案，經爭議當事人雙方同意在調解紀錄簽名者，調解為成立。」並無法定不變期間規定，及公害糾紛處理法第 27 條第 1 項「定四十五日以下期間勸導雙方當事人同意；必要時，並得再延長四十五日」則定有較長之法定期間規定，似屬因應其調解業務之特殊性所為之必要規定，併此敘明。

b. 未異議之效果：當事人在法定期間內未異議或逾期異議者，均將視為依該方案調解成立，詳見下述未異議之處理程序。

③ 異議之方式：主要有下列二種方式。

a. 原則：應以書面為之，俾期審慎。該異議之書面，如以掛號郵寄方式提出者，參考行政程序法第 49 條規定，以交郵日之郵戳為準。換句話說，終期係採發信主義。

b. 例外：當事人如係以親至調解委員會以言詞提出異議者，則屬例外情形，參考行政程序法第 35 條規定，亦無不可，但應在紀錄上簽名或蓋章，以資證明。

(3) 送達方式：公示送達亦可。本條未如後述小額消費爭議之解決方案有不適用公示送達之規定，主要是雙方當事人均已到場進行調解，多少瞭解對方之需求，且雙方雖未合意但已甚接近，解決方案之內容與雙方之意見應該差距不大，即使以公示送達方式為之，對其影響亦甚有限，應不致讓人有輕重失衡的感覺。

2. 未異議之處理程序：不為異議，屬於沉默，原則上本來不具表示的意義。然法律在一定前提下得規定沉默為一定內容之表示方式。行政調解法規，例如消費爭議調解辦法第 17 條、政府採購法第 85 條之 4 第 3 項、行政機關介入私權爭議作業須知草案第 8 條第 2 項、民事訴訟法第 418 條等，多規定雙方當事人未於法定異議期間內為異議者，視為依該調解方案調解成立。茲以消費爭議調解辦法第 17 條[60]規定為例，說明並比較如下：

(1) 確認是否符合法定要件：必須符合法定要件，才可視為調解成立。

(2) 製作調解書：方案僅為調解成立之重要內容及依據，並非調解書，故視為調解成立時，仍應依方案製作調解書。

(3) 送法院核定：調解書須送請法院審核，並經法院核定後，始具有與法院確定判決同一之效力。因此，調解委員會應將方案作成調解書，並敘明理由後併同原卷遞送法院核定。至於所謂敘明理由，係指調解委員會僅需說明為何可以調解成立之法定依據之理由，即可。

3. 異議之通知程序：行政調解法規，例如消費爭議調解辦法第 18 條、公害糾紛處理法第 27 條第 2 項、醫療糾紛處理法草案第 20 條第 2 項、政府採購法第 85 條之 4 第 3 項、行政機關介入私權爭議作業須知草案第 8 條第 2 項、民事訴訟法第 418 條等，多規定雙方當事人於法定異議期間內為異議者，視為調解不成立。另外，公害糾紛處理法第 27 條、醫療糾紛處理法草案第 20 條等，雖未明定視為調解不成立，惟可以未異議視為成立規定之反面解釋，為其處理依據。茲以消費爭議調解辦法第 18 條[61]規定為例，並說明比較如下：

---

[60] 消費爭議調解辦法第 17 條：「當事人於前條解決方案書送達後，未於十日之不變期間內提出異議，視為已依該方案成立調解時，調解委員會應將方案作成調解書，並敘明理由後併同原卷遞送法院核定。」

[61] 消費爭議調解辦法第 18 條：「當事人於前條異議期間提出異議，視為調解不

(1) 確認是否符合法定要件：必須符合法定要件，才可視為調解不成立。

(2) 調解不成立：在當事人依法提出異議後，即應依法視為調解不成立。當事人提出之異議，只要能充分表達其不同意之意旨即可，無須敘明理由；另為確保任意調解之原則，調解委員對於該異議不得再有任何意見。

(3) 通知他方當事人：調解不成立，因提出異議之當事人已經明白異議之效果，故不必再行通知；因此，調解委員會只須敘明由於當事人已提出異議，依法調解不成立之法定依據，作為理由通知他方當事人即可。

(4) 部分同意部分異議之處理原則：消費爭議調解辦法及許多行政調解法規，對此均未規定，實務上之處理模式主要有下列二種情形：

① 以人數多寡作為判定標準：例如公害糾紛處理法第 27 條第 3 項：「多數具有共同利益之一造當事人，其中一人或數人於第一項所定期間內為不同意之表示者，該調處方案對之失其效力，對其他當事人，視為調處成立。但為不同意表示當事人之人數超過該造全體當事人人數之半數時，視為調處不成立。」規定，屬之。

② 以案件性質作為判定標準：例如行政機關介入私權爭議作業須知草案第 8 條第 2 項[62]：「無當事人或參加調解之利害關係

成立時，調解委員會應敘明理由，通知他方當事人。」

[62] 本項之立法理由為：……按調解為需要當事人及參加調解之利害關係人全體獲得協議始能成立之法律行為。所以，只要當事人及參加調解之利害關係人中有一人對於前條之方案有異議，其調解即不能成立。爰為第 2、3 項之規定。四、有疑問者為，一造中之未異議者如有積極同意前條之方案時應當怎麼辦？此為共同爭議之合一確定的問題。按在私權爭議案件，作為爭議標的之權利或義務，為數人所共同，或本於同一之事實上及法上原因者，該數人得為共同爭議人，一同參與調解【參照民事訴訟法第 53 條第 1 項第 1、2 款】。在這種情形，如有一部分人不同意調解方案，應依其共同爭議是否必須合一確定處理之。不必須合一確定者，其調解得分別成立或不成立；必須合一確定者，

人於前項期間內提出異議者,視為已依該方案成立調解。有一造當事人或參加調解之利害關係人中之一部分人於前項期間內提出異議,而其共同爭議必須合一確定者,其調解應一體視為不成立。其共同爭議不必須合一確定者,對於不異議者,視為已依該方案成立調解;對於異議者,視為調解不成立。」規定,屬之。

(二)小額消費爭議未到場之特別調解程序

調解原則上應尊重當事人意思,調解委員會不得強制調解,故屬任意調解之一種。包括調解須經當事人同意、調解須經當事人到場、調解不得處罰當事人等三種情形在內,其中要以當事人到場最為重要,因為當事人如果不到場,調解即無法進行下去。因此,調解委員會決定調解期日,合法通知當事人或代理人到場,如果當事人無正當理由不到場者,除認為有成立調解之望者,得另定調解期日外,否則僅能依調解不成立情形辦理,並無強制當事人到場調解之拘束力,自不宜規定課以罰款或訂定罰則[63]。

1. 調解不到場之一般處理程序:原則上依調解不成立情形辦理。

當事人原則上應於調解期日到場進行調解,如果當事人不到場,大部分行政調解法規均以調解不成立情形辦理,茲以消費爭議調解辦法第 19 條[64]規定為例,說明並比較如下:

其調解應一體成立,否者一體不成立。蓋爭議標的對於共同爭議之各人,不必須合一確定者,為「通常共同爭議」。在其「共同爭議中,一人之行為或他造對於共同爭議人中一人之行為及關於其一人所生之事項,除別有規定外,其利害不及於他共同爭議人【參照民事訴訟法第 55 條】。爭議標的對於共同爭之各人,必須合一確定者,為「必要共同爭議」。在其共同爭議中,「一、共同爭議人中一人之行為,有利益於共同爭議人者,其效力及於全體;不利益者,對於全體不生效力。二、他造對於共同爭議人中一人之行為,其效力及於全體。三、共同爭議人中之一人生有爭議當然停止或裁定停止之原因者,其當停止或裁定停止之效力及於全體【參照民事訴訟法第 56 條第 1 項】。」

63 法務部 88 年 12 月 8 日 88 法律決字第 045957 號函。

64 消費爭議調解辦法第 19 條:「當事人無正當理由,於調解期日不到場者,除

(1) 處理模式：對於當事人於調解期日不到場者，其規定之處理模式為：

① 原則：基於任意調解之原則，當事人無正當理由於調解期日不到場，似即可推定當事人並無意願參加調解，故原則上應朝調解不成立之方向辦理。由於調解為任意調解，除非法律有特別規定[65]，否則不得因當事人一方不同意、不到場或不讓步，而予以任何的處罰。

② 例外：當事人如無正當理由，於調解期日不到場者，應無成立調解之意願，為免程序延滯，徒費事功，故原則上可視為調解不成立。但如調解委員認為有成立調解之望者，不妨另定調解期日，給予成立調解之機會，則屬例外。至於另定期日之次數，則並無限制，賦予調解委員會彈性運用。

(2) 檢討比較：行政調解，原則上應由當事人於調解期日到場進行調解，如果當事人無正當理由屆時不到場，即可推定當事人並無調解意願，因此多數行政調解法規，例如消費爭議調解辦法第 19 條、鄉鎮市調解條例第 17 條、採購履約爭議調解暨收費規則第 20 條、醫療糾紛處理法草案第 19 條、民事訴訟法第 420 條等，即明定當事人無正當理由，於調解期日不到場者，視為調解不成立；但調解委員會認為有成立調解之望者，得另定調解期日。其中並以醫療糾紛處理法草案第 19 條：「聲請調解之當事人無正當理由，未於調解期日到場進行調解者，視為撤回調解之聲請；他方當事人無正當理由，未於調解期日到場進行調解者，視為調解不成立。但到場之一方，聲請另定調解期日者，從其聲請。」規定最為周延詳細。

本法第 45 條之 4 所定小額消費爭議之情形外，視為調解不成立。但調解委員會認為有成立調解之望者，得另定調解期日。」

[65] 民事訴訟法第 409 條：「當事人無正當理由不於調解期日到場者，法院得以裁定處新臺幣三千元以下之罰鍰；其有代理人到場而本人無正當理由不從前條之命者亦同。（第 1 項）前項裁定得為抗告，抗告中應停止執行。（第 2 項）」

2. 調解不到場之特別處理程序：研提解決方案。

　　為期發揮調解之功能，避免訴訟不經濟問題，除了上述對於有成立調解之望案件，應再給予調解之機會外，對於小額消費爭議案件，基於下列理由，似亦可再給予調解之機會，但需有法律為其辦理之依據，此為消費者保護法針對消費爭議調解所獨創之制度，而為其他行政調解制度之所無。所謂小額消費爭議，業經行政院核定同意比照民事訴訟法第 436 條之 8 小額訴訟額度規定，以新台幣十萬元為上限[66]。至該另定調解期日，係屬重定調解期日性質，為避免久不處理，解釋上仍應受第 6 條指定調解期日之三十日期間限制，惟其應自此次調解期日起算。

(1) 減少訴訟不經濟：小額消費爭議，如循訴訟程序尋求救濟，不僅曠日廢時，且程序嚴謹，消費者常望之卻步。

(2) 避免訴訟程序冗長：期使消費者之權益可透過訴訟外之程序快速妥適處理。只要係為避免下列問題，希望消費者權益能夠儘量利用調解之模式，從而快速地使其權益獲得應有之保障。有關小額消費爭議問題，為提昇其調解成效，消費者保護法第 45 條之 4 係參考民事訴訟法第 377 條之 2[67]已予特別調解程序之規定，本條係配合該條所為之必要程序規定。

　　茲以消費爭議調解辦法第 20 條[68]規定為例，說明並比較如下：

---

[66] 行政院依消費者保護法第 45 條之 4 第 4 項：「第一項小額消費爭議之額度，由行政院定之。」規定，參照民事訴訟法第 436 條之 8 有關小額訴訟額度為新台幣十萬元以下之規定，於 92 年 5 月 26 日以院臺閣字第 0920020214 號令訂定小額消費爭議之額度為新臺幣十萬元在案。

[67] 民事訴訟法第 377 條之 2：「當事人有和解之望，而一造到場有困難時，法院、受命法官或受託法官得依當事人一造之聲請或依職權提出和解方案。（第 1 項）前項聲請，宜表明法院得提出和解方案之範圍（第 2 項）依第一項提出之和解方案，應送達於兩造並限期命為是否接受之表示；如兩造於期限內表示接受時，視為已依該方案成立和解。（第 3 項）前項接受之表示，不得撤回。（第 4 項）」

[68] 消費爭議調解辦法第 20 條：「關於小額消費爭議，當事人之一方無正當理由，

(1) 必要程序之規定：配合消費者保護法第 45 條之 4 規定，爰於第 1 項明定經到場當事人一方請求或調解委員依職權提出解決方案時，調解委員會應進行下列之程序。

① 研擬方案：調解委員應先研擬解決方案。

② 記明筆錄：調解委員應將解決方案之意旨及內容，記明於調解筆錄或附於調解筆錄，以資佐證。

③ 取得同意：負責研擬之調解委員，應將該解決方案送請全體調解委員審閱，並取得全體調解委員過半數在調解筆錄上之簽名同意。至所謂全體委員過半數之同意，並不以實際參與之調解委員為限，則與上述解決方案須取得參與調解委員之簽名同意不同。

④ 作成方案書：調解委員應將解決方案作成解決方案書，方案書上並記載法定之必要記載事項。

⑤ 送達當事人：調解委員應準用民事訴訟法有關送達之規定，將解決方案書送達雙方當事人。

(2) 規定解決方案書之應載內容：因其應記載內容與第 16 條第 2 項相同，故採準用規定，以免重複，故不另贅述。

3. 未異議之處理程序：視為調解成立。茲以消費爭議調解辦法第 21 條[69]規定為例，該條係配合消費者保護法第 45 條之 5 規定，明定當事人對於前條之解決方案，未於異議期間內提出異議，視為已依該方案成立調解時，調解委員會應進行之程序。惟因其程序與同辦法第 17 條之規定相同，故採準用規定，以免重複，不另贅述。

不於調解期日到場，經到場當事人一方請求或調解委員依職權提出解決方案時，應將其意旨及內容記明或附於調解筆錄，並應於取得全體調解委員過半數簽名同意後，作成解決方案書，送達雙方當事人。（第 1 項）前項解決方案書之應記載事項，準用第 16 條第 2 項之規定。（第 2 項）」

[69] 消費爭議調解辦法第 21 條：「當事人於前條解決方案書送達後，未於十日之不變期間內提出異議，視為已依該方案成立調解時，準用第 17 條規定之程序辦理。」

4. 異議之處理程序：視為調解不成立。茲以消費爭議調解辦法第 22
   條[70]規定為例，該條係配合消費者保護法第 45 條之 5 規定，明定
   當事人對於解決方案提出異議時，調解委員會應進行之程序，爰
   予說明並比較如下：

(1) 第 1 項規定調解續行之程序，包括

① 確認是否符合法定要件：必須符合法定要件，才可續行調解。

② 另定調解期日：調解委員會應另定調解期日，續行調解。

③ 製作通知書：調解委員會應製作通知書。

④ 送達通知：調解委員會應將通知書送達雙方當事人。

(2) 第 2 項規定另定調解期日之期限：為求迅速處理，爰將調解委
   員會另定調解期日之期限，從一般規定之三十日縮短為二十日。

(3) 第 3 項規定通知書應載內容：該通知書應記載下列事項。

① 時間：另定之調解期日，該調解期日即為調解進行之期日。

② 內容：另定調解期日之理由及異議內容要旨。

③ 法效：異議當事人無正當理由不到場者，視為仍依該方案成
   立調解之意旨。原則上雙方當事人均有權對解決方案提出異
   議，如未於法定期間內提出異議者，即喪失其反對權利。故
   只要是有異議之當事人無正當理未到場即可，至無異議之當
   事人是否到場，均不影響及調解之成立。

(4) 第 4 項規定程序之準用：提出異議當事人無正當理由不到場，
   視為已依該方案成立調解時，調解委員會應進行之程序，惟因
   其程序與第 20 條之規定相同，故規定依前條程序辦理，以免重
   複，不另贅述。

---

[70] 消費爭議調解辦法第 22 條：「當事人於前條異議期間提出異議者，調解委員
應另定調解期日，通知雙方當事人到場。（第 1 項）前項調解期日，自接受異
議之日起，不得逾二十日。（第 2 項）第 1 項之通知，應記載下列事項：一、
另定調解之期日。二、另定調解期日之理由及異議內容要旨。三、提出異議
當事人無正當理由不到場者，視為依該方案成立調解之意旨。（第 3 項）經調
解委員另定調解期日，提出異議之當事人無正當理未到場者，視為已依該
方案成立調解，並依前條規定之程序辦理。（第 4 項）」

參、行政調解在調解進行後相關程序及效力方面之比較

調解為解決爭端，避免訴訟的方法，已廣為一般人所接受，並樂意為之。在爭議事件經當事人依法申請調解後，雖然調解委員會即有處理之義務，惟因調解具有任意調解之性質，調解委員會對之無法有效掌控，因此調解之結果，可能發生調解成立與調解不成立兩種情形，並各自發生其應有之效力。茲以消費爭議調解為例，分就調解結果之成立或不成立情形，說明其程序及效力並比較如後。

一、調解不成立程序及效力之比較

調解具有任意調解性質，必須雙方當事人合意，調解才能成立，因此所有的行政調解，包括消費爭議調解在內，對於爭議事件在調解委員會進行調解時，如果有當事人之一方拒絕出席、或是雙方均不願讓步或是僅有某一方願意讓步，以致發生無法達成雙方合意之情形者，調解均無法成立。

（一）調解不成立處理程序之比較

對於調解不成立，主要有調解不成立原因之決定、調解不成立證明之發給二個處理程序。

1. 調解不成立原因之決定：調解之所以不能成立，必有其原因存在，經歸納主要有下列二種情形。

  (1) 調解申請未被受理：消費者申請調解，因與法定要件不符，而未經調解委員會受理。調解申請未被受理，調解委員會即無須進行調解其他必要程序，調解當然無法成立。

  (2) 調解不成立：消費者申請調解，雖經調解委員會受理，但因下列一般事由或特別事由之故，調解未能成立。

    ① 一般事由：即一般常見調解不成立之下列事由，屬之。

　　a. 當事人拒絕調解：調解為任意調解性質，只要當事人拒絕
　　　調解，調解即無法進行下去，當然調解無法成立。例如公
　　　害糾紛處理法施行細則第 24 條第 1 項即明定，只要相對
　　　人以書面或於調處期日以言詞明示拒絕調處者，調處不
　　　成立。

　　b. 當事人不能合意：調解為任意調解性質，只要當事人對結
　　　果不能合意，無論是一般程序或特別程序，調解均無法成
　　　立。例如採購履約爭議調解暨收費規則第 27 條第 1 項即
　　　明定，當事人不能合意者，調解不成立；勞資爭議處理法
　　　第 18 條亦明定，爭議當事人對勞資爭議調解委員會之調
　　　解方案不同意時，為調解不成立。另外，勞資爭議處理法
　　　第 19 條第 2 款就「無法決議作成調解方案者」，明定為以
　　　調解不成立論，亦屬當事人不能合意類型。

②　特別事由：即較為特殊調解不成立之下列事由，屬之。

　　a. 調解期日當事人不到場：原則上當事人被推定應於調解期
　　　日到場，由調解委員進行調解；如果調解期日當事人不到
　　　場，則可視其實際情形推定為無調解意願，除認為有成立
　　　調處之望而另定調解期日外，調解即可因而不成立。例如
　　　公害糾紛處理法施行細則第 24 條第 2 項即明定，當事人
　　　一造無正當理由，連續二次調處期日不到場者，視為調處
　　　不成立。但調處委員會認為有成立調處之望者，得另定調
　　　處期日。

　　b. 調解委員會議無法召開：採會議調解模式者，必須舉行會
　　　議進行調解，原則上推定調解會議應可順利召開，進行調
　　　解；如果調解會議無法召開，則因調解無法進行，調解當
　　　然無法成立。例如勞資爭議處理法第 19 條第 1 款將「經
　　　調解委員會主席召集會議二次，均不足法定人數者」，明
　　　定為以調解不成立論。

2. 調解不成立證明書之發給：調解不成立者，在實務上除認為仍應作成調解筆錄外，依規定應依聲請或依職權於七日內發給調解不成立證明書，並應送達於當事人，類此調解不成立之處理程序，已見諸於前述一般程序中，不另贅述。

（二）調解不成立效力及救濟之比較

有關調解不成立之效力及其救濟途徑，爰分別加以說明及比較如後。

1. 調解不成立效力之比較：一般調解，除下列法律有明文規定外，原則上調解申請人對於調解標的之權利，雖因調解之申請及進行而暫時中斷其原有請求權之消滅時效，但在調解確定不成立時，則依民法第 133 條規定，視為沒有中斷。

   (1) 調解為訴訟前置程序：例如醫療糾紛處理法草案明定調解為起訴之前置程序，並為期連貫，該草案第 29 條更進一步規定：「民事事件經調解不成立者，當事人如於調解不成立證明書送達後二十日內起訴，視為自聲請調解時已經起訴；其於送達前起訴者，亦同。」可供參考。

   (2) 法院調解：因調解由法院進行，如果調解不成立，為簡化程序，可轉化為訴訟辦理（民事訴訟法第 419 條[71]）；因非屬行政調解，不另贅述。

---

[71] 民事訴訟法第 419 條：「當事人兩造於期日到場而調解不成立者，法院得依一造當事人之聲請，按該事件應適用之訴訟程序，命即為訴訟之辯論。但他造聲請延展期日者，應許可之。（第 1 項）前項情形，視為調解之聲請人自聲請時已經起訴。（第 2 項）當事人聲請調解而不成立，如聲請人於調解不成立證明書送達後十日之不變期間內起訴者，視為自聲請調解時，已經起訴；其於送達前起訴者亦同。（第 3 項）以起訴視為調解之聲請或因債務人對於支付命令提出異議而視為調解之聲請者，如調解不成立，除調解當事人聲請延展期日外，法院應按該事件應適用之訴訟程序，命即為訴訟之辯論，並仍自原起訴或支付命令聲請時，發生訴訟繫屬之效力。（第 4 項）」

2. 調解不成立救濟之比較：由於調解在本質上僅為一種可以解決爭端，又可避免訴訟之準司法行為，因此調解之結果，不管調解成立或不成立，均非行政處分，兩造當事人不得對之提起訴願、再訴願或行政訴訟等行政救濟措施。

　　事實上調解僅屬訴訟外之一種救濟程序，無法完全取代訴訟程序，否則即屬侵害訴訟權，因此，當事人申請調解後，於調解不成立時，如認有必要，仍可以向法院起訴，尋求司法上的救濟。同時，該調解不成立之證明書，可以作為曾經調解之依據。此種救濟程序，本無須法規予以明定，即可為之，惟有些行政調解法規仍予明文規定，例如採購履約爭議調解暨收費規則第 27 條第 2 項即明定，調解事件經調解不成立者，當事人得依契約約定或其他法定程序救濟。

　　不過，受理調解申請之調解委員會，原則上並無義務將調解不成立之案件移送法院[72]，包括該調解案件係屬訴訟前置程序者在內。但如該調解程序係以起訴視為調解之聲請者，依民事訴訟法第 419 條第 4 項規定，法院應按該事件應適用之訴訟程序，命即為訴訟之辯論，則屬例外。

　　另外，對於行政調處不成立時，有些行政調解法規尚規定主管機關可以直接就該爭議案件進行行政裁決，此種行政裁決已屬於行政處分，與行政處分性質之行政調解有所不同，對該行政處分不服者，應循訴願及行政訴訟等程序為之[73]。

---

[72] 民事事件調解不成立時，是否起訴由當事人依民事訴訟法規定為之，鄉鎮市公所不將之移送法院。

[73] 同註 5。行政機關介入私權爭議作業須知草案第 11 條：「行政調處不成立時，第 7 條及第 8 條規定（即解決方案）準用之。但行政機關得不為第 7 條所定解決事件方案之提出，而直接就該爭議案件為實體裁決，決定爭議事項將來之法律關係的內容。（第 1 項）當事人及參加調解之利害關係人不服前項裁決者，應循訴願程序聲明不服，請求救濟。其訴願之提起，應在該裁決到達之次日起三十日內為之。（第 2 項）行政調處之裁決為一種行政處分，其效力及確定依關於行政處分之規定。（第 3 項）」

二、調解成立程序及效力之比較

只要雙方當事人合意，調解即可成立。至於其成立之程序及效力，爰予分別說明及比較如後。

（一）調解成立處理程序之比較

對於調解成立，主要有調解成立之生效要件、調解書之送達等二個處理程序。

1. 調解成立生效要件之比較：所謂調解成立之生效要件，係指調解經雙方當事人合意，調解成立時，須再經何種程序，始發生調解效力。其程序主要有下列二種類型：

    (1) 調解成立，無須再經送審程序，即發生效力：此種情形成立之行政調解，一般均僅發生民事上和解契約之效力。例如著作權爭議調解辦法第 15 條、勞資爭議處理法第 21 條、積體電路電路布局鑑定暨調解委員會設置辦法第 16 條等行政調解法規，即採此規定。

    (2) 調解成立，須經送法院審核程序後，始發生法定效力：經過此種程序所成立之行政調解，一般均發生與訴訟上和解有同一之效力。例如鄉鎮市調解條例第 24 條第 2 項、消費爭議調解辦法第 30 條第 2 項、公害糾紛處理法第 30 條第 1 項、醫療糾紛處理法草案第 24 條第 2 項、採購履約爭議調解暨收費規則第 23 條第 1 項、行政機關介入私權爭議作業須知草案第 6 條第 1 項、民事訴訟法第 416 條第 1 項等法規，均採此規定。

    有關調解成立須送請法院核定之程序，茲以消費爭議調解辦法第 28 條[74]規定為例，說明並比較如下：

---

[74] 消費爭議調解辦法第 28 條：「調解委員會應於調解成立之日起七日內，將調解書送請管轄法院審核。（第 1 項）前項調解書經法院核定發還者，調解委員會應即將之送達雙方當事人。（第 2 項）」

　　消費爭議調解成立時，依照消保法第 46 條第 1 項規定，應作成調解書。至於調解書如何作成，依照同條第 2 項準用鄉鎮市調解條例第 23 條之規定，其程序如下：

① 製作調解書：調解委員會依法作成調解書，並於調解成立之日起三日內，報知所屬直轄市、縣（市）政府。依司法院函釋[75]：法院規定各鄉鎮市公所將調解成立之調解書原本送請法院審核，係為慎重避免錯誤。故若各鄉鎮市公所以蓋有「與原本無異」之調解書影本送請法院核定之同時，併附調解書原本者，固無不合，如僅以蓋有「與原本無異」之調解書影本送核，則礙難辦理。惟各法院於完成審核後，可將調解書影本抽存將原本發還，以便原調解機關附卷存檔。

② 送請管轄法院審核：直轄市、縣（市）政府應於調解成立之日起七日內，將調解書送請管轄法院審核。該七日期限，屬於一種訓示規定。在此要特別說明的是，調解書在未經法院核定前，調解因已成立，至少具有民法上和解之效力，只是未具有與法院確定判決同一效力而已。

　　至於法院審核之內容為何？因事涉法院職權，行政調解法規對此無法置喙，原則上均應以法院適用鄉鎮市調解條例應行注意事項[76]規定作為參考辦理依據，至於此種規定，如

---

[75] 司法院 79.08.03.79 祕台廳一字第 01901 號函。

[76] 法院適用鄉鎮市調解條例應行注意事項：一、形式方面：1.依法是否應由消費爭議調解委員會以外其他調解機關調解之事件。2.調解是否本於當事人之聲請，其當事人能力或訴訟能力有無欠缺；是否已得當事人同意。3.由代理人進行調解者，其代理權有無欠缺。4.是否已完成所有調解程序。消保法第 45 條之 2 及之 5。5.調解事項，如已有訴訟繫屬於法院者，成立調解是否在第一審法院辯論終結前。6.調解書之製作，是否合於法定程式。二、實質方面：1.調解內容有無違反公序良俗或法律上強制、禁止規定。2.調解內容是否關於公法上權利之爭議。3.調解內容之法律關係是否不許當事人任意處分。4.調解內容是否合法、具體、可能、確定。5.調解內容對於當事人是否加以處罰。

果要加強對於調解之行政監督作為，筆者認為可將之視為擔任調解委員會主席之消保官對調解書核可時應行注意事項辦理，以有效減少將來被法院打回票之機率。

③ 管轄法院應儘速審核調解書：依司法院函釋[77]：各地方法院受理鄉、鎮、市、區公所函送審核調解書，應依各級法院辦案期限規則第 28 條規定，於收案後七日內辦理完畢。

   a. 認調解內容與法令無牴觸者，應由法官簽名並蓋法院印信，除抽存一份外，發還直轄市、縣（市）政府送達當事人。另外，由於調解書須經法院核定後，始具有與確定判決同一之效力（即執行力）。因此，調解之結果如果雙方均已履行完畢，並無所謂執行問題時，似無再送法院核定之必要。

   b. 認調解內容與法令牴觸而未予核定者，應將其理由通知直轄市、縣（市）政府。另外，對於調解書法院不核定時，可由調解委員會視下列實際情形予以個案處理：

    (a) 依法院意見配合修正後再送法院核定。

    (b) 無法依法院意見修正時，可依和解方式辦理。

    (c) 無法獲得當事人同意修正時，應依調解不成立之方式辦理：依法務部函釋[78]：法院不予核定之案件，得按當事人之意思，依調解不成立處理之。對於法院因調解內容與法令牴觸而不予核定者，如當事人一方或雙方不願按法院通知理由修改調解內容，並表示如未能得到法院核定，即不願維持原來之合意者，可以調解不成立處理，依此一方式處理者，調解委員會宜再依調解不成立之程序作成有關文書。惟為避免解釋上之爭

---

[77] 司法院 74.07.22.74 院台廳一字第 04256 號函。

[78] 法務部 73.07.05.法 73 律字第 7459 號函。

議，目前醫療糾紛處理法草案第 23 條[79]已針對此問題予以明文規定。

④ 經法院核定發還之處理程序：其程序如下

　　a. 筆錄記明經法院核定：調解書經法院核定發還者，調解委員會應先記明於筆錄，以資查證。

　　b. 送達雙方當事人：調解委員會應將法院核定發還之調解書送達雙方當事人，每人一份。至調解文書之送達，依法可以準用民事訴訟法關於送達之規定。

　　c. 保存相關案卷：核定法院及行政調解機關均應依法保存相關案卷。因此，如果當事人遺失經法院核定之調解書正本者，如有必要，可向原行政調解機關申請作成與正本相同內容之繕本，以資補救[80]。

2. 調解書送達之比較：調解書具有法定效力，故依法必須送達於當事人，無一例外。茲以消費爭議調解辦法第 29 條[81]規定為例，說明並比較如下：

　　(1) 調解書之一般送達方式：對於調解有關文書之送達，依據消費爭議調解辦法第 29 條規定，除行政調解法規另有規定外，原則上準用民事訴訟法關於送達之規定辦理。許多其他行政調解法

---

[79] 醫療糾紛處理法草案第 23 條：「直轄市、縣（市）主管機關應於調解成立之日起七日內，將調解書送請管轄法院審核。（第 1 項）前項調解書，法院認其與法令無牴觸者，應予核定，並發還該管主管機關送達當事人；認與法令牴觸未予核定者，應將未予核定理由通知主管機關，並視為調解不成立。（第 2 項）」

[80] 法務部 90.09.03. 法 90 律決字第 031336 號函：依鄉鎮市調解條例聲請成立之調解，並經法院核定者，該核定之原管轄法院存有相關案卷。本案當事人遺失經法院核定之調解書正本，如因辦理民事強制執行所需，可依照行政程序法第 44 條第 1 項及行政資訊公開辦法第 13 條規定，請求行政機關作成與正本相同內容之繕本，向地方法院民事執行聲請強制執行。

[81] 消費爭議調解辦法第 29 條：「調解有關文書之送達，除本法另有規定外，準用民事訴訟法關於送達之規定。」

規,例如消費鄉鎮市調解條例第 23 條第 4 項、公害糾紛處理法第 49 條、採購履約爭議調解暨收費規則第 41 條第 2 項等,亦均採相同規定。

至於所謂送達,除了送達於應受送達人外,如果送達於住居所、事務所及營業所不獲會晤應受送達人者,得將文書付與有辨別事理能力之同居人或受僱人(民事訴訟法第 137 條第 1 項);或是得將文書付與有辨別事理能力之同居人、受僱人或應送達處所之接收郵件人員(行政程序法第 73 條第 1 項)。另外,送達於社區大樓警衛室人員,亦生送達之效力[82]。

(2) 公示送達之特別限制:消費者保護法第 45 條之 4 明定小額消費爭議解決方案之送達,不適用公示送達之規定。係有鑑於公示送達,當事人不一定可以收到及瞭解其內容,形同一造判決,對當事人較為不利,故小額消費爭議調解當事人未到場之解決方案,特別規定不適用民事訴訟法關於送達之規定。惟此乃消費爭議調解之特殊規定,其他行政調解法規並無類此規定,併此敘明。

(二)調解成立效力之比較

調解成立,應作成調解書,該調解書如無須經法院核定之程序,視同當事人間之契約,僅發生民事上之和解契約效力,無須再予討論;惟如該調解書須經法院核定之程序,經法院核定後發生如何之效力,則因學者間意見不一,頗值探討。

1. 調解成立法律性質之探討:關於調解成立之法律上性質如何?在日本,則約可分為二說:有採調解裁判說者,認為成立之調

---

[82] 法務部 88.11.16.法 88 律字第 041772 號函:如該社區大樓警衛室人員受僱之工作,除為維護社區大樓安全及管理等事務外,並為各住戶簽收有關函件者,似足認其為當事人之受僱人,故由其簽收通知單,參酌上開規定,自生送達之效力。

解係在以調解代替審判，與裁判之為國家公權之判斷無異。有
採調解合意說者，謂調解之本質為當事人自主的主體之合意。
後者為該國學者一般通說[83]。不過，此一問題我國學者則甚少
討論。

　　筆者認為，要討論行政調解成立之法律性質，首需說明行政
調解之法律關係。有關行政調解之法律關係，在學說上主要有一
面關係說（私法行為說）、二面關係說（訴訟行為說）、三面關係
說（特別私法說）等三種，筆者以行政調解具有私法行為和訴訟
（調解）行為兩性質的行為，並依法律的特別規定而可以發生訴
訟法上特別效果的私法行為，而贊同三面關係說[84]。故調解成立
之效力，在理論上亦可分就下列三種類型探討：

(1) 一面關係說：調解成立，僅屬民事上之和解契約，陳計男教授[85]
　　採之。調解成立屬於一種雙方合意，因此至少可以成立民事和

---

[83]　陳計男著〈民事調解之效力〉，頁 117。

[84]　請見第一章「我國行政機關 ADR 制度之理論探討（以行政調解制度為中心）」。

[85]　同註 345，陳計男著〈民事調解之效力〉，頁 117 及 118。……我個人基本的
態度是，完全依兩造之合意而成立之調解，其調解之過程雖有調解推事之參
與勸導或擬具平允辦法以達雙方之協和（第 414 條），然雙方是否能達成合意，
當事人仍有自主的決定權，故其合意完全是私法自治的行為，根本沒有第三
者介入。所以，是一個私法上的解決，屬於特種的私法上、民法上的和解，
而與民法上之和解，本質上殊無不同，難認係審判之代替。又其依第 417 條
之裁定視為調解成立之情形，其裁定之內容，雖係由調解推事徵詢調解人之
意見，斟酌一切情形，求兩造利益之平衡，於不違反兩造當事人之主要意思
範圍內，為解決事件而予決定，但該裁定實係解決兩造間紛爭之和解方案，
當事人或利害關係人於法定期間仍可提出異議，一經異議該裁定即失其效
力。足見當事人是否願意依和解方案（即調解推事之裁定）成立調解，有絕
對之自主權，雖然好像調解的內容並非當事人自己來決定的，但是因為當事
人可異議且其異議可以不附任何理由，在這樣的情況下，他沒有異議，是不
是應將其解為他默示同意這個裁定。換言之，本來合意是雙方思表示的合致，
而調解只不過要約的意思表示是由推事來幫當事人擬，且是要約、承諾的意
思表示同時交叉的合致造成的合意。所以，依個人淺見，仍較偏重於認為這
是一個單純的私法契約，而與法院判決沒有關聯，不若判決之有強制拘束力。

解契約。其法律依據為民法第 736 條：「稱和解者，調解當事人約定，互相讓步，以終止爭執或防止爭執發生之契約。」及第 737 條：「和解有使當事人所拋棄之權利消滅及使當事人取得和解契約所訂明權利之效力。」

(2) 二面關係說：調解成立，除了私法上的和解契約外，也具有訴訟行為的性質，在程序上有其一定之效果存在，調解成立本身，也是給予法院有參與權力與審查權限，邱聯恭教授[86]採之。

(3) 三面關係說：特別和解契約。調解成立者，依民事訴訟法第 416 條第 1 項：「調解經當事人合意而成立；調解成立者，與訴訟上和解有同一之效力。」又依同法第 380 條第 1 項：「和解成立者，與確定判決，有同一之效力。」等規定，故學者通說謂調解成立者，亦有與確定判決同一之效力，與訴訟上和解同。調解成立，屬於一種依法律的特別規定而可以發生訴訟法上特別效果的私法行為，此為通說，筆者亦贊同此說。

調解成立之效力，事實上係介於和解與法院判決之間，端視法律有無特別規定而定。調解之本質，屬於和解之一種，和解主要可分為民法上之和解與訴訟上和解兩種類型，調解亦因其程序之不同，導致調解成立亦產生下列不同之效力，惟其效力介於民

似難以有調解推事之裁定，而謂調解代替審判。是當事人在調解程序之合意行為，應屬私法上之和解行為。

[86] 法律應該承認在一定範圍內紛爭當事人有程序選擇權，基於程序選擇機會的賦予或程序選擇權的保障，當事人除了選擇訴訟（裁判）制度以外，也可能選擇仲裁或調解等其他制度來解決紛爭，而都可能具有終局的解決紛爭之效力。既經選擇以後，只要是基於他的自由意思的話，根據這個意思一方面形成實體法上權利、義務的內容，一方面也形成選擇程序而終局性解決紛爭的效力。……調解程序與單純的判決程序固然並不一樣，我們可以認為：在調解成立的時候，當事人是接受了調解程序裡面所受的程序保障，而放棄了這個以外的利用判決程序的程序保障，在這一點上，具有自願放棄某程度的程序保障之意味在內。調解程序最少包含有下列要素：和解的要素、仲裁的要素、非訟的要素、訴訟的要素。

法上之和解與訴訟上和解之間[87]，故屬於一種特別和解契約。該民事調解即使是在未經法院核定前，雖不具有與民事確定判決有同一之效力，但其於當事人間仍可生和解之效力，僅其效力不及當事人以外第三人而已[88]。

2. 調解成立效力之比較：調解成立，尚因其有無經送請法院審核之程序而有不同之效力，爰分述如後。

(1) 與法院民事判決有同一之效力：許多行政調解法規，例如鄉鎮市調解條例第 24 條第 2 項、消費爭議調解辦法第 30 條第 2 項、公害糾紛處理法第 30 條第 1 項、醫療糾紛處理法草案第 24 條第 2 項、採購履約爭議調解暨收費規則第 23 條第 1 項、行政機關介入私權爭議作業須知草案第 6 條第 1 項、民事訴訟法第 416 條第 1 項等法規，均明定調解書經法院核定後，發生一定之效力。茲以消費爭議調解辦法第 30 條[89]及第 31 條[90]規定為例，說明並比較如下：

① 適用一事不再理之原則：調解成立，並經法院核定者，依消費爭議調解辦法第 30 條規定具有與法院確定判決同一之效力，該項爭議已獲有效處理解決，如另有向法院起訴

---

[87] 司法院祕書長 84.07.28.84 祕台廳民一字第 01696 號函釋：訴訟上成立和解或鄉鎮市區調解委員會成立之民事調解經法院核定者，依民事訴訟法第 380 條第 1 項及鄉鎮市調解條例第 24 條第 2 項之規定，固與確定判決有同一之效力。惟判決乃法院對於訴訟事件所為公的意思表示，和解與調解則為當事人就其爭執相互讓步而成立之合意，其本質並不相同，故法院就離婚事件所為形成判決之形成成立，仍無從由當事人以和解或調解之方式代之。

[88] 法務部 90.03.01.法 90 律決字第 048098 號函。

[89] 消費爭議調解辦法第 30 條：「調解經法院核定後，當事人就該事件不得再行起訴。（第 1 項）經法院核定之調解，與民事確定判決有同一之效力。（第 2 項）」

[90] 消費爭議調解辦法第 31 條：「民事事件已繫屬法院，在判決確定前，調解成立，並經法院核定者，依本法第 46 條第 2 項準用鄉鎮市調解條例第 25 條第 1 項之規定，視為於調解成立時撤回起訴。」

者，基於一事不再理原則，自應將之視為於調解成立時撤回起訴，以資處理依據。因事涉法院職權，故消費爭議調解辦法第 31 條特別引用準用之法源依據。至於其他行政調解法規，例如鄉鎮市調解條例第 25 條第 1 項、公害糾紛處理法第 42 條第 2 項、醫療糾紛處理法草案第 24 條等，均如同消費爭議調解辦法第 31 條明定，調解成立一經法院核定後，即有一事不再理原則之適用，當事人不得就該事件再行起訴。

② 賦予法院確定判決同一之效力：許多行政調解法規，例如鄉鎮市調解條例第 24 條第 1 項、公害糾紛處理法第 30 條第 1 項、醫療糾紛處理法草案第 24 條等，均如同消費爭議調解辦法第 31 條明定，調解經法院核定後，具有與法院確定判決同一之效力，即具有下列之羈束力、確定力及執行力。

a. 羈束力：所謂判決之羈束力，係指判決一經宣示或送達後，為判決之法院即受其羈束（民事訴訟法第 231 條）；因已具有與民事確定判決有同一之效力，法院即應受其羈束，就該事件不得再為不同主張。鄉鎮市調解條例第 24 條第 2 項、公害糾紛處理法第 30 條第 1 項、醫療糾紛處理法草案第 24 條第 2 項等，均採同樣規定。另外，採購履約爭議調解暨收費規則第 23 條第 1 項、行政機關介入私權爭議作業須知草案第 6 條第 1 項等，則以「調解成立者，與訴訟上和解有同一之效力。」為其規定，雖然用語不同，惟在實務上具有同等的法律效果。

b. 確定力（即既判力）：成立之調解，在實體法上已有消滅原來法律關係並創設新法律關係（調解）之效力，是當事人不得再主張原來之法律關係；因此，當事人就該事件不得再行起訴。鄉鎮市調解條例第 24 條第 1 項、公害糾紛

處理法第 30 條第 1 項、醫療糾紛處理法草案第 24 條第 1
項等，均採同樣規定。

 c. 執行力：成立之調解，因與民事確定判決有同一之效力，
或與訴訟上和解有同一之效力，無須另行向法院申請強制
執行，即具有執行名義。因此，行政調解法規就此甚少明
文規定。不過，為期法據明確，有些行政調解法規仍予明
定，例如鄉鎮市調解條例第 24 條第 2 項：「經法院核定之
民事調解，與民事確定判決有同一之效力；經法院核定之
刑事調解，以給付金錢或其他代替物或有價證券之一定數
量為標的者，其調解書具有執行名義。」公害糾紛處理法
第 30 條第 1 項：「調處經法院核定後，與民事確定判決有
同一之效力；當事人就該事件，不得再行起訴；其調處書
得為強制執行名義。」耕地三七五減租條例第 27 條：「前
條爭議案件，經調解或調處成立者，當事人不履行其義務
時，他造當事人得逕向該管司法機關聲請強制執行，並免
收執行費用。」

  至於執行名義，依法務函釋[91]，其內容必須具體而確
定，可能而適法，執行法院始得據以強制執行，乃屬當然
之理。

(2) 民事和解契約之效力：一些行政調解法規，因調解書無須送經
法院核定之程序，例如著作權爭議調解辦法第 15 條、勞資爭議
處理法第 21 條、積體電路電路布局鑑定暨調解委員會設置辦法
第 16 條等行政調解法規，則明定調解僅發生下列民事和解契約
之效力。

---

[91] 法務部 82.03.10.82 法律決字第 4883 號函：「按執行名義必須給付之內容具體
而確定，可能而適法，執行法院始得據以強制執行。來文所述台南市政府中
區調解委員會調解書，固經法院核定，惟其調解成立之給付內容，若未具體、
確定，致無從對調解之當事人為強制執行時，該調解當事人應可就該事件再
行調解或為其他必要之訴訟行為。」

① 個別契約：例如著作權爭議調解辦法第 15 條：「調解成立時，視同爭議當事人間之契約。」醫療糾紛處理法草案第 25 條：「當事人依其他方式所成立之和解契約，經送交直轄市、縣（市）主管機關核可者，視為已依本法調解成立，並準用第 22 條及第 23 條之規定。」因當事人雙方均為個人，故均僅發生個別契約之效力。

② 團體協約：例如勞資爭議處理法第 21 條：「勞資爭議經調解成立者，視為爭議當事人間之契約；當事人一方為勞工團體時，視為當事人間之團體協約。」勞資爭議處理法第 44 條：「權利事項之勞資爭議，經依鄉鎮市調解條例調解者，視為依本法之調解。但其調解成立者，依該條例之規定。」因當事人之一方為團體，故發生團體協約之效力。

　　無論個別契約或團體協約，均無所謂判決之羈束力、確定力或執行力之可言，故仍須另外依非訟事件法規定向法院申請取得執行名義後，始得強制執行。茲以勞資爭議處理法規定予以說明如後。

① 聲請：應向法院聲請強制執行。勞資爭議經調解成立者，當事人之一方不履行其義務時，依勞資爭議處理法第 37 條第 1 項規定，他方當事人得向該管法院聲請裁定強制執行並免繳裁判費；於聲請強制執行時，並免繳執行費。

② 裁定：法院應於一定時限內裁定。法院對於該項聲請事件，依勞資爭議處理法第 37 條第 2 項規定，應於七日內裁定之。

③ 抗告：對於法院裁定可以抗告。對於法院前項裁定，依勞資爭議處理法第 37 條第 3 項規定，當事人得為抗告，抗告之程序適用非訴事件法之規定，非訴事件法未規定者，準用民事訴訟法之規定。

④ 駁回：法院駁回聲請之限制。對於該項聲請事件，法院依勞資爭議處理法第 38 條[92]規定，非有法定理由不得駁回聲請。

⑤ 法院駁回之效果：該調解事件調解不成立。前項聲請事件經法院駁回者，依勞資爭議處理法第 39 條規定，視為調解不成立。

（三）調解無效及撤銷之比較

調解成立，調解書並經法院核定後，即具有與法院確定判決同一之效力，已見前述。如果該成立之調解，存有重大瑕疵時，應為如何之處理，亦宜有一定之處理程序。

1. 調解無效之處理程序：經法院核定之行政調解有無效之原因者，應為如何處理，主要包括調解無效之原因、調解無效之救濟等二個處理程序。

(1) 調解無效之原因：包括下列程序上及實體上之瑕疵。

① 程序上無效之原因（程序瑕疵）：當事人如認為調解委員有應迴避而不迴避而成立之調解，即可對之提起調解無效之訴。

　　對於調解書應送達而未送達，調解書經法院核定後，在未經法院宣告無效或撤銷前，似不影響該調解書之效力。至於有關調解書之送達事宜，法務部函釋[93]認為：鄉鎮市調解條例並無特別規定，似應類推適用民事訴訟法關於「送達」之相關規定。本件法院核定之調解書如確未合法送達當事人，三十日之期間自無從起算，對當事人之權益尚無影響。如該調解確有無效或得撤銷之原因者，當事人自得於法定期

---

[92] 勞資爭議處理法第 38 條：「前條之聲請強制執行，非有左列各款情形之一者，法院不得為駁回之裁定：一、調解或仲裁內容，係使當事人為法律上所禁止之行為者。二、調解或仲裁內容，與爭議標的顯屬無關或性質不適於強制執行者。三、依其他法律不得為強制執行者。四、違反本法調解、仲裁之規定者。」

[93] 法務部 86.08.27.法 86 律決字第 033467 號函。

間內向原核定法院提起宣告調解無效或撤銷調解之訴。惟
筆者認為在行政程序法公布施行後,似應改以類推適用該
法為宜。

② 實體上無效之原因(實體瑕疵):當事人如認為調解之意思表
示有瑕疵,或是調解內容上有瑕疵時,即可對之提起調解無
效之訴。

對於調解書之內容,如有錯誤時應如何處理問題,筆者
認為可依法務部函釋[94]辦理:如經查明確有誤寫、誤算或類
此情形之顯然錯誤,經其更正後不影響當事人間原成立之調
解內容者,調解委員會自得將錯誤部分之更正內容記載於調
解書,並將修正後之調解書再送請法院核定之程序辦理。惟
如該項錯誤致使調解有民法上無效或得撤銷之原因者,當事
人自得依規定,向原核定法院提起宣告調解無效或撤銷調解
之訴。

(2) 調解無效之救濟:調解有無效原因時,向法院提起宣告無效
之訴。茲以消費爭議調解辦法第 32 條[95]規定為例,說明並比
較如下:

---

[94] 司法院祕書長 90.11.15.祕台廳民一字第 25724 號函:按鄉鎮市調解委員會調
解書由鄉鎮市調解委員會所作成,如其內容經鄉鎮市調解委員會查明確有誤
寫、誤算或類此情形之顯然錯誤,經其更正後不影響當事人間原成立之調解
內容者,調解委員會自得將錯誤部分之更正內容記載於調解書。又依鄉鎮市
調解條例第 23 條第 1 項規定,調解書應送管轄法院審核,更正後之調解書亦
應送請法院審核,法院對於該更正後調解書之審核,仍依同條例第 23 條第 2
項、第 3 項規定辦理。惟如該項錯誤致使調解有民法上無效或得撤銷之原因
者,當事人自得依鄉鎮市調解條例第 26 條第 1 項規定,向原核定法院提起宣
告調解無效或撤銷調解之訴。法務部 92 年 4 月 3 日法律字第 0920013075 號
函:反之,該調解書內容有關誤寫、誤算之更正,倘影響當事人間成立之原
調解內容,如未經當事人在法定期間內向原核定法院提起宣告調解無效或撤
銷調解之訴並獲有勝訴判決者,即令成立之調解有法律上之瑕疵,依上揭法
條規定,似尚難動搖調解之確定力。
[95] 消費爭議調解辦法第 32 條:「經法院核定之調解,有無效或得撤銷之原因者,

① 救濟方式：當事人得向原核定法院提起宣告調解無效之訴。由於經法院核定之民事調解，與民事確定判決有同一之效力，而民事違法之判決，並非當然無效，在未經向法院提起調解無效之訴，法院依法變更前，仍有其確定力[96]。只要在調解書作成後，因已具有形式上之效力，除了當事人向原核定法院提起宣告調解無效之訴外，不得因當事人之聲請而撤銷該調解成立案或不送法院審核[97]。

有關調解無效之救濟問題，行政調解法規例如鄉鎮市調解條例第 26 條第 1 項，公害糾紛處理法第 31 條第 1 項、醫療糾紛處理法草案第 26 條第 1 項、採購履約爭議調解暨收費規則第 24 條第 1 項，均如同消費爭議調解辦法第 32 條第 1 項，參採民事訴訟法第 416 條第 2 項規定，明定調解有無效之原因者，當事人得向原法院提起宣告調解無效之訴。惟此處宣告調解無效之訴，其性質如何？實值推敲。有認係形成之訴者，實務上亦認該訴訟為形成之訴。

② 除斥期間：對於此種形成權之行使，行政調解法規認為宜有一定之除斥期間，以免懸而不決。例如鄉鎮市調解條例第 26 條第 2 項、公害糾紛處理法第 31 條第 2 項、醫療糾紛處理法草案第 26 條第 2 項、採購履約爭議調解暨收費規則第 24 條第 1 項，均如同消費爭議調解辦法第 32 條第 2 項，規定調解救濟方式之除斥期間當事人必須在法院核定之調解書送達後三十日內，向原核定法院提起之。

當事人得向原核定法院提起宣告調解無效或撤銷調解之訴。（第 1 項）前項訴訟，當事人應於法院核定之調解書送達後三十日內提起之。（第 2 項）」

[96] 司法院 75.05.16.75 祕台廳一字第 1324 函釋：「依鄉鎮市調解條例第 24 條第 2 項前段規定經法院核定之民事調解，與民事確定判決有同一之效力；又民事違法之判決，並非當然無效，在未經依法變更前，仍有其確定力。」

[97] 法務部 74.04.03 法 74 法字第 4164 號函釋：「……調解事件經調解成立，作成調解書後，除依鄉鎮市調解條例第 26 條向原核定法院提起宣告調解無效或撤銷調解之訴外，不得因當事人之聲請而撤銷該調解成立案或不送法院審核。」

對於除斥期間，採購履約爭議調解暨收費規則第 24 條第 2 項及第 3 項尚有下列特別除外規定，可供其他行政調解在實務上運作之參考：

a. 將「有民法上無效之原因者」予以除外規定，不受三十日之限制。

b. 該除斥期間，自調解成立時起算。但無效或得撤銷之理由知悉在後者，自知悉時起算。

c. 宣告調解無效或撤銷調解之訴，自調解成立時起逾五年者，不得提起。其無效或得撤銷之理由發生於調解成立後者，自發生時起逾五年者，亦同。

2. 調解撤銷之處理程序：經法院核定之行政調解有撤銷之原因者，應為如何處理之程序，主要包括調解撤銷之原因、調解撤銷之救濟等二個處理程序。

(1) 調解撤銷之原因：包括下列程序上及實體上之瑕疵。

① 程序法上撤銷之原因（程序瑕疵）：當事人如認為調解委員有應迴避而不迴避而成立之調解，即可對之提起撤銷調解之訴。

　　另外，對於調解書未合法送達者，亦可對之提起撤銷調解之訴，因與調解無效之訴相同，故不再贅述。

② 實體法上撤銷之原因（實體瑕疵）：調解為一種特別和解，故可參考民法第 738 條規定，將下列事項視為實體瑕疵：

a. 調解所依據之文件，事後發現為偽造或變造，而調解當事人若知其為偽造或變造，即不為調解者。

b. 調解事件，經法院確定判決，而為當事人雙方或一方於調解當時所不知者。

c. 當事人之一，對於他方當事人之資格或對於重要之爭點有錯誤，而為和解者。

　　另外，對於調解書有誤寫等情事者，亦可比照調解無效之程序辦理，故不再贅述。

　　(2) 調解撤銷之救濟：向法院提起撤銷調解之訴。

　　　① 救濟方式：調解有撤銷原因時，當事人得向原核定法院提起撤銷調解之訴。例如鄉鎮市調解條例第 26 條第 1 項、公害糾紛處理法第 31 條第 1 項、醫療糾紛處理法草案第 26 條第 1 項、採購履約爭議調解暨收費規則第 24 條第 1 項，均如同消費爭議調解辦法第 32 條第 1 項，參採民事訴訟法第 416 條第 2 項規定，明定調解有得撤銷之原因者，當事人得向原法院提起撤銷調解之訴。此撤銷調解之訴為形成之訴之性質，故無疑問。

　　　② 除斥期間：對於此種形成權之行使，行政調解法規比照調解無效情形，認為宜有一定之除斥期間，以免懸而不決。例如鄉鎮市調解條例第 26 條第 2 項、公害糾紛處理法第 31 條第 2 項、醫療糾紛處理法草案第 26 條第 2 項、採購履約爭議調解暨收費規則第 24 條第 1 項，均如同消費爭議調解辦法第 32 條第 2 項，規定調解救濟方式之除斥期間當事人必須在法院核定之調解書送達後三十日內，向原核定法院提起之。

　　　　對於除斥期間，採購履約爭議調解暨收費規則第 24 條尚有一些特別除外規定，因已在調解無效時予以說明，不再贅述。

肆、結論

綜合上述，筆者爰提出說明及建議，作為本文之結論如後。

一、行政調解運作比較表

　　有關行政調解之運作，實際上包括「調解行政運作」與「調解程序運作」兩種，爰分別列表比較如後。

（一） 我國各種調解委員會在調解行政運作上之比較表

調解委員會名稱		消費爭議調解委員會	鄉鎮市調解委員會	醫療糾紛調解委員會	勞資爭議調解委員會	著作權審議及調解委員會	採購申訴審議委員會	公害糾紛調處委員會	各級耕地租佃委員會
調解方式	會議調解（法定）	採正式會議調解為原則	採正式會議調解為原則	不採正式會議調解	正式會議調解	不採正式會議調解	不採正式會議調解	採正式會議調解為原則	採正式會議調解為原則
	簡易調解	指定委員一人或數人逕行調解	經兩造當事人同意得由委員一人逕行調解	指定調解委員一人至三人進行調解	主管機關指派一人或三人	指定調解委員一人至三人進行調解	指定調解委員一人至三人進行調解	經兩造當事人同意得由委員一人或數人逕行調處	無
會議調解	選定	無（當事人不得自行指定）	無（當事人不得自行指定）	當事人得合意另行指定調解委員	當事人雙方各選定一人	無（當事人不得自行指定）	無（當事人不得自行指定）	當事人得共同選定委員一人或數人逕行調處	無
	開議人數	須三分之一以上委員出席	須三位以上委員出席	無	須三分之二以上委員出席	無	無	須三分之二以上委員出席	須三分之二以上委員出席
	可決人數	出席委員過半數同意	出席委員過半數同意	無	出席委員過半數同意	無	無	出席委員過半數同意	出席委員過半數同意
迴避方式	應行迴避親屬之範圍	涉及本身或同居家屬時	涉及本身或居家屬時	涉及本人或配偶及直系血親、家屬時	無（準用行政程序法規定）	涉及本身或居家屬時	本人、配偶、三親等以內血親或姻親或同財共居親屬	涉及本身或家屬時	委員對於有利害關係之議案

迴避方式	採自行迴避及申請迴避	採自行迴避及聲請迴避	無（準用行政程序法規定）	採聲請迴避	採自行迴避、聲請迴避及命令迴避	採自行迴避、聲請迴避及命令迴避	採自行迴避
委員出席方式	應親自出席不得委託出席	未規定	應親自出席不得委託出席	應親自出席不得委託出席	應親自出席會議	應親自出席會議	應親自出席不得委託出席
協同調解	除協同調解人外、雙方當事人各得推舉一人至三人協同調解左三人列席	無（似可為否定解釋）	無（似可為否定解釋）	雙方當事人各得推舉一人至三人協助調解	無（似可為否定解釋）	無（似可為否定解釋）	無（似可為否定解釋）
參加調解	有利害關係第三人得參加調解程序	無（似可為否定解釋）	無（似可為否定解釋）	有利害關係第三人得參加調解程序	有共同利益之第三人得加入調解程序為當事人	有利害關係第三人得參加調解程序	有利害關係第三人得參加調解程序
選定當事人	五人以上未共同委任代理人、選定一人至三人進行調解	無（似可為否定解釋）	無（似可為否定解釋）	無（似可為否定解釋）	多數有共同利益之當事人得選定一人或數人進行調解處	無（似可為否定解釋）	無（似可為否定解釋）
負保密義務者範圍	調解委員、列席協同調解人及其他協辦調解事務之人	調解委員及列席協同調解人或調解會議或經辦調解事務之人	調解委員、參加調解或列席調解或經辦調解事務之人員	調解委員、參加調解會議或列席調解或經辦調解事務之人	調處委員、調處委員或經辦調解事務之人	申訴會委員、執行祕書、工作人員、諮詢委員及學者、專家	各級租佃委員會委員、職員

（二）我國各種調解委員會在調解程序運作上之比較表

調解委員會名稱		消費爭議調解委員會	鄉鎮市調解委員會	醫療糾紛調解委員會	勞資爭議調解委員會	著作權審議及調解委員會	採購申訴審議委員會	公害糾紛調處委員會	各級耕地租佃委員會
申請調解方式	原則	採書表申請	採書表申請	採書表申請	採書表申請	採書表申請	採書表申請	採書表申請	採書表申請
	例外	無	言詞聲請者應製作筆錄	無	依職權交付	無	無	無	無
指定期日期限	原則	自接受聲請之日起不得逾15日	自接受聲請之日起不得逾15日	自受理聲請之日起不得逾30日	自接到委員會調查結果及解決方案後7日內	未規定	速定調解期日	自收到申請書後一個月內	未規定
	例外	無	經當事人自請延長者得延長10日	無	經雙方當事人同意者得延長至15日	無	無	無	無
調解進行程序	原則	公開	公開	未規定	未規定	公開	公開	公開	未規定
	例外	得不公開	得不公開	未規定	無	得不公開	得不公開	認有妨礙調處之進行並經當事人同意者不公開	無
當事人不到場之處理	原則	視為調解不成立	視為調解不成立	申請人不到場視為撤回調解他方不到場視為調解不成立	無（實務上視為調解不成立）	無（實務上視為調解不成立）	視為調解不成立	連續二次不到場者視為調處不成立	無（實務上視為調解不成立）

	C1	C2	C3	C4	C5	C6	C7	C8
當事人不到場之處理（例外）	小額訴訟可擬具解決方案再行調解	調解會認有成立調解之望者得另定調解期日	到場之一方可聲請另定調解期日	開會二次均不足法定人數視為調解不成立	主管機關認有成立調解者得另定調解期日	調解會認有成立調解之望者得另定調解期日	調解處認成立調解之望者得另定調解期日	無
當事人不合意之處理（原則）	調解不成立	調解不成立	調解不成立	調解不成立	調解不成立	調解不成立	調解不成立	調解不成立
當事人不合意之處理（例外）	擬具解決方案再行調解	無	擬具解決方案再行調解	開會無法決議作成調解方案視為調解不成立	無	擬具解決方案再行調解	擬具解決方案再行調解	無
調解進行結果（調解成立）	調解書經法院核定後再送達當事人	調解書經法院核定後再送達當事人	調解書經法院核定後再送達雙方當事人	調解成立之紀錄送達雙方當事人	調解書應於15日內送達雙方當事人	成立文書經申訴會通過後10日內送達當事人	調解處應於核定後再送達雙方當事人	調解筆錄應送達雙方當事人
調解進行結果（調解不成立）	依申請核發調解不成立證明書	依申請核發調解不成立證明書	主管機關應於7日內發給當事人調解不成立證明書	調解不成立紀錄送給當事人	無	不成立文書經申訴會通過後10日送達當事人	不成立文書經訴願會通過後7日內作成調解不成立通知處再送達當事人	移送法院處理
調解成立效力	與民事確定判決有同一之效力	與民事確定判決有同一之效力	與民事確定判決有同一之效力	視為爭議當事人間之契約；當事人一方為勞工團體時，視為調解當事人間之團體協約	視同爭議當事人間之契約	與訴訟上和解有同一之效力	與民事確定判決有同一之效力	當事人不履行其義務時，他造當事人得逕向該管司法機關聲請強制執行，並免收執行費用

二、各種行政調解制度有其存在之必要性

現有各種行政調解制度均有其設立之目的，彼此之間並無所謂上下層級或疊床架屋之情事，惟仍有人持不同見解，例如澎湖縣政府即曾行文行政院消保會正式提出廢除消費爭議調解制度，雖經消保會予以說明函復 [98]，惟仍難令人釋疑。根本之計，筆者認為：消費爭議調解制度絕對不是鄉鎮市調解制度之翻版，否則只是一種疊床架屋而已，並無同時存在之必要。因此，消費爭議調解制度在調解之設計中應有其自己的特色，一種比鄉鎮市調解制度更專業的特色，才能彰顯其特別調解制度之特性；在調解的進行中，利用其專業的知識，讓消費爭議之調解較鄉鎮市之調解，能發揮更有效的功能，才能獲得消費者的信賴與採用；在調解的法令中應有自己的規定，不應將之視為鄉鎮市調解之附屬制度，而以準用方式辦理，才能讓消費爭議調解制度與鄉鎮市調解制度產生一定之區隔，俾得以發揮其獨立應有之功能。

---

[98] 行政院消保會 93.04.07.消保法字第 0930000867 號函。澎湖縣政府函略以：「現行消費爭議調解制度與行之有年之鄉鎮市調解制度重疊性甚高；縣市消費爭議調解委員會與企業經營者達成和解之機率實屬不高二項理由，建請本會刪除消費爭議調解制度相關規定。」經查，消費爭議調解制度係規範於消費者保護法（下稱本法）第 43 條至第 46 條，共計有十個相關條文，其中第 45 條之 1 至第 45 條之 5 係 92 年新增之條文，其目的在於強化消費爭議案件之調解功能，例如關於消費爭議之調解，當事人不能合意但已甚接近時，調解委員得斟酌一切情形，求兩造利益之平衡，於不違反兩造當事人之主要意思範圍內，依職權提出解決事件之方案，特別是當處理消費者與企業經營者間發生新台幣十萬元以下小額消費爭議時，倘當事人於調解期日無正當理由不到場時，經全體調解委員過半數之同意提出之調解方案，當事人復又未於十日之法定不變期間內就該方案提出異議，則視為依該項方案成立調解，如此應可有效降低消費者向法院提起訴訟所耗費之時日及繁雜訴訟程序所生之不便利，乃具有不同於其他法律中所定調解制度之特別處理權限，是以，捨重疊性外，如無其他實質刪除之理由，似仍宜保留該保障消費者權益特別重要擬制條款，並煩請加強宣導、提供民眾因消費糾紛而引起爭議之解決之道。

三、行政調解運作機制強化之必要性

（一）現有行政調解機制之加強

　　為有效發揮行政調解機制之功能，對於現有行政調解機制均加以檢討並儘量予以強制化，筆者認為其強制化方向約有下列四種趨勢：

1. 強制程序：為有效疏減訟源，將調解定為訴訟前置程序，未先調解不得起訴之強制程序，已漸成為趨勢。
2. 強制到場：當事人是否到場，影響調解能否成立甚鉅，以法律明文規定對於未到場當事人處以罰鍰，或由調解委員會研提和解方案成立調解，均不失為可研討改進之方向。
3. 強制內容：當事人合意，調解始能成立，如果遇到有一方不合意，而雙方意見已甚接近時，似宜儘量參酌民事訴訟法第 417 條規定，由調解委員會研提和解方案成立調解，以有效疏減訟源。
4. 強制結果：行政調解屬於任意調解性質，原則上主管機關在進行調解時對於結果如何，不能強制；但是主管機關如果能夠在行政調解機制之外，另行設置行政調處、行政仲裁或行政裁決程序者，對該爭議事件即由行政機關逕行以行政調處、行政仲裁或行政裁決成立。

（二）行政調解法令之周延

　　行政調解法令必須周延，才能更確保當事人之權益。目前除鄉鎮市調解條例、公害糾紛處理法、勞資爭議處理法、醫療糾紛處理法草案規定較為周延完整外，其他行政調解相關法令均甚為簡略，實有就現行各種行政調解法規加以檢討充實規定，或另行訂定一個行政調解制度之通則之必要。另外，行政調解屬於行政指導，行政程序法有關行政指導規定亦甚為簡略，允宜配合修正。

（三）行政調解機制應力求專業化

行政調解機制必須專業化，才能發揮其應有之專業功能。至於所謂專業化，筆者認為應包括下列之程序及人員在內。

1. 專業程序：行政調解原則上必須有其專屬並且周延之規定，作為處理爭議之一定程序，該專業程序應為行政程序法之特別法。另外，行政調解程序既然是屬於行政程序之一種，有關行政調解之問題，既然是屬於行政機關之行為，原則上應從行政調解之特別法令或行政程序法規定作為解釋上之依據，惟在該等法令未有規定時，引用民事訴訟法有關法院調解規定或實務經驗及學者見解，作為類推適用或援為法理予以解釋，俾期行政調解之圓滿運作。

2. 專業人員：各個行政調解制度均有其設定之專業目的，一般公正人士已無法符合專業需要，故必須容納專業委員提供專業見解。另外，在承辦人員或負責人員方面，如能由專業人士出任，效果更佳。例如在消費爭議之調解方面，我國消費者保護法特別引進瑞典消費者保護官制度，並以之作為推動消費爭議調解之主要角色，日本對此亦有專案研究[99]，我國其他特別行政調解有無比照辦理之必要，亦值得進一步研究。

---

[99] 園部逸夫，オンブズマン法，1992 年，增補補正版。有關保護官制度之論述，可供參考。

國家圖書館出版品預行編目

行政調解機制之比較：以消費爭議調解為中心
/ 黃明陽著. -- 一版. -- 臺北市：秀威資
訊科技, 2008.10.
　　面；　　公分. --（實踐大學數位出版合作
系列社會科學類；AF0095）
BOD版
ISBN 978-986-221-092-5（平裝）

1. 消費者保護　　2. 調解

548.39　　　　　　　　　　97018606

實踐大學數位出版合作系列
社會科學類　AF0095

行政調解機制之比較
──以消費爭議調解為中心

作　者	黃明陽
統籌策劃	葉立誠
文字編輯	王雯珊
視覺設計	賴怡勳
執行編輯	詹靚秋
圖文排版	鄭維心
數位轉譯	徐真玉　沈裕閔
圖書銷售	林怡君
法律顧問	毛國樑　律師
發行人	宋政坤
出版印製	秀威資訊科技股份有限公司
	台北市內湖區瑞光路583巷25號1樓
	電話：(02) 2657-9211
	傳真：(02) 2657-9106
	E-mail：service@showwe.com.tw
經　銷商	紅螞蟻圖書有限公司
	台北市內湖區舊宗路二段121巷28、32號4樓
	電話：(02) 2795-3656
	傳真：(02) 2795-4100
	http://www.e-redant.com

2008 年 10 月
BOD一版
定價：440元

讀　者　回　函　卡

感謝您購買本書，為提升服務品質，煩請填寫以下問卷，收到您的寶貴意見後，我們會仔細收藏記錄並回贈紀念品，謝謝！

1. 您購買的書名：＿＿＿＿＿＿＿＿＿＿＿＿＿＿＿＿＿

2. 您從何得知本書的消息？

　□網路書店　　□部落格　　□資料庫搜尋　　□書訊　　□電子報　　□書店

　□平面媒體　　□朋友推薦　　□網站推薦　□其他＿＿＿＿＿＿

3. 您對本書的評價：(請填代號　1.非常滿意 2.滿意 3.尚可 4.再改進)

　封面設計＿＿＿　版面編排＿＿＿　內容＿＿＿　文/譯筆＿＿＿　價格＿＿＿

4. 讀完書後您覺得：

　□很有收獲　　□有收獲　　□收獲不多　　□沒收獲

5. 您會推薦本書給朋友嗎？

　□會　□不會，為什麼？＿＿＿＿＿＿＿＿＿＿＿＿＿＿＿＿＿

6. 其他寶貴的意見：＿＿＿＿＿＿＿＿＿＿＿＿＿＿＿＿＿＿＿

＿＿＿＿＿＿＿＿＿＿＿＿＿＿＿＿＿＿＿＿＿＿＿＿＿＿＿

＿＿＿＿＿＿＿＿＿＿＿＿＿＿＿＿＿＿＿＿＿＿＿＿＿＿＿

＿＿＿＿＿＿＿＿＿＿＿＿＿＿＿＿＿＿＿＿＿＿＿＿＿＿＿

讀者基本資料

姓名：＿＿＿＿＿＿＿＿＿＿　年齡：＿＿＿＿　性別：□女　□男

聯絡電話：＿＿＿＿＿＿＿＿　E-mail：＿＿＿＿＿＿＿＿＿

地址：＿＿＿＿＿＿＿＿＿＿＿＿＿＿＿＿＿＿＿＿＿＿＿＿＿

學歷：□高中(含)以下　　□高中　　□專科學校　　□大學

　　　□研究所(含)以上　□其他＿＿＿＿＿＿＿

職業：□製造業　□金融業　□資訊業　□軍警　□傳播業　□自由業

　　　□服務業　□公務員　□教職　　□學生　□其他＿＿＿＿＿＿

To：114

台北市內湖區瑞光路 583 巷 25 號 1 樓

秀威資訊科技股份有限公司　　　收

寄件人姓名：

寄件人地址：□□□

(請沿線對摺寄回,謝謝!)

秀威與 BOD

BOD（Books On Demand）是數位出版的大趨勢，秀威資訊率先運用 POD 數位印刷設備來生產書籍，並提供作者全程數位出版服務，致使書籍產銷零庫存，知識傳承不絕版，目前已開闢以下書系：

一、BOD 學術著作—專業論述的閱讀延伸
二、BOD 個人著作—分享生命的心路歷程
三、BOD 旅遊著作—個人深度旅遊文學創作
四、BOD 大陸學者—大陸專業學者學術出版
五、POD 獨家經銷—數位產製的代發行書籍

BOD 秀威網路書店：www.showwe.com.tw
政府出版品網路書店：www.govbooks.com.tw

永不絕版的故事·自己寫·永不休止的音符·自己唱